CLAUDE TOULOUSE

DICTIONNAIRE INFORMATIQUE-TÉLÉMATIQUE

WÖRTERBUCH EDV-TELEMATIK

Volume I
Band I

ALLEMAND-FRANÇAIS
DEUTSCH-FRANZÖSISCH

CLAUDE TOULOUSE

DICTIONNAIRE INFORMATIQUE-TÉLÉMATIQUE

WÖRTERBUCH EDV-TELEMATIK

Volume I
Band I

ALLEMAND-FRANÇAIS
DEUTSCH-FRANZÖSISCH

TOULOUSE-VERLAG

LA MAISON DU DICTIONNAIRE

Comme il est d'usage dans les ouvrages de référence, les éventuels brevets, modèles ou marques déposés ne sont pas signalés expressément dans ce dictionnaire. Cela n'autorise pas à en conclure que l'usage des désignations en question est libre et exempt de toute restriction.

Cet ouvrage est soumis à la législation en matière de droits d'auteurs. Toute traduction, reproduction, copie, même partielle, mémorisation sur support électronique, faite sans le consentement de l'auteur est illicite.

◆

In diesem Wörterbuch werden, wie in Nachschlagewerken üblich, etwa bestehende Patente, Gebrauchsmuster oder Warenzeichen nicht erwähnt. Wenn ein solcher Hinweis fehlt, heißt es also nicht, daß eine Bezeichnung frei ist.

Dieses Werk ist urheberrechtlich geschützt. Jede Übersetzung, Vervielfältigung, auch von Teilen dieses Werkes, Einspeicherung auf elektronische Datenträger bedarf der vorherigen Zustimmung des Verlages.

◆

© TOULOUSE Verlag, 1994
Imprimé en France
Réalisation: Claude Toulouse
Impression: normandie roto impression s.a.

Cet ouvrage est distribué en France par la Maison du Dictionnaire, Paris

Table des matières / Inhaltsverzeichnis

Introduction

Ce dictionnaire est le deuxième d'une série d'ouvrages terminologiques dont le premier était consacré à l'agriculture et à ses domaines connexes. Etant, comme beaucoup d'autres traducteurs, profondément insatisfait des dictionnaires techniques courants, j'ai voulu, en réalisant ces ouvrages, ouvrir de nouvelles voies. La philosophie et les concepts à la base de ce projet ont déjà été exposés dans mon dictionnaire d'agriculture. Plutôt que de me répéter, je me contenterais donc ici de présenter la genèse du présent dictionnaire.

Pendant mes dix-huit années d'expérience professionnelle, j'ai été confronté avec l'informatique dans le cadre d'applications les plus diverses, mais surtout dans le contexte de systèmes de commande de machines. Au cours de mes activités pour la société Siemens Albis pendant les dernières années, j'ai pu me familiariser plus particulièrement avec le domaine des télécommunications. Par ailleurs, je programme moi-même sur PC depuis environ 4 ans, m'intéressant tout spécialement aux banques de données, à dBase, au compilateur Nantucket et au langage "C". Bien entendu, les travaux préparatoires du dictionnaire m'ont fourni l'occasion d'approfondir mes connaissances dans bien d'autres domaines. Sans aucun doute, ma formation d'électronicien m'aura été ici également d'un précieux secours.

La terminologie présentée ici est extraite exclusivement de la littérature technique et de textes d'origine rédigés en langue allemande et française. Les ouvrages essentiels et les normes consultés ont été répertoriés dans la liste bibliographique. La précision des équivalences retenues résulte notamment du soin avec lequel les documents et textes originaux ont été dépouillés. Elle repose également sur la consultation des normes mentionnées dans le corpus du dictionnaire.

Avec ce livre, j'ai voulu mettre à la disposition des traducteurs français-allemand une terminologie parfaitement fiable sous une forme pratique. L'idée maîtresse m'ayant guidé dans la réalisation de cet ouvrage de référence est qu'un dictionnaire technique devrait en fait être un outil de précision. Non pas le nombre de mots doit être déterminant mais leur fiabilité, car, quel que soit le nombre de termes répertoriés, un dictionnaire technique bilingue ne pourra jamais apporter de réponse à toutes les questions et se substituer aux ouvrages spécialisés qu'il est essentiel de connaître.

J'ai eu recours à l'instrument "définitions" qu'à chaque fois que j'avais le sentiment que les termes en question nécessitaient une explication supplémentaire. Pour les définitions d'un grand nombre d'autres termes, on pourra consulter les ouvrages de référence monolingues cités dans la bibliographie.

Tout comme son prédécesseur, le présent dictionnaire est orienté vers la pratique et a été sanctionné par celle-ci. Aucun effort n'a été négligé pour faire de ce livre un ouvrage de référence de haute qualité. Face à la complexité des tâches auxquelles traductrices et traducteurs se voient journellement confrontés, ils doivent avoir à leur disposition des outils performants et fiables.

Même si la langue anglaise est omniprésente dans l'informatique, je n'ai pas abandonné ici ma résolution de ne publier que des dictionnaires bilingues. Dans l'informatique également, et sans doute tout particulièrement dans ce domaine, on ne pourra établir et cerner les équivalences avec précision qu'en présence de deux langues seulement. Si, comme cela est le cas ici, clarté, précision et absence d'ambiguïté sont les principes directeurs de la démarche adoptée, alors il devient impératif de se limiter à deux univers linguistiques. Compte tenu de la vitesse vertigineuse à laquelle la technique évolue, aux nombreux courants auxquels la terminologie est soumise et aux diverses interprétations rencontrées déjà dans une même langue, une telle entreprise est suffisamment difficile.

Il est à noter que l'orthographe adoptée en allemand est celle habituellement en usage en Allemagne. Pour les textes destinés à la Suisse, on veillera notamment à remplacer les "ß" par des doubles "s".

Le présent dictionnaire a été réalisé à l'aide du logiciel **WORDBOX**, que j'ai moi-même développé. Ce programme permet la consultation simultanée de plusieurs fichiers, la recherche d'une suite de caractères à un emplacement quelconque, la comparaison systématique de deux fichiers terminologiques etc. Il en existe également une version simplifiée dénommée **TOPTERM**. Pour plus de détails, prière de consulter le texte en fin d'ouvrage.

Claude Toulouse

V

Structure

1. Contenu

Le présent dictionnaire ne prétend pas être exhaustif. Nous avons prévu de le compléter et de le perfectionner au cours des prochaines années.

Les thèmes traités ici sont essentiellement: vocabulaire informatique de base, télécommunications, banques de données, matériel et logiciel, traitement de texte et PAO, mémoires et gestion de mémoires, imprimantes .

2. Présentation

Cet ouvrage ne comprenant que deux langues, nous avons pu renoncer à un système de renvoi par numéros. Il est inutile de feuilleter plusieurs fois le dictionnaire pour y trouver un terme.

La présentation aérée assure une grande lisibilité. Contrairement à mon premier dictionnaire, les substantifs sont accompagnés de leur genre. Puisqu'il s'agit ici d'un dictionnaire spécialisé, j'ai toutefois renoncé à toute autre information grammaticale.

En allemand, les substantifs sont écrits en majuscules, comme le veut la règle. Il n'a pas été tenu compte des "Umlaute" dans l'ordre alphabétique. Par ailleurs le "ß" compte pour deux "s" ; les mots commençant par "Sch" et "St" n'ont pas été répertoriés séparément, mais intégrés à la lettre "s".
Pour ne pas compliquer inutilement la tâche aux usagers désireux d'insérer leurs propres termes, nous avons opté pour un classement alphabétique et non un classement systématique.

3. Signification des signes et symboles utilisés

a. Dans les deux premières colonnes

- Les indications entre ***parenthèses ()*** doivent être interprétées de la façon suivante:

- *sauvegardée par une batterie (RAM ...)*
lire ⇒ *RAM sauvegardée par une batterie*

- *terminal (de dialogue)*
lire, soit ⇒ *terminal* soit ⇒ *terminal de dialogue.*

- crochets [ ]

Les abréviations utilisées pour les genres des substantifs sont écrites entre crochets, "m" étant mis pour masculin, "f" pour féminin, "n" pour neutre. Dans le cas d'un mot au pluriel, celui-ci est marqué d'un "p".

Entre crochets, on trouvera également les références aux normes et autres sources importantes telles CCITT, CEI, MS (voir à ce propos la liste bibliographique).

- *signes spéciaux*

"**>**" Le mot à gauche de ce signe couvre un plus grand domaine sémantique que le mot à droite. Les informations fournies dans la troisième colonne permettront d'identifier la situation dans laquelle il y équivalence entre les deux termes.

"**<**" Le mot à gauche de ce signe a un domaine sémantique plus restreint que le mot à droite. Les informations fournies dans la troisième colonne permettront d'identifier la situation dans laquelle il y a équivalence entre les deux termes.

"≈" Les deux expressions ne sont pas la traduction littérale l'une de l'autre soit qu'elles n'aient qu'à peu près le même sens, soit que l'une soit une périphrase, la langue en question ne connaissant pas de lexème correspondant ou celui-ci étant inusité.

"**O**" Le terme qui précède appartient au langage familier.

"⊠" L'usage de ce terme est déconseillé par certaines instances.

"-∞" Il s'agit ici d'un terme peu usité ou obsolète.

b. 3ème colonne (Contexte)

Dans la troisième colonne, on a répertorié des indications complémentaires destinées à définir dans quel contexte particulier on est en présence d'une équivalence absolue. Selon les cas, ces indications sont en français ou en allemand. Même en l'absence de l'indication "etc." ou "usw.", il ne peut être exclu que cette traduction puisse également être valable dans un tout autre contexte. Néanmoins, il faudra alors user de prudence!

Indications particulières:

DBMS, DMS
Les indications en majuscules figurant dans cette colonne correspondent à l'abréviation anglaise du terme en question. Dans le cas d'une fonction logique, il s'agit de l'abréviation utilisée couramment pour désigner cette fonction (par ex. AND).

ASCII 25 [] [EM]
Il s'agit ici d'un caractère ASCII. Entre les deux premier crochets, on aura alors la représentation du terme dans la mesure où il s'agit d'un terme affichable à l'écran et, entre les deux crochets suivants, l'abréviation correspondante, dans la mesure où il s'agit d'un caractère de commande. Ici par ex. EM = "End of Medium". Le mot ASCII est suivi du numéro de code ASCII du caractère.

OSI-Modell (7)
Cette indication signifie qu'on est en présence de la désignation de la 7ème couche du modèle OSI conformément à la norme ISO-7498.

c. 4ème colonne (Catégorie)

Dans la quatrième colonne, on a répertorié les différents domaines et sous-domaines selon le code suivant:

C	Télécommunications	Mb	Bandes magnétiques, lecteurs de bandes magnétiques
Db	Banques de données		
Di	Disquettes, lecteurs de disquettes	Me	Cartes, bandes perforées
		Mm	Mémoires
E	Electronique	Pr	Imprimantes
H	Matériel	R	Robotique
Lo	Logique	S	Logiciels, programmation
M	Mathématiques	T	Typographie, traitement de texte, PAO

Ici la même remarque que pour la troisième colonne s'applique: Les abréviations portées ne s'excluent pas les unes les autres. Le terme indiqué est en tout cas valable dans le domaine correspondant compte tenu des renseignements complémentaires figurant éventuellement dans la troisième colonne, mais il peut très bien l'être aussi dans d'autres domaines. Par ailleurs, il est bien évident que la délimitation des différents domaines résulte d'un choix arbitraire, certains termes pouvant appartenir par exemple à plusieurs domaines.

Il est à noter également qu'en raison des outils graphiques utilisés les caractéristiques dimensionnelles des symboles des appareillages électriques ne sont pas toujours conformes aux normes.

Certains termes pouvant être mis en relation avec des commandes du DOS sont suivis de l'indication de cette commande en italique. Exemple:
Datei [f.] (den Inhalt einer ... anzeigen) - afficher le contenu d'un fichier
TYPE [Dateiname]

Une dernière remarque encore en ce qui concerne les différentes possibilités de traduction et les synonymes. En allemand, en particulier, il existe souvent, à côté du terme allemand, un terme anglais qui parfois est même plus souvent employé que le premier. Dans la mesure du possible, je me suis efforcé de tenir compte de cet état de fait en ayant recours aux signes "-∞","!!","♦"et en classant les termes dans l'ordre de leur fréquence d'emploi, afin de guider l'utilisateur dans son choix et de lui fournir des points de repère. D'une manière générale, je conseillerais au traducteur de s'enquérir des préférences du client. S'il s'agit d'une grande entreprise, celle-ci dispose généralement déjà d'une liste de terminologie ou d'un glossaire qu'elle mettra volontiers à sa disposition en complément du présent dictionnaire.

Einleitung

Dieses Wörterbuch ist das zweite einer Fachterminologiereihe, wobei mein Erstlingswerk der Landwirtschaft im weitesten Sinne gewidmet war. Mit diesen beiden und den weiteren geplanten Wörterbüchern will ich neue Wege gehen, da ich, wie viele andere Kolleginnen und Kollegen auch, mit den gängigen Fachwörterbüchern überhaupt nicht zufrieden bin. Zu der Philosophie und den Grundeinstellungen, die zu diesem Projekt führten, habe ich bereits im Landwirtschaftswörterbuch Stellung genommen. Ich will dies hier nicht wiederholen, sondern mich auf die Entstehungsgeschichte des vorliegenden Wörterbuches beschränken.

Während meiner 18-jährigen Tätigkeit als Übersetzer hatte ich mit EDV in allen möglichen Einsatzgebieten zu tun, insbesondere im Zusammenhang mit Maschinensteuerungen. Bei meiner Arbeit für die Firma Siemens Albis in den letzten Jahren lag der Schwerpunkt im Bereich der Kommunikation. Zudem programmiere ich seit ca. vier Jahren selbst am PC, wobei mein Hauptinteresse Datenbanken, dBase, Clipper und der C-Sprache gilt. Darüber hinaus konnte ich bei der Vorbereitung dieses Wörterbuches meine Kenntnisse ausbauen und weitere Gebiete erschließen. Zweifellos war mir auch hier meine Ausbildung als Informationselektroniker sehr hilfreich.

Die hier dargestellte Terminologie stammt ausschließlich aus der Fachliteratur und aus Originaltexten in den beiden Sprachen Deutsch und Französisch. Die wichtigsten dafür benutzten Bücher und Normen sind im Literaturverzeichnis aufgeführt. Die Präzision der aufgeführten Äquivalenzen drückt sich u. a. in der Sorgfalt aus, mit der die Auswertung der Originalunterlagen durchgeführt wurde. Diese beruht auch auf den Vergleich der Normwerke, auf welche im Hauptteil des Buches Bezug genommen wird.

Mit diesem Buch wollte ich den Französisch/Deutsch Übersetzern zuerst einmal eine absolut zuverlässige Terminologie in praktischer Form zur Verfügung stellen. Bei der Herstellung dieses Nachschlagewerkes war der Grundgedanke der, daß ein Fachwörterbuch ein Präzisionswerkzeug sein muß. Maßgebend ist nicht die Anzahl der Begriffe sondern ihre Zuverlässigkeit.Wie viele Begriffe ein Fachwörterbuch auch enthalten mag, es wird nie eine Antwort auf alle Fragen geben können und die notwendige Lektüre weiterführender Literatur ersetzen.

Definitionen wurden dort eingesetzt, wo ich das Gefühl hatte, die betreffenden Begriffe bedürfen einer zusätzlichen Erläuterung. Die Definitionen der übrigen Termini sind zum großen Teil in den im Literaturverzeichnis angegebenen einsprachigen Nachschlagewerken und Normen zu finden.

Wie sein Vorgänger ist das vorliegende Wörterbuch praxisbezogen und praxiserprobt. Es wurde alles daran gesetzt, um aus diesem Wörterbuch ein Spitzenprodukt zu machen. Angesichts der Komplexität der Aufgaben, die die Sprachemittler tagtäglich zu bewältigen haben, müssen diese unbedingt über leistungsfähige und zuverlässige Hilfsmittel verfügen.

Auch wenn der Bezug zur englischen Sprache im EDV-Bereich allgegenwärtig ist, habe ich hier meinen Vorsatz nicht aufgegeben, nur zweisprachige Wörterbücher herauszugeben. Auch und vielleicht gerade im EDV-Bereich können Äquivalenzen nur dann eindeutig und leicht verständlich dargestellt werden, wenn nur zwei Sprachen zugrunde liegen. Wenn, wie im vorliegenden Fall, die Leitsätze Klarheit, Eindeutigkeit und Richtigkeit lauten, kann auch wirklich nur mit zwei Sprachen operiert werden. Bei der rasanten Entwicklung der Technik, den vielen verschiedenen Strömungen im Bereich der Terminologie und bei den zahlreichen Interpretationen, die es allein in einer Sprache gibt, ist ein solches Unterfangen schon schwierig genug.

An dieser Stelle möchte ich darauf hinweisen, daß grundsätzlich die in Deutschland übliche Schreibweise benutzt wurde. Bei Texten, die für die Schweiz bestimmt sind, sollte dann u. a. "ß" in "ss" umgewandelt werden.

Das vorliegende Wörterbuch wurde mit Hilfe des Programms **WORDBOX** erstellt, welches ebenfalls von mir entwickelt wurde. Diese Software ermöglicht das Nachschlagen in mehreren Dateien gleichzeitig, das Suchen einer beliebigen Zeichenfolge, das inhaltliche Vergleichen zweier Dateien und noch viel mehr. Das Programm existiert ebenfalls als einfachere Version unter dem Namen **TOPTERM**. Weitere Einzelheiten finden Sie am Ende des Buches.

Claude Toulouse

X

Struktur

1. Inhalt

Das vorliegende Wörterbuch erhebt keinen Anspruch auf Vollständigkeit. Es ist geplant, dieses Nachschlagewerk laufend zu ergänzen und zu erweitern.

Die hier behandelten Themen sind: EDV-Grundwortschatz, Kommunikation, Datenbanken, Hard- und Software, Textverarbeitung und Desktop-Publishing, Speicher und Speicherverwaltung, Drucker.

2. Darstellung

Da das Wörterbuch auf zwei Sprachen beschränkt ist, wurde auf ein Nummernsystem verzichtet. Der gesuchte Begriff kann ohne Umwege nachgeschlagen werden.

Die aufgelockerte Darstellung sorgt für eine gute Lesbarkeit. Im Gegensatz zu meinem ersten Wörterbuch wurden hier die Substantive mit dem jeweiligen Artikel versehen. Da dies ein Fachwörterbuch ist, habe ich auf weitere grammatikalische Hinweise jedoch verzichtet.

Die Substantive wurden in deutsch wie üblich groß geschrieben. Bei der Reihenfolge werden die Umlaute nicht berücksichtigt. Ferner gilt ß als Doppel-s ; die Begriffe, die mit "Sch" und "St" anfangen, werden nicht getrennt aufgeführt, sondern sind bei "S" integriert.

Falls der Benutzer, wie vorgesehen, neue Termini in das Wörterbuch aufnehmen will, wurde - um ihm die Arbeit zu erleichtern - keine systematische, sondern eine alphabetische Anordnung gewählt.

3. Bedeutung der verschiedenen Hilfszeichen

a. Die beiden ersten Spalten

- Bei den Angaben in ***runden Klammern ()*** gilt grundsätzlich folgende Regel:

  - *sauvegardée par une batterie (RAM ...)*
    Lesart ⇒ *RAM sauvegardée par une batterie*

  - *terminal (de dialogue)*
    Lesart ⇒ *terminal* bzw. alternativ ⇒ *terminal de dialogue.*

- Eckige Klammern [ ]

Die Abkürzungen für den Genus der Substantive werden in eckigen Klammern dargestellt, wobei "m" für Maskulinum, "f" für Femininum und "n" für Neutrum steht. Pluralangaben werden durch ein "p" gekennzeichnet.

In eckigen Klammern findet man auch Normverweise und sonstige maßgebliche Informationsquellen wie CCITT, CEI, MS (siehe auch Literaturverzeichnis).

- *Sonderzeichen*

" > " Das Wort links vom Zeichen hat einen breiteren semantischen Geltungsbereich als das Wort rechts. Die Information in der dritten Spalte gibt an, wann eine Übereinstimmung der beiden Begriffe vorliegt.

" < " Das Wort links vom Zeichen hat einen engeren semantischen Geltungsbereich als das Wort rechts. Die Information in der dritten Spalte gibt an, wann eine Übereinstimmung der beiden Begriffe vorliegt.

"≈" Die beiden Wörter haben nur annähernd den gleichen Sinngehalt bzw. einer der beiden Ausdrücke ist eine Umschreibung des anderen, da ein entsprechendes Lexem in der einen Sprache fehlt bzw. nicht gebräuchlich ist.

"**O**" Beim vorhergehenden Wort handelt es sich um einen umgangssprachlichen bzw. um einen familiären Ausdruck.

"☒" Vom Gebrauch dieses Begriffes in diesem Zusammenhang wird abgeraten.

"-∞" Dieses Wort ist nicht sehr gebräuchlich bzw. wird kaum mehr verwendet.

b. 3. Spalte (Geltungsbereich)

In der 3. Spalte wurden zusätzliche Hinweise zur genauen Bestimmung der Situationen, bei denen eine echte Äquivalenz der Termini gegeben ist, entweder in deutscher oder französischer Sprache, aufgenommen. Auch ohne den Zusatz "usw." bzw. "etc." kann nicht ausgeschlossen werden, daß die Übersetzung auch in anderen Situationen zutreffen kann. Allerdings ist da immer Vorsicht geboten.

Spezielle Angaben:

DBMS, DMS
Bei den Angaben in ***Großbuchstaben*** in dieser Spalte handelt es sich um die englischsprachige Abkürzung des betreffenden Wortes. Bei logischen Verknüpfungen findet man hier die übliche Abkürzung für die jeweilige Verknüpfung (z.B. AND).

ASCII 25 [] [EM]
Hier handelt es sich um ein ASCII-Zeichen. Im ersten Klammernpaar findet man das Zeichen selbst, soweit es sich um ein darstellbares Zeichen handelt, und im zweiten Klammernpaar die entsprechende Abkürzung, soweit es sich um ein Steuerzeichen handelt. Hier z.B. EM = "End of Medium".
Hinter der Bezeichnung ASCII steht die jeweilige ASCII-Nummer.

OSI-Modell (7)
Dies bedeutet, daß es sich dabei um die Bezeichnung der 7. Schicht des OSI-Modells gemäß der Norm ISO-7498 handelt.

c. 4. Spalte (Kategorie)

In der 4. Spalte (Kategorie) werden die einzelnen Teilgebiete nach folgendem Schlüssel gekennzeichnet:

C	Kommunikationen	Mb	Magnetbänder, Magnetbandlaufwerke
Db	Datenbanken	Me	Lochkarten, Lochbänder
Di	Disketten, Diskettenlaufwerke	Mm	Speicher
		Pr	Drucker
E	Elektronik	R	Roboter
H	Hardware	S	Software, Programmierung
Lo	Logik	T	Typographie, Textverarbeitung, DTP
M	Mathematik		

Hier gilt das gleiche wie für die 3. Spalte, d.h. daß die jeweiligen Angaben sich nicht gegenseitig ausschließen. Im angegebenen Teilbereich und unter Berücksichtigung der eventuellen Angaben in der 3. Spalte hat die Übersetzung auf jeden Fall Gültigkeit, kann aber auch bei anderen Teilgebieten zutreffen. Außerdem unterliegt die Abgrenzung der verschiedenen Gebiete naturgemäß einer gewissen Subjektivität, da bestimmte Begriffe verschiedenen Teilgebieten zugeordnet werden könnten.

Es wird darauf hingewiesen, daß aufgrund der eingesetzten graphischen Werkzeuge, die Maße der verwendeten Schaltzeichen nicht immer normgerecht sind.

Einige Begriffe, die mit DOS-Befehlen in Verbindung gebracht werden können, wrden von diesem Befehl in Kursivschrift gefolgt. Beispiel:
Datei [f.] (den Inhalt einer ... anzeigen) - afficher le contenu d'un fichier
TYPE [Dateiname]

Nur noch ein Hinweis in bezug auf die verschiedenen Übersetzungsmöglichkeiten bzw. Synonyma. Insbesondere in der deutschen Sprache existiert oft neben der deutschen Bezeichnung eine englische Bezeichnung, die u.U. sogar öfter als der eigentliche deutsche Begriff benutzt wird. Nach Möglichkeit habe ich versucht, dieser Tatsache Rechnung zu tragen und dem Benutzer durch Verwendung der Sonderzeichen "-∞","!!","♦" usw. sowie durch Ordnung der Begriffe nach ihrer Häufigkeit eine Orientierungshilfe zu geben. In diesem Zusammenhang wird empfohlen, sich grundsätzlich an den Vorlieben des jeweiligen Auftraggebers zu orientieren. Die größeren Firmen verfügen ohnehin über eigene Terminologielisten, die sie als Ergänzung zum vorliegenden Wörterbuch dem Übersetzer sicher gern zur Verfügung stellen.

A

Deutsch	Français	Bemerkung	
- a-Zeichen [n.], kommerzielles	- a [m.] commercial	ASCII 64 [@] []	**S**
- Abakus [m.]	- abaque [m.]		
- abarbeiten	- exécuter [NF Z 61-000]	Programm	**S**
- Abarbeitung [f.]	- exécution [f.]	" "	**S**
- Abarbeitung [f.] eines Auftrages	- exécution [f.] d'un travail [NF Z 61-000]		**S**
- Abarbeitung [f.] eines Programms	- déroulement [m.] d'un		**S**
" "	programme; exécution [f.] d'un programme		**S**
- Abbild [n.]	- image [f.]		
- Abbildung [f.]	- image [f.]; représentation [f.];	Graphik z.B.	
" "	application [f.] [NF Z 61-000]	Mathem.	**M**
- Abbruch [m.]	- arrêt [m.] prématuré; abandon [m.];	Programm	**S**
" "	achèvement [m.]; sortie [f.]	Schleife	**S**
- Abbruchbedingung [f.]	- condition [f.] d'achèvement;	" "	**S**
" "	condition [f.] de sortie (de boucle)	" "	**S**
- Abbruchtaste [f.]	- touche [f.] d'échappement	ASCII 27 [] [ESC]	
- Abbuchungsautomat [m.]	< terminal [m.] bancaire		**H**
- ABC-Analyse [f.]	- analyse [f.] ABC		
- abdruckbar	- imprimable	Zeichen z.B.	**Pr**
- Abfall [m.]	- informations [f.p.] invalides;	Daten	
" "	informations [f.p.] parasites;	" "	
" "	informations [f.p.] périmées;	" "	
" "	confettis [m.p.] [NF Z 61-000]	Lochband, Lochkarte	**Me**
- abfallende Flanke [f.]	- front [m.] de descente	Impuls	**E**
- Abfallkasten [m.]	- bac [m.] à confettis;	Lochstreifenstanzer	**Me**
" "	boîte [f.] à confettis	Lochbandstation	**Me**
- abfangen	- intercepter	Störung z.B.	
- abfragbar	- pouvant être interrogé;		
" "	pouvant être appelé		

- Abfrage [f.]	- interrogation [f.];	Datenbank z.B.	**Db**
" "	requête [f.];		**Db**
" "	consultation [f.];		**Db**
" "	demande [f.]; appel [m.]		**Db/C**
- abfragen	- interroger; consulter; appeler		
- Abfragesprache [f.]	- langage [m.] d'interrogation;	Datenbanksysteme	**Db**
" "	langage [m.] de requête;	" "	**Db**
" "	langage [m.] de consultation	" "	**Db**
- Abfragestation [f.]	- poste [m.] d'interrogation [NF Z 61-000];		**H**
" "	terminal [m.]		**H**
- Abfühlbürste [f.]	- balai [m.] de lecture		**Me**
- abgebrochen	- interrompu	Übertragung z.B.	
- abgehender Ruf [m.] [DIN 44302]	- demande [f.] d'appel		**C**
- abgesetzter Speicher [m.]	- mémoire [f.] éloignée;		**Mm**
" "	mémoire [f.] externe [NF Z 61-000]		**Mm**
- abgrenzen	- délimiter		**S**
- Abgrenzung [f.]	- délimitation [f.]		**S**
- abklemmen	- débrancher; déconnecter		**E**
- Ablage [f.]	- classement [m.];archivage [m.];	Unterlagen	
" "	dépose [f.]	Roboter z.B.	**R**
- Ablage [f.], elektronische	- classement [m.] électronique		
- Ablagefach [n.]	- case [f.] [NF Z 61-000];	Lochkarten/Sortierm.	**Me**
" "	case [f.] de réception	Lochkartenmaschine	**Me**
- Ablauf [m.]	- déroulement [m.]; exécution [f.]	Programm z.B.	**S**
- Ablaufdiagramm [n.]	- organigramme [m.] [NF Z 61-000];		**S**
" "	ordinogramme [m.]		**S**
- ablauffähig	- exécutable	Programme	**S**
- ablaufinvariant [-∞] ☞ ***Siehe auch "reentrant"***	- réentrant; rentrant [NF Z 61-000]		**S**
- Ablauflinie [f.]	- ligne [f.] de liaison [NF Z 61-000]	Datenflußplan	**S**
- Ablaufplan [m.]	- organigramme [m.];		**S**
" "	ordinogramme [m.]		**S**
- Ablaufplansymbol [n.]	- pavé [m.] d'organigramme;		**S**
" "	symbole [m.] d'organigramme		**S**
- Ablaufschema [n.]	- organigramme [m.] [NF Z 61-000]		**S**
- Ablaufsteuerung [f.]	- commande [f.] d'opération [f.]		**S**
- Ablaufverfolger [m.]	- programme [m.] d'analyse [NF Z 61-000];	Debugging	**S**
" "	programme [m.] de dépistage [NF Z 61-000];	" "	**S**
" "	programme [m.] de traçage [NF Z 61-000]	" "	**S**

- Ablaufverfolgung [f.]	- traçage [m.];	Debugging	**S**
" "	≈ cheminement [m.] (dans un programme)	" "	**S**
- ablegen	- déposer	Roboter z.B.	**R**
- ablegen (in den Speicher ...)	- entrer en mémoire;		**Mm**
" "	loger en mémoire;		**Mm**
" "	placer en mémoire;		**Mm**
" "	ranger en mémoire		**Mm**
- ablegen (in eine Variable ...)	- stocker dans une variable;		**S**
" "	amener dans une variable		**S**
- Ablochbeleg [m.]	- bordereau [m.] de perforation		**Me**
- Abmeldung [f.]	≈ fermeture [f.] de session	log out	
- Abnahme [f.]	- réception [f.]	test	
- abnehmbar	- amovible		
- abnehmbare Festplatte [f.]	- disque [m.] dur amovible		
- abnehmend	- décroissant	Reihenfolge z.B.	
- abnehmend (in ...er Reihenfolge)	- dans l'ordre [m.] décroissant		
- Abrollen [n.]	- défilement [m.]		
- Abrollkugel [f.]	- boule [f.] roulante		**H**
- Abruf [m.]	- appel [m.] [NF Z 61-000]		
- abrufbar	- pouvant être appelé		
- abrufen	- appeler	z.B. Programm	
- Absatz [m.]	- paragraphe [m.];		
" "	alinéa [m.]		

"Paragraphe", "Alinéa"
Das Wort "paragraphe" ist die allgemeingültige Übersetzung für den deutschen Begriff "Absatz" in der Typographie bzw. bei der Textverarbeitung.
Beim "alinéa" handelt es sich um einen Absatz mit einem Erstzeileneinzug, wie das in französischen und englischen Texten oft der Fall ist. Bei Gesetzbüchern entspricht das deutsche Wort "Paragraph" mit Kurzzeichen "§" dem französischen Terminus "Article" kurz "ART.", und nicht etwa dem Wort "paragraphe"!
"§ 1, Absatz 2 des Gesetzes xy.." heißt dann richtig übersetzt: "Art. 1, alinéa 2 de la loi xy..".

Im EDV-Bereich wird das deutsche Wort "Paragraph" ebenfalls dazu benutzt, um einen 16 Byte großen Datenblock zu bezeichnen. Die französische Übersetzung lautet dann ebenfalls "Paragraphe".

- Absatzeinzug [m.]	- renfoncement [m.] d'alinéa;		**T**
" "	≈ composition [f.] en alinéa		**T**
- Absatzformat [n.]	- format [m.] (de) paragraphe		**T**
- Absatzzeichen [n.]	- signe [m.] paragraphe;		**T**
" "	marque [f.] de fin de paragraphe		**T**
- abschalten	- mettre hors circuit;		**E**
" "	déclencher;	# enclencher	
" "	déconnecter	abklemmen	**E**
- Abschirmung [f.]	- blindage [m.]		**E**

- abschließen	- valider	Eingabe	
- Abschneidefehler [m.] [DIN 44300-8]	- erreur [f.] de troncature [NF Z 61-000]		
- abschneiden [DIN 44300]	- tronquer		
- Absender [m.]	- expéditeur [m.]	messagerie élect. p.ex.	**C**
- absetzen	- délivrer	Signal z.B.	**E**
- Absicherungswert [m.]	- ampérage [m.]; calibrage [m.]	Sicherung	**E**
- absolut	- absolu		
- absolute Adresse [f.]	- adresse [f.] absolue [NF Z 61-000]		**Mm**
- absolute Adressierung [f.]	- adressage [m.] absolu [NF Z 61-000]		**Mm**
- absolute Programmierung [f.]	- programmation [f.] absolue		**S**
- absoluter Befehl [m.]	- instruction [f.] absolue [NF Z 61-000]		**S**
- absoluter Fehler [m.]	- erreur [f.] absolue [NF Z 61-000]		
- Absolutmaßprogrammierung [f.] [DIN 66257]	- programmation [f.] absolue [NF Z 61-000]		**NC**
- Absolutwert [m.]	- valeur [f.] absolue		**M**
- abspeichern	- mémoriser [NF Z 61-000];		**Mm**
" "	mettre en mémoire [NF Z 61-000];		**Mm**
" "	ranger en mémoire [NF Z 61-000];		**Mm**
" "	stocker en mémoire; enregistrer;		**Mm**
	entrer en mémoire;		**Mm**
" "	introduire en mémoire;		**Mm**
" "	loger en mémoire		**Mm**
- Abspeicherung [f.] des Bildschirminhaltes	- capture [f.] d'écran		**Mm**
- absteigende Flanke [f.]	- front [m.] de descente	Impuls	**E**
- Abstimmung [f.] der Syntax	- négociation [f.] de la syntaxe		**C**
- abstraktes Symbol [n.]	- symbole [m.] abstrait [NF Z 61-000]		
- Absturz [m.]	- plantage [m.] [**O**]		
- Abszisse [f.]	- abscisse [f.]		
- Abtastbürste [f.]	- balai [m.] de lecture	Lochkarten	**Me**
- Abtastcode [m.]	- code [m.] de balayage	Tastatur	**S**
- Abtasten [n.]	- balayage [m.]; scrutation [f.];		
" "	exploration [f.]		
- abtasten	- balayer; scruter; explorer		
- Abtaster [m.]	- explorateur [m.][NF Z 61-000]		**H**
- Abtaster [m.], optischer	- explorateur [m.] optique [NF Z 61-000]		
- Abtastfrequenz [f.]	- fréquence [f.] d'échantillonnage;	PCM 30 z.B.	**C**
" "	fréquence [f.] d'exploration	" "	**C**

- **Abtasttheorem [n.]**	- théorème [m.] d'échantillonnage		C
- **Abtastung [f.]**	- balayage [m.]; exploration [f.];		
" "	scrutation [f.]; lecture [f.]		

"Lecture" se traduit par "Abtastung" lorsqu'il est question du processus de lecture physique faisant appel par exemple à un dispositif magnétique, électrique ou optique. Au niveau de la lecture des données, indépendamment du mode de lecture, on utilisera le terme "Lesen" ou "Auslesen".

- **Abtastung [f.], elektrische**	- lecture [f.] électrique		
- **Abtastung [f.], gerichtete**	- balayage [m.] cavalier	Bildschirm z.B.	
- **Abtastung [f.], optische;**	- lecture [f.] optique		
Abtastung [f.], photoelektrische	" "		
- **Abwärtspfeil [m.]**	- flèche [f.] basse		
- **Abwärtszählen [n.]**	- décomptage [m.]		
- **abwärtszählen**	- décompter; décrémenter		
- **Abwärtszähler [m.]**	- décompteur [m.]		E
- **Abwickeln [n.]**	- déroulement [m.]	bande p.ex.	
- **Abwickelspule [f.]**	- bobine [f.] débitrice;		Mb
" "	bobine [f.] émettrice		Mb
- **abziehen**	- soustraire	subtrahieren	M
- **Achse [f.]**	- axe [m.];	allgemein	
" "	axe [m.] [NF Z 61-000]	numerische Steuerung	NC
- **Acht-Bit Mikroprozessor [m.]**	- microprocesseur [m.] 8 bits		E
- **ACK**	- caractère [m.] accusé de réception positif	ASCII 6 [] [ACK]	
- **ACK (Acknowledgment)**	- accusé [m.] de réception	ACK	
- **ADA**	- ADA	Programmiersprache	S
- **Adapter [m.]**	- adaptateur [m.]	Farbe z.B.	
- **addieren**	- additionner		M
- **Addierer [m.]**	- additionneur [m.] [NF Z 61-000]		E
- **Addierer [m.], serieller**	- additionneur [m.] série [NF Z 61-000]		E
- **Addierglied [n.]**	- additionneur [m.] [NF Z 61-000]		E
- **Addiermaschine [f.]**	- additionneuse [f.]		H
- **Addier-Subtrahierglied [n.];** **Addier-Subtrahierwerk [n.]**	- additionneur-soustracteur [m.] [NF Z 61-000]		E
- **Addierwerk [n.]**	- additionneur [m.] [NF Z 61-000]		E
- **Addierwerk [n.], paralleles**	- additionneur [m.] parallèle [NF Z 61-000]		E
- **Addierwerk [n.], serielles**	- additionneur [m.] série [NF Z 61-000]		E
- **Addition [f.]**	- addition [f.]		M
- **Addition [f.], logische**	- addition [f.] logique		Lo
- **Addition [f.], parallele**	- addition [f.] parallèle [NF Z 61-000]		E

- **Addition [f.], serielle**	- addition [f.] série [NF Z 61-000];		E
" "	addition [f.] sérielle [NF Z 61-000]		E
- **Adjunktion [f.] [DIN 44300-5]**	- circuit [m.] OU [NF Z 61-000];	OR	Lo
" "	opération [f.] OU [NF Z 61-000];	OR	Lo
" "	opération [f.] OU inclusif [NF Z 61-000];	OR	Lo
" "	OU [m.] [NF Z 61-000];	OR	Lo
" "	OU [m.] inclusif [NF Z 61-000];	OR	Lo
" "	porte [f.] OU [NF Z 61-000];	OR	Lo
" "	réunion [f.] [NF Z 61-000];	OR	Lo
" "	union [f.] [NF Z 61-000]	OR	Lo
- **administrative Datenverarbeitung [f.]**	< informatique [f.] de gestion [NF Z 61-000]		
- **Administrator [m.]**	- autorité [f.] d'appellation	Mailbox	C
- **Adreßabstand [m.]**	- déplacement [m.]	adresse	Mm
- **Adreßänderung [f.]**	- modification [f.] d'adresse		Mm
- **Adreßberechnung [f.]**	- calcul [m.] d'adresse		Mm
- **Adreßbereich [m.]**	- zone [f.] d'adresse		Mm
- **Adreßbuch [n.]**	- répertoire [m.] d'adresses;		Mm
" "	table [f.] des étiquettes	Programmierung	S
- **Adreßbus [m.]**	- bus [m.] d'adresses		S
- **Adresse [f.] [DIN44300-1]**	- adresse [f.] [NF Z 61-000]		Mm/NC
- **Adresse [f.], absolute**	- adresse [f.] absolue [NF Z 61-000]		Mm
- **Adresse [f.], direkte**	- adresse [f.] directe [NF Z 61-000]		Mm
- **Adresse [f.], echte;** <	- adresse [f.] réelle [NF Z 61-000];		Mm
Adresse [f.], effektive	adresse [f.] effective [NF Z 61-000]		Mm
- **Adresse [f.], eigenrelative**	- adresse [f.] auto-relative [NF Z 61-000]		Mm
- **Adresse [f.], errechnete**	- adresse [f.] calculée [NF Z 61-000]		Mm
- **Adresse [f.], indirekte**	- adresse [f.] indirecte		Mm
- **Adresse [f.], indizierte**	- adresse [f.] indexée		Mm
- **Adresse [f.], relative**	- adresse [f.] relative [NF Z 61-000]		Mm
- **Adresse [f.], symbolische**	- adresse [f.] symbolique [NF Z 61-000]		Mm
- **Adresse [f.], tatsächliche** ...	- adresse [f.] réelle [NF Z 61-000]		Mm
- **Adresse [f.], verschiebliche**	- adresse [f.] translatable [NF Z 61-000]		Mm
- **Adresse [f.], virtuelle**	- adresse [f.] virtuelle [NF Z 61-000]		Mm
- **Adresse [f.], wirkliche** ...	- adresse [f.] réelle [NF Z 61-000]		Mm
- **Adressendecoder [m.]**	- décodeur [m.] d'adresse		E
- **Adressenerzeugung [f.]**	- génération [f.] d'adresses		
- **Adressenregister [n.]**	- registre [m.] d'adresses		E
- **Adressenzeit [f.] [DIN 44476-2]**	- temps [m.] d'adresse		Mm
- **Adreßerhöhung [f.]**	- progression [f.] d'adresse		Mm

- Adreßfeld [n.]	- champ [m.] d'adresse	Rahmen z.B.	C
- Adreßfestlegung [f.]	- détermination [f.] de l'adresse		Mm
- Adreßfunktion [f.]	- fonction [f.] d'adressage		S
- adressierbar	- adressable		Mm
- adressierbare Netzeinheit [f.]	- unité [f.] adressable du réseau	NAU	C
- adressierbares Register [n.]	- registre [m.] adressable; registre		E
" "	à adressage explicite		E
- adressieren	- adresser [NF Z 61-000]		Mm
- Adressierung [f.]	- adressage [m.] [NF Z 61-000]		Mm
- Adressierung [f.], absolute	- adressage [m.] absolu [NF Z 61-000]		Mm
- Adressierung [f.], direkte	- adressage [m.] direct [NF Z 61-000]		Mm
- Adressierung [f.], implizite	- adressage [m.] implicite [NF Z 61-000]		Mm
- Adressierung [f.], indirekte	- adressage [m.] indirect [NF Z 61-000]		Mm
- Adressierung [f.], indizierte	- adressage [m.] indexé		Mm
- Adressierung [f.], inhaltsorientierte	- adressage [m.] associatif;		Mm
" "	adressage [m.] par le contenu		Mm
- Adressierung [f.], iteriert-indirekte	- adressage [m.] différé [NF Z 61-000]		Mm
- Adressierung [f.], relative	- adressage [m.] relatif [NF Z 61-000]		Mm
- Adressierung [f.] mittels Register	- adressage [m.] par registre		
- Adressierungsart [f.];	- mode [m.] d'adressage		Mm
Adressierungssystem [n.]	" "		Mm
- Adreßleitung [f.]	- ligne [f.] d'adresse [f.]		E
- Adreßoperator [m.]	- opérateur [m.] d'adressage;		S
" "	opérateur [m.] d'adresse		S
- Adreßrechnen [n.];	- calcul [m.] d'adresse		
Adreßrechnung [f.]	" "		
- Adreßregister [n.]	- registre [m.] d'adresse		S
- Adreß-Schreibweise [f.] [DIN 66257]	- format [m.] de bloc à adresse [NF Z 61-000]		NC
- Adreßteil [m.] [DIN 44300-4]	- partie [f.] adresse [NF Z 61-000];		S
" "	zone [f.] adresse [NF Z 61-000]		S
- Adreßwort [n.]	- mot [m.] d'adresse		S
- Adreßzähler [m.]	- compteur [m.] d'adresses		S
- Adreßzuordnung [f.]	- attribution [f.] de l'adresse		C
- AD-Umsetzer [m.]	- convertisseur [m.] analogique-numérique		H
- AD-Umsetzung [f.]	- conversion [f.] analogique-numérique		E
- AD-Wandler [m.]	- convertisseur [m.] analogique-numérique		H
- AE [f.] (Anschlußeinheit)	- UR [f.] (unité de raccordement)	Stecktechnik	E
- Akkumulator [m.] [DIN 44300-6]	- accumulateur [m.] [NF Z 61-000]	Register	E

- Akkupufferung [f.] (RAM mit ...)	- RAM sauvegardée par une batterie;		**Mm**
" "	RAM secourue par une batterie		**Mm**
- aktiv	- actif (active)		
- aktive Datei [f.]	- fichier [m.] actif		
- aktiver Ausgang [m.]	- sortie [f.] active		**E**
- aktives Bauelement [n.]	- composant [m.] actif		**E**
- aktivieren	- activer		
- Aktor [m.]	- actionneur [m.]		**E**
- aktualisieren	- actualiser; mettre à jour		
- Aktualisierung [f.]	- actualisation [f.]; mise [f.] à jour		
- aktuell	- courant; en cours	Arbeitsbereich z.B	
- aktueller Parameter [m.]	- paramètre [m.] effectif		**S**
- aktuelles Argument [n.]	- argument [m.] réel		**S**
- Akustikkoppler [m.]; akustischer Koppler [m.] [DIN 44302]	- coupleur [m.] acoustique " "		**C**
- akustisches Signal [n.]	- signal [m.] sonore;		
" "	avertissement [m.] sonore		
- Alarm [m.]	- alarme [f.]		
- Algebra [f.]	- algèbre [f.]		**M**
- Algebra [f.], boolesche;	- algèbre [f.] de Boole		**Lo**
Algebra [f.], logische	" "		**Lo**
- ALGOL	- ALGOL	Programmiersprache	**S**
- algorithmisch	- algorithmique		
- algorithmische Programmier-sprache [f.]; algorithmische Sprache [f.]	- langage [m.] algorithmique [NF Z 61-000]; langage [m] procédural		**S** **S**
- Algorithmus [m.]	- algorithme [m.] [NF Z 61-000]		**S**
- Algorithmus [m.], rekursiver	- algorithme [m.] récursif		**S**
- allgemein	- commun	Variablen z.B.	**S**
- Allzweckrechner [m.]	- calculateur [m.] universel [NF Z 61-000];		**H**
" "	ordinateur [m.] universel		**H**
- Alphabet [n.] [DIN 44300-2]	- alphabet [m.] [NF Z 61-000]		
- alphabetisch	- alphabétique		
- alphabetischer Code [m.]	- code [m.] alphabétique [NF Z 61-000]		
- alphamerische Tastatur [f.]	- clavier [m.] alphanumérique		**H**

- alphanumerisch [DIN 44300]	- alphanumérique		
- alphanumerische Daten [p.]	- données [f.p.] alphanumériques [NF Z 61-000]		
- alphanumerische Tastatur [f.]	- clavier [m.] alphanumérique		**H**
- alphanumerischer Code [m.]	- code [m.] alphanumérique [NF Z 61-000]		
- Alternative [f.]	- OU [m.]	OR	**Lo**
- Amplitudenmodulation [f.]	- modulation [f.] d'amplitude		**E**
- analog	- analogique [NF Z 61-000]		**E**
- Analogcomputer [m.]	- calculateur [m.] analogique		**H**
- Analog-Digital-Umsetzer [m.]	- convertisseur [m.] analogique/ numérique		**E**
- Analog-Digital-Umsetzung [f.]	- conversion [f.] analogique-numérique		**E**
- Analog-Digital-Wandler [m.]	convertisseur [m.] analogique/numérique		**E**
- analoge Darstellung [f.]	- représentation [f.] analogique [NF Z 61-000]		
- analoge Daten [p.] [DIN 44300-2]	- données [f.p.] analogiques [NF Z 61-000]		
- analoge Übertragung [f.]	- transmission [f.] analogique		**C**
- analoges Kommunikationsnetz [n.]	- réseau [m.] de communication analogique		**C**
- analoges Signal [n.] [DIN 44300]	- signal [m.] analogique		**E**
- Analogrechner [m.]	- calculateur [m.] analogique		**H**
- Analogsignal [n.]	- signal [m.] analogique		**E**
- Analogspeicher [m.]	- mémoire [f.] analogique		**Mm**
- Analyse [f.]	- analyse [f.]		
- Analyse [f.], lexikalische	- analyse [f.] lexicographique		**S**
- Analyse [f.], semantische	- analyse [f.] sémantique		**S**
- Analyse [f.], syntaktische	- analyse [f.] syntaxique		**S**
- Analyseverfahren [n.]	- méthode [f.] d'analyse		
- analysieren	- analyser	Allgemein	
- Analytiker [m.]	- analyseur [m.]; analyste [m.]		
- AND-Funktion [f.]	- fonction [f.] ET	AND	**Lo**
- AND-Verknüpfung [f.]	- porte [f.] ET [NF Z 61-000]	AND	**Lo**
- aneinanderreihen	- concaténer	Bits, usw.	**C**
- Anfang [m.]	- sommet [m.]		
- Anfang [m.] des Textes	- début [m.] de texte;	ASCII 2 [] [STX]	
" "	caractère [m.] début de texte	ASCII 2 [] [STX]	
- Anfänger [m.]	- néophyte [m.]		
- Anfangsadresse [f.]	- adresse [f.] de lancement		**S**
- Anfangslader [m.]	- programme [m.] de chargement initial [NF Z 61-000]		**S**

- Anforderung [f.]	- appel [m.] [NF Z 61-000]; demande [f.]		
- Anforderung [f.] des Sitzungs-aufbaus	- demande [f.] d'établissement de session		**C**
- Anfrage [f.]	- consultation [f.];	Datenbank	**Db**
" "	interrogation [f.]	" "	**Db**
- Anfragesprache [f.] *☞ Siehe auch "Abfragesprache"*	- langage [m.] d'interrogation	Datenbanksysteme	**S**
- Anführungsstrich [m.]; Anführungszeichen [n.]	- guillemet [m.] " "		
- Anführungszeichen [n.], doppelte	- doubles quotes [f.p.]	ASCII 34 ["][]	
- angewandte Informatik [f.]	- informatique [f.] appliquée		
- Anhaltepunkt [m.]	- point [m.] d'interruption		**S**
" "	[NF Z 61-000]; point [m.] de test		**S**
- Anhäufung [f.]	- grappe [f.]	Cluster	**Mm**
- Animation [f.]	- animation [f.]		
- anisochron	- anisochrone		**C**
- anisochrones Signal [n.]	- signal [m.] anisochrone		**C**
- Ankerpunkt [m.]	- point [m.] d'ancrage;		**Db**
" "	adresse [f.] de référence		**Db**
- anklicken (etwas ...)	- cliquer sur qqch.	Maus	**S**
- Anklopfen [n.]	- indication [f.] d'appel en instance	Telefon	**C**
- Anlage [f.]	- installation [f.]		**H**
- Anlagengeneration [f.]	- génération [f.] de machine		**H**
- Anlaufschaltung [f.]	- circuit [m.] de démarrage		**E**
- anlegen	- appliquer	Signal, Spannung usw.	**E**
- anlegen (eine Datei ...)	- créer un fichier		
- anmachen	- allumer		**E**
- Anmeldung [f.]	≈ ouverture [f.] de session	log in	
- annullieren	- annuler ; supprimer		
- Annullierung [f.]	- annulation [f.]		
- Anpaßbarkeit [f.]; Anpassungsfähigkeit [f.]	- adaptabilité [f.] " "		
- Anpassungsregelung [f.]	- commande [f.] adaptative [NF Z 61-000]		**NC**
- Anreicherung [f.]	- enrichissement [m.]	Halbleiter	**E**
- Anreicherungs-MOS	- MOS [m.] à enrichissement		**E**
- Anruf [m.]	- appel [m.] [NF Z 61-000]		
- Anrufbeantworter [m.]	- répondeur [m.] téléphonique		**C**
- Anrufbeantwortung [f.] [DIN 44302]	- réponse [f.]	à un appel	**C**
- Anrufbeantwortung [f.], automatische	- réponse [f.] automatique	Telefon	**C**
- Anrufweiterschaltung [f.]	- renvoi [m.] temporaire	Telefon	**C**

- Anschlagdrucker [m.]	- imprimante [f.] à impact;		**Pr**
" "	imprimante [f.] à percussion		**Pr**
- anschlagfreier Drucker [m.]	- imprimante [f.] sans percussion [NF Z 61-000]		**Pr**
- anschließen	- brancher; connecter; raccorder		**E**
- Anschließen [n.]	- branchement [m.];		**E**
" "	raccordement [m.]		
- Anschluß [m.]	- connexion [f.];		**E**
" "	branchement [m.];		**E**
" "	raccordement [m.]		**E**
- Anschlußeinheit [f.] (AE)	- unité [f.] de raccordement (UR)	Stecktechnik	**E**
- Anschlußeinrichtung [f.]	- équipement [m.] de raccordement	PCM 30 z.B.	**C**
- Anschlußkabel [n.]	- cordon [m.] de branchement;		**E**
" "	câble [m.] de raccordement		**E**
- Anschlußkennung [f.] der gerufenen Station [DIN 44302]	- identité [f.] de la ligne du demandé [CCITT]		**C**
- Anschlußkennung [f.] der rufenden Station [DIN 44302]	- identité [f.] de la ligne du demandeur [CCITT]		**C**
- Anschlußleiste [f.]	- multiprise [f.]		**E**
- Anschlußleitung [f.]	- ligne [f.] de raccordement		**C**
- Anschlußschema [n.]	- schéma [m.] de connexion		**E**
- anstehend	- en attente ;	Allgemein	
" "	appliqué	Signal z.B.	
- Antialternative [f.]	- circuit [m.] NON-OU [NF Z 61-000];	NOR	**Lo**
" "	NON-OU [m.] [NF Z 61-000]	NOR	**Lo**
- Antikonjunktion [f.]	- circuit [m.] NON-ET [NF Z 61-000];	NAND	**Lo**
" "	NON-ET [m.] [NF Z 61-000]	NAND	**Lo**
- Antistatik-Teppich [m.]	- tapis [m.] antistatique		**H**
- Antivalenz [f.] [DIN 44300-5]	- disjonction [f.] [NF Z 61-000];	XOR (ENTWEDER ODER)	**Lo**
" "	dilemme [m.] [NF Z 61-000];	XOR	**Lo**
" "	complémentarité [f.];	XOR	**Lo**
" "	circuit [m.] de disjonction [NF Z 61-000];	XOR	**Lo**
" "	opération [f.] OU exclusif [NF Z 61-000];	XOR	**Lo**
" "	OU [m.] exclusif [NF Z 61-000];	XOR	**Lo**
" "	porte [f.] de disjonction [NF Z 61-000]	XOR	**Lo**
- Antivirus-Programm [n.]	- programme [m.] antivirus		**S**
- Antriebsloch [n.]	- trou [m.] d'entraînement	Diskette	**Di**
- Antwort [f.]	- réponse [f.]		
- Antwortton [m.]	- tonalité [f.] de réponse		**C**
- Antwortzeit [f.] [DIN 44300-7]	- temps [m.] de réponse [NF Z 61-000]		
- Anwahl [f.]	- sélection [f.]		
- anwählbar	- sélectionnable		

Deutsch	Français	Bemerkung	
- anwählen	- sélectionner		
- Anweisung [f.] [DIN 44300-4]	- instruction [f.] [NF Z 61-000]		**S**
- Anweisung [f.], bedingte	- instruction [f.] conditionnelle		**S**
- Anweisung [f.], einfache	- instruction [f.] simple		**S**
- Anweisung [f.], elementare	- instruction [f.] élémentaire;		**S**
" "	primitive [f.]		**S**
- anwenden	- appliquer	Theorie z.B.	
- Anwender [m.]	- usager [m.];	Netz z.B.	**C**
" "	utilisateur [m.]	Programm z.B.	
☞ ***Siehe auch "Benutzer".***			
- Anwenderprogramm [n.]	- programme [m.] utilisateur;	eigenprogrammiert	**S**
" "	logiciel [m.] d'application		**S**
- Anwendersoftware [f.]	- logiciel [m.] d'application		**S**
- Anwendung [f.]	- application [f.]		**S**
- Anwendungsprogramm [n.]	- logiciel [m.] d'application		**S**
- Anwendungsprozeß [m.]	- processus [m.] d'application		
- Anwendungsschicht [f.]	- couche [f.] application	OSI-Modell (7)	**C**
- Anwendungs-Software [f.]	- logiciel [m.] d'application		**S**
- Anzeige [f.]	- affichage [m.]; visualisation [f.];	Vorgang	
" "	afficheur [m.]	Bauelement	**H**
- Anzeigedatei [f.]	- liste [f.] de visualisation	Graphik	
- Anzeigeeinheit [f.]; Anzeigegerät [n.] <	- console [f.] de visualisation;		**H**
" "	unité [f.] d'affichage [NF Z 61-000];		**H**
	unité [f.] de visualisation [NF Z 61-000];		**H**
" "	visuel [m.] [NF Z 61-000]; visu [f.]		**H**
- Anzeigelampe [f.]	- voyant [m.] (lumineux);		**H**
" "	lampe [f.] témoin;		**H**
" "	témoin [m.] (lumineux)		**H**
- anzeigen	- afficher; visualiser		**H**
- Anzeiger [m.]	- drapeau [m.];		**S**
" "	indicateur [m.] [NF Z 61-000]		**S**
- Anzeigevorrichtung [f.] ...	- unité [f.] d'affichage [NF Z 61-000]		**H**
- APL	- APL	Programmiersprache	**S**
- Apostroph [m.]	- apostrophe [f.]	ASCII 39 ['] []	
- APT	- APT	Programmiersprache	**S**
- Äquijunktion [f.][DIN 44300-5]; Äquivalenz [f.] [DIN 44300-5]	- circuit [m.] d'équivalence [NF Z 61-000];		**Lo**
" "	porte [f.] d'équivalence [NF Z 61-000];		**Lo**
" "	équivalence [f.]		**Lo**
- Äquivokation [f.] [DIN 44301]	- équivoque [f.] [NF Z 61-000]	Informationstheorie	
- Arbeit [f.]	- travail [m.]		
- Arbeiten [n.] mit Dateien	- manipulation [f.] de fichiers		
- Arbeitsablaufplan [m.] [DIN 66257]	- gamme [f.] opératoire [NF Z 61-000]		**NC**

- **Arbeitsbereich [m.]**	- espace [m.] de travail;		
" "	zone [f.] de manoeuvre;		
" "	zone [f.] de travail	am Bildschirm z.B.	
- **Arbeitsdatei [f.]**	- fichier [m.] de travail		
- **Arbeitsfläche [f.]**	- écran [m.] de travail;	Bildschirm	**S**
" "	interface [f.] utilisateur	" "	**S**
- **Arbeitskopie [f.]**	- copie [f.] de travail		
- **Arbeitsplatz [m.]**	- poste [m.] de travail	emplacement	
- **Arbeitsplatzrechner [m.]**	- ordinateur [m.] personnel	PC	**H**
- **Arbeitsregister [n.]**	- registre [m.] de travail		**E**
- **Arbeitssitzung [f.]**	- session [f.]		
- **Arbeitsspeicher [m.]**	- mémoire [f.] de manoeuvre;	Schaltwerke	**Mm**
" "	mémoire [f.] de travail	Allgemein	**Mm**
- **Arbeitsspeicher [m.], realer; Arbeitsspeicher [m.], reeller**	- mémoire [f.] réelle [NF Z 61-000] " "		**Mm**
- **Arbeitsspeicher [m.], virtueller**	- mémoire [f.] virtuelle		**Mm**
- **arbeitsspeicherresident**	- corésident; résident [NF Z 61-000]	TSR	**S**
- **Arbeitszeit [f.]**	- temps [m.] d'exploitation [NF Z 61-000]	Rechner	**H**
- **Arbeitszyklus [m.] [NF Z 61-000]**	- cycle [m.] câblé [NF Z 61-000];		**NC**
	cycle [m.] fixé [NF Z 61-000]		**NC**
- **Arboreszenz [f.]** ☞ ***Siehe auch "Baumstruktur"***	- arborescence [f.]		
- **Architektur [f.]**	- architecture [f.]		**H**
- **Archivdatei [f.]**	- fichier [m.] d'archive;		
" "	fichier [m.] compacté		
- **archivieren**	- archiver		
- **Archivierungsbit [n.]**	- bit [m.] d'archivage	Dateiattribut	**S**
- **Archivierungsprogramm [n.]**	- compresseur [m.] de fichiers;		**C**
" "	compacteur [m.] de fichiers;		
" "	gestionnaire [m.] de fichiers compactés		
- **Argument [n.]**	- argument [m.]		**S**
- **Argument [n.], aktuelles**	- argument [m.] réel		**S**
- **Argumentübergabe [f.]**	- passage [m.] des arguments		**S**
- **arithmetische Reihe [f.]**	- progression [f.] arithmétique		**M**
- **arithmetischer Ausdruck [m.]**	- expression [f.] arithmétique		**M**
- **arithmetischer Befehl [m.]**	- instruction [f.] arithmétique [NF Z 61-000]		**S**
- **arithmetischer Koprozessor [m.]**	- coprocesseur [m.] de calcul		**E**
- **arithmetischer Operator [m.]**	- opérateur [m.] arithmétique		**S**
- **arithmetischer Prozessor [m.]**	- processeur [m.] arithmétique		**E**
- **arithmetisches Schieben [n.]**	- décalage [m.] arithmétique	Register	**E**
" "	[NF Z 61-000]; décalage [m.] simple	" "	**E**
- **arithmetisch-logische Einheit [f.]**	- unité [f.] arithmétique et logique	ALU	**E**

Deutsch	Français	Bereich	
- **Array [n.]**	- tableau [m.]	Datentyp	**S**
- **Array [n.], eindimensionales**	- tableau [m.] unidimensionnel		**S**
- **Array [n.], mehrdimensionales**	- tableau [m.] multidimensionnel		**S**
- **Array [n.], zweidimensionales**	- tableau [m.] à deux dimensions		**S**
- **Artikel [m.]**	- article [m.]		
- **ASCII** (American Standard Code for Information Interchange)	- ASCII		
- **ASCII-Code [m.]**	- code [m.] ASCII		
- **ASCII-Wert [m.]**	- valeur [f.] ASCII		
- **Assembler [m.]**	- assembleur [m.] [NF Z 61-000]		**S**
- **Assemblersprache [f.]**	- langage [m.] assembleur;		**S**
" "	langage [m.] d'assemblage [NF Z 61-000]		**S**
- **assemblieren**	- assembler [NF Z 61-000]		**S**
- **Assemblierer [m.] [-∞] [DIN 44300-4]**	- assembleur [m.] [NF Z 61-000]		**S**
- **Assemblierung [f.]**	- assemblage [m.]		**S**
- **Assoziativspeicher [m.] [DIN 44300-6]**	- mémoire [f.] associative [NF Z 61-000] [CEI 147-OE]		**Mm**
- **astabile Kippschaltung [f.];**	- bascule [f.] astable		**E**
astabiler Flip-Flop [m.]	" "		**E**
- **asynchron**	- asynchrone		
- **Asynchronbetrieb [m.]**	- mode [m.] asynchrone		
- **asynchrone Übertragung [f.] [DIN 44302]**	- transmission [f.] asynchrone		**C**
- **asynchrone Unterbrechung [f.]**	- interruption [f.] asynchrone		
- **Asynchronrechner [m.]**	- calculateur [m.] asynchrone [NF Z 61-000];		**H**
" "	calculateur [m.] arythmique [NF Z 61-000]		**H**
- **Asynchronverfahren [n.]**	- mode [m.] asynchrone		
- **Attraktoren [m.p.], fremdartige**	- attracteurs [m.p.] étranges		
- **Attribut [n.]** ☞ ***Siehe auch "Dateiattribut"***	- attribut [m.]		
- **Aufbau [m.]**	- construction [f.]; structure [f.]		**H**
- **aufbereiten**	- éditer;	Daten	
" "	mettre en forme [NF Z 61-000]	" "	
- **Aufbereitung [f.]**	- édition [f.];	" "	
" "	mise [f.] en forme [NF Z 61-000]	" "	
- **Aufenthaltsort [m.]**	- emplacement [m.] physique	Speicher/Adressen	**Mm**
- **Aufforderung [f.]**	- invitation [f.]		
- **Aufforderung [f.] zum Senden**	- invitation [f.] à émettre	Polling	**C**

- **Aufforderungsbetrieb [m.] [DIN 44302]**	- mode [m.] de réponse normal		**C**

"Aufforderungsbetrieb"
Übertragungsart bei der die "Trabantenstationen" nur nach Aufforderung durch die "Leitstation" senden können.

- **Auffrischen [n.] [DIN 44476-2]**	- mode [m.] de rafraîchissement		**Mm**
- **Auffrischintervall [n.]**	- intervalle [m.] de temps de rafraîchissement		**Mm**
- **Auffrischung [f.]**	- entretien [m.] d'image;	Bildschirm	**Mm**
" "	rafraîchissement [m.]	Bildschirm z.B.	**Mm**

"Auffrischung"
Vorgang zur Wiederherstellung oder Aufrechterhaltung des gewünschten Zustandes bei flüchtigen Speichern oder Bildschirmen.

- **Auffrischzeit [f.] [DIN 44476-2]**	- cycle [m.] de rafraîchissement		**Mm**
- **Auffüllung [f.]**	- remplissage [m.]	-> Füllzeichen	
- **Auffüllzeichen [n.]**	- caractère [m.] de remplissage [NF Z 61-000]		
- **Aufgabe [f.]**	- tâche [f.] [NF Z 61-000]; travail [m.]		
- **Aufgabenauslöser [m.]**	- programmateur [m.] des travaux		**S**
- **Aufgabenferneingabe [f.]**	- introduction [f.] des travaux à distance [NF Z 61-000];	RJE	**C**
" "	soumission [f.] de travaux à distance;	" "	**C**
" "	télésoumission [f.] de travaux	" "	**C**
- **Aufgabenkette [f.]**	- chaîne [f.] de traitement		
- **Aufgabenstrom [m.]**	- flot [m.] de travaux		
- **aufgerufen(e)**	- appelé(e)	Funktion z.B.	**S**
- **aufgetretener Fehler [m.]**	- défaut [m.] survenu	Fehler	
- **aufheben**	- supprimer;	Allgemein	
" "	désactiver	Prüfschlaufe z.B.	**C**
- **Aufklappmenü [n.]**	- menu [m.] déroulant		

- **Auflisten [n.]; Auflistung [f.]**	- listage [m.]		
- **Auflösen [n.] der Sitzungs-verbindung**	- libération [f.] de connexion de la session		C
- **Auflösung [f.]**	- résolution [f.]		
- **Aufnahme [f.]**	- enregistrement [m.];	Ton z.B.	
" "	préhension [f.]	Roboter	R
- **aufnehmen**	- enregistrer;	Ton z.B.	
" "	prendre; saisir	Roboter	R
- **Aufruf [m.]**	- appel [m.] [NF Z 61-000]	fonction, procéd. etc.	S
- **Aufrufbedingungen [f.p.]**	- conditions [f.p.] d'entrée [NF Z 61-000]		
- **Aufrufbetrieb [m.] [DIN 44302]**	- invitation [f.] à émettre	mode de transfert	C

"Aufrufbetrieb" auch "Umfragebetrieb" oder "Polling" genannt. Verfahren der Datenübertragung, bei dem die Leitstation die Trabantenstationen zu bestimmten Zeiten dazu auffordert, ihre Daten zu senden.

☞ *Siehe auch "Aufforderungsbetrieb"*

- **aufrufen**	- appeler ; invoquer		
- **aufrufende Funktion [f.]**	- fonction [f.] appelante		S
- **Aufruffolge [f.]**	- séquence [f.] d'appel	Kommunik.	C
- **Aufrufroutine [f.]**	- séquence [f.] d'appel	Programm	S
- **Aufrüsten [n.]**	- extension [f.]		H
- **aufsteigende Flanke [f.]**	- front [m.] de montée	Impuls	E
- **Aufstellung [f.]**	- implantation [f.];	Geräte	H
" "	liste [f.]	Auflistung	
- **Aufstellungsort [m.]**	- lieu [m.] d'implantation	Geräte	H
- **Auftrag [m.]**	- ordre [m.];	Bestellung	
" "	tâche [f.] [NF Z 61-000]	Aufgabe	
- **Auftragskontrollsprache [f.]**	- langage [m.] de commande		S
- **auftreten**	- apparaître; survenir	Fehler z.B.	
- **Aufwärtskompatibilität [f.]**	- compatibilité [f.] ascendante		
- **Aufwärtspfeil [m.]**	- flèche [f.] haute		
- **Aufwickelspule [f.]**	- bobine [f.] réceptrice		Mb
- **Aufzählung [f.]**	- énumération [f.]	auch Datentyp	S
- **Aufzeichnung [f.]**	- enregistrement [m.]	support magnétique	Mm
- **Aufzeichnung [f.], magnetische**	- enregistrement [m.] magnétique [NF Z 61-000]		Mm
- **Aufzeichnungsdichte [f.]**	- densité [f.] d'enregistrement [NF Z 61-000]		Mm
- **Ausbau [m.]**	- extension [f.]	opération	H
- **ausbaubar**	- extensible		H
- **Ausbaustufe [f.] (volle ...)**	- version [f.] la plus étoffée		
- **auschließliches ODER [n.]**	- OU [m.] exclusif	XOR	Lo

- Ausdruck [m.]	- expression [f.];		**S/M**
" "	liste [f.];	Liste	
" "	liste [f.] imprimée;	" "	
" "	listing [m.] [☒]	" "	
- Ausdruck [m.], arithmetischer	- expression [f.] arithmétique		**M**
- Ausdruck [m.], logischer	- expression [f.] logique		**S**
- Ausdruck [m.], skalarer	- scalaire [m.] [NF Z 61-000]		**M**
- Ausdrucken [n.]	- édition [f.] sur imprimante;		**Pr**
" "	impression [f.]		**Pr**
- Ausdrucksanweisung [f.]	- instruction [f.] simple		**S**
- auseinandergezogene Darstellung [f.] [-∞]	- vue [f.] éclatée		
- Ausfall [m.]	- défaillance [f.] [NF Z 61-000];		
" "	panne [f.]		
- Ausfallabstand [m.]	- temps [m.] entre deux pannes		
- Ausfallabstand [m.], mittlerer	- moyenne [f.] des temps de bon fonctionnement [NF Z 61-000];	MTBF	
" "	temps [m.] moyen entre pannes [NF Z 61-000];	" "	
" "	MTBF [m.] [NF Z 61-000]		
- ausfallen	- tomber en panne		**H**
- Ausfallhäufigkeit [f.]	- taux [m.] de défaillance		
- Ausfallzeit [f.], extern bedingte	- temps [m.] perdu à cause de l'environnement [NF Z 61-000]		
- Ausfallzeit [f.], maschinenbedingte	- temps [m.] d'arrêt [NF Z 61-000]		
- ausführbar	- exécutable	Programm	**S**
- ausführen	- exécuter [NF Z 61-000]	" "	**S**
- Ausführung [f.]	- exécution [f.] [NF Z 61-000]	" "	**S**
- Ausführung [f.], schrittweise	- exécution [f.] pas à pas		**S**
- Ausführung [f.] (während der ... des Programmes)	- pendant l'exécution [f.] du programme		**S**
- Ausgabe [f.]	- sortie [f.]		
- Ausgabe-...	- sortant [NF Z 61-000];		
" "	de sortie [NF Z 61-000]		
- Ausgabe [f.], formatierte	- lecture [f.] formatée;		**S**
" "	sortie [f.] formatée		**S**
- Ausgabedatei [f.]	- fichier [m.] de sortie		
- Ausgabedaten [p.]	- données [f.p.] de sortie [NF Z 61-000]		
- Ausgabeeinheit [f.]	- organe [m.] de sortie [NF Z 61-000];		**H**
" "	unité [f.] de sortie		**H**
- Ausgabefeld [n.]	- champ [m.] d'affichage		
- Ausgabefunktion [f.]	- fonction [f.] de sortie		**S**

- Ausgabegerät [n.] [DIN 44300-5]	- organe [m.] de sortie [NF Z 61-000];		**H**
" "	unité [f.] de sortie		
- Ausgabemaske [f.]	- masque [m.] de sortie		
- Ausgabesteuerzeichen [n.]	- opérateur [m.] de routage	DOS (z.B. <,>,<<,>>)	**S**
- Ausgang [m.]	- sortie [f.]		
- Ausgang [m.]	- instruction [f.] de sortie [NF Z 61-000]	Anweisung	**S**
- Ausgang [m.], aktiver	- sortie [f.] active		**E**
- Ausgang [m.], inaktiver	- sortie [f.] inactive;		**E**
" "	sortie [f.] invalidée		**E**
- Ausgangs-Abschaltzeit [f.] [DIN 44476-2]	- temps [m.] d'invalidation en sortie		**Mm**
- Ausgangsgültigkeit [f.] [DIN 44476-2]	- temps [m.] de validité en sortie		**Mm**
- Ausgangsparameter [m.]	- paramètre [m.] prédéfini [NF Z 61-000];		**S**
" "	valeur [f.] par défaut		**S**
- Ausgangsport [m.]	- port [m.] de sortie		**E**
- Ausgangssignal [n.]	- signal [m.] de sortie		**E**
- Ausgangswert [m.]	- paramètre [m.] prédéfini [NF Z 61-000]		**S**
- ausgebbares Zeichen [n.]	- caractère [m.] affichable		
- ausgeben	- délivrer	Signal z.B.	**E**
- ausklappen	- dérouler	Menü	
- Auslagerung [f.]	≈ échange [m.];	Programm	**S**
" "	≈ permutation [f.]	" "	**S**
- Auslassungspunkte [m.p.]	- points [m.p.] de suspension	...	
- Auslassungszeichen [n.]	- apostrophe [f.]	ASCII 39 ['] []	
- Auslöseaufforderung [f.] [DIN 44302]	- demande [f.] de libération		**C**
- auslösen	- déclencher	Interrupt, Reset	
- Auslösetaste [f.]	- touche [f.] de déclenchement		
- Auslösung [f.] [DIN 44302]	- libération [f.]	Kommun.	**C**
- Ausregelzeit [f.]	- délai [m.] de réglage		
- ausrichten	- cadrer [NF Z 61-000];		**T/E**
" "	justifier [NF Z 61-000]		**T**
- Ausrichtung [f.]	- alignement [m.]; justification [f.];		**T**
" "	cadrage [m.]		**T/E**
- Ausrichtung [f.], linksbündige	- cadrage [m.] à gauche;		**T/E**
" "	justification [f.] à gauche		**T**
- Ausrichtung [f.], rechtsbündige	- cadrage [m.] à droite;		**T/E**
- Ausrückbreite [f.]	- renfoncement [m.] négatif;	mesure	**T**
" "	rentré [m.] négatif	" "	**T**
" "	indentation [f.] négative	" "	**T**

- Ausrücken [n.]	- renfoncement [m.] négatif;		T
" "	rentré [m.] négatif;		T
" "	indentation [f.] négative		T
- Ausrufezeichen [n.]	- point [m.] d'exclamation	ASCII 33 [!] []	
- ausrüsten	- équiper	matériel	
- Ausrüstung [f.]	- équipement [m.]		
- Ausschalten [n.]	- mise [f.] hors circuit;		E
" "	extinction [f.]		E
- ausschneiden	- couper		T
- Ausschnitt [m.]	- fenêtre [f.]	Textverarbeitung (Word)	T
- ausspeichern	- déloger [NF Z 61-000];	Arbeitsspeicher	Mm
" "	retirer [NF Z 61-000]	" "	Mm
- Ausspulen [n.]	- "spooling" [m.] [NF Z 61-000];		S
" "	spouling [m.];		S
" "	≈ système [m.] de désynchronisation des E/S [NF Z 61-000];		S
" "	≈ technique [f.] du spool		S
- Austausch [m.]	- échange [m.]		
- austesten	- mettre au point	Debugging	S
- Auswahl [f.]	- sélection [f.]	Allgemein	
- Auswahlbetrieb [m.]	- sélection [f.]	Übertragungsart	C

"Auswahlbetrieb"
Mode de transmission selon lequel le message transmis est précédé de l'adresse de la station destinatrice. Les stations réceptrices sont dotées d'un dispositif de sélection leur permettant de reconnaître les messages qui leur sont destinés.

- Auswahlseite [f.]	- page [f.] d'index; page [f.] menu;	vidéotex	C
" "	page [f.] de choix	" "	C
- auswechselbar	- amovible		
- auswechselbare Magnetplatte [f.]	- disque [m.] (magnétique) amovible		H
- Ausweichcomputer [m.]	- ordinateur [m.] de reprise		H
- Ausweichsystem [n.]	- système [m.] de secours		H
- Ausweiskarte [f.]	- badge [m.]; jeton [m.]		
- Ausweisleser [m.]	- lecteur [m.] de badges		H
- auswerten	- analyser;	Daten, Signale	E
" "	évaluer;		E
" "	exploiter		E
- Autocode [m.]	- autocode [m.]		S
- Automat [m.]	- automate [m.]		
- Automat [m.], endlicher	- automate [m.] à nombre fini	Automatentheorie	
" "	d'états; automate [m.] fini	" "	
- Automat [m.], linear beschränkter (LBA)	- automate [m.] linéaire borné	" "	
- Automatentheorie [f.]	- théorie [f.] des automates		

- automatisch	- automatique		
- automatische Anrufbeantwortung [f.]	- réponse [f.] automatique	Telefon	**C**
- automatische Entzerrung [f.]	- égalisation [f.] automatique		**C**
- automatische Reservierung [f.]	- réservation [f.] automatique		
- automatische Rückfrage [f.] zur Wiederholung	- demande [f.] automatique de répétition	ARQ	**C**
- automatische Umschaltung [f.]	- commutation [f.] automatique		**C**
- automatischer Terminkalender [m.]	- agenda [m.] électronique		**S**
- automatischer Umfragebetrieb [m.]	≈ scrutation [f.] automatique		**C**
- automatischer Zeilenumbruch [m.] [MS]	- retour [m.] automatique à la ligne; retour [m.] marge		**T** **T**
- automatisches Anordnen [n.]	- réorganisation [f.] automatique	Windows	
- automatisieren	- automatiser		
- automatisierte Datenverarbeitung [f.]	- traitement [m.] automatique de données [NF Z 61-000];	ADP	
" "	traitement [m.] automatique des informations [NF Z 61-000]	ADP	
- Automatisierung [f.]	- automatisation [f.]		
- autonom	- autonome		
- autonomer Rechner [m.]	- ordinateur [m.] autonome		**H**
- Autostart-Gruppe [f.]	- groupe [m.] démarrage	Windows	
- Axiom [n.]	- axiome [m.] de départ	Grammatik	
- a-Zeichen [n.], kommerzielles	- a [m.] commercial	ASCII 64 [@] []	

B

Deutsch	Français	Bemerkung	
- **Backslash [m.]**	- barre [f.] de fraction inversée;	ASCII 92 [\] []	
" "	barre [f.] oblique inversée;	ASCII 92 [\] []	
" "	barre [f.] inverse; antislash [m.]	ASCII 92 [\] []	
- **Backtracking(-Verfahren) [n.]**	- parcours [m.] avec retour arrière;	technique de solution	
" "	retour [m.] arrière	" "	
- **Backup**	- sauvegarde [f.]		
- **Bahn [f.]**	- trajectoire [f.]	Roboter z.B.	**R**
- **Bahngeschwindigkeit [f.] [DIN 66257]**	- vitesse [f.] d'avance tangentielle [NF Z 61-000]		**NC**
- **Bahnsteuerung [f.] [DIN 66257]**	- commande [f.] de contournage [NF Z 61-000]		**NC**
- **Bahnverlauf [m.]**	- trajectoire [f.]	Roboter z.B.	**R**
- **Balken [m.]**	- barre [f.];	Petri-Netz z.B.	
" "	colonne [f.]	Balkendiagramm	
- **Balkenanzeige [f.]**	- thermomètre [m.] [⭘]	Ablaufanzeige	
- **Balkendiagramm [n.]**	- histogramme [m.]		
- **Band [n.]**	- bande [f.]; ruban [m.]		
- **Bandanfangsmarke [f.] [DIN 66010]**	- repère [m.] de début de bande [NF Z 61-000]		**Mb**
- **Bandantrieb [m.]**	- mécanisme [m.] d'entraînement de bande magnétique	Magnetband	**Mb**
- **Bandarchiv [n.]**	- bandothèque [f.];		**Mb**
" "	bibliothèque [f.] de bandes (magnétiques)		**Mb**
- **Bandbreite [f.]**	- largeur [f.] de bande		**C**
- **Bandendemarke [f.] [DIN 66010]**	- repère [m.] de fin de bande [NF Z 61-000];		**Mb**
" "	marque [f.] de fin de bande		**Mb**

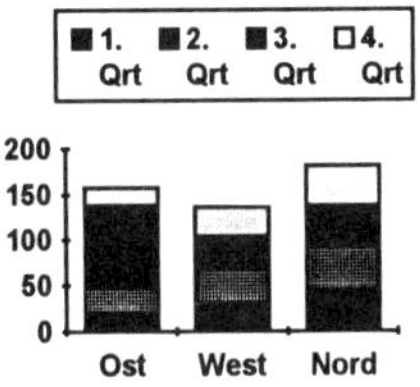

1. Qrt 2. Qrt 3. Qrt 4. Qrt

200 150 100 50 0

Ost West Nord

Deutsch	Français	Bemerkung	
- **Bandlaufwerk [n.]**	- dérouleur [m.] de bande **magnétique;**		**Mb**
" "	mécanisme [m.] d'entraînement de bande magnétique		**Mb**
- **Bandlücke [f.]**	- espace [m.] arrêt-marche		**Mb**
- **Bandmarke [f.]**	- marque [f.] de bande (magnétique);		**Mb**
" "	repère [m.] de bande (magnétique)		**Mb**
- **Bandspule [f.]** ☢	- bobine [f.] [NF Z 61-000]		**Mb**
- **Bandzwischenraum [m.]**	- espace [m.] arrêt-marche		**Mb**
- **Bankautomat [m.]; Bankgeldautomat [m.]; Bankomat [m.]**	- distributeur [m.] automatique de billets ; billetterie [f.] " "		**H** **H**
- **Bankterminal [n.]**	- terminal [m.] bancaire;		**H**
" "	terminal [m.] de guichet;		**H**
" "	machine [f.] de guichet		**H**
- **Barcode [m.]**	- code [m.] à barres	Strichcode	
9 783928 952033			
- **Barcodedrucker [m.]**	- imprimante [f.] de codes à barres	" "	**Pr**
- **Barcodeleser [m.]**	- lecteur [m.] de code à barres	" "	**H**
- **Bargeldautomat [m.]**	- distributeur [m.] automatique		**H**
" "	de billets; billetterie [f.]		**H**
- **BASIC**	- BASIC	Programmiersprache	**S**
- **BASIC [m.], erweiterter**	- BASIC [m.] étendu	" "	**S**
- **Basis [f.]**	- base [f.];	Transistor	**E**
" "	base [f.] de numération	Zahlen	**M**
- **Basisadresse [f.]**	- adresse [f.] de base [NF Z 61-000];		**Mm**
" "	adresse [f.] base [NF Z 61-000]		**Mm**
- **Basisadressierung [f.]**	- adressage [m.] de base		**Mm**
- **Basisadreßregister [n.]**	- registre [m.] d'adresse de base [NF Z 61-000]		**E**
- **Basisband [n.]**	- bande [f.] de base		**C**
- **Basisbandmodem [n.]**	- modem [m.] de bande de base		**C**
- **Basisbandsignal [n.]**	- signal [m.] de bande de base		**C**
- **Basisclock [f.]**	- horloge [f.] de base		
- **Basisregister [n.]**	- registre [m.] de base		**E**
- **Basissoftware [f.]**	- logiciel [m.] de base		**S**
- **Batch-Befehl [m.]**	- commande [f.] batch	DOS	**S**
- **Batchbetrieb [m.]**	- traitement [m.] par lots [NF Z 61-000];		
" "	traitement [m.] différé;		
" "	traitement [m.] groupé;		
" "	batch processing [m.]		

Batch-Datei [f.]; Batchfile	- fichier [m.] batch;	DOS z.B.	**S**
" "	fichier [m.] procédure	" "	**S**
Batch-Processing [n.]	- traitement [m.] par lots [NF Z 61-000];		
" "	traitement [m.] différé;		
" "	batch processing [m.]		
Batchprogramm [n.]	- programme [m.] batch;	DOS z.B.	**S**
" "	procédure [f.] (du DOS)		**S**
Batterie [f.]	- batterie [f.];	Akku	**H**
" "	pile [f.]	Primärelement	**H**

"Batterie" als Primärelement wird nicht mit "batterie" übersetzt, sondern mit dem Wort "pile". Das französische Wort "batterie" ist gleichbedeutend mit "accumulateur", also Sekundärelement oder umgangsprachlich "wiederaufladbare Batterie" bzw. "Akku".

batteriegepuffert	- sauvegardé par batterie;	akkugepuffert	**Mm**
" "	secouru par batterie;	" "	**Mm**
" "	sauvegardé par pile;	Primärelement	
" "	secouru par pile	" "	
Batteriepufferung [f.]	- sauvegarde [f.] par pile		**Mm**
Batteriepufferung (RAM mit ...)	- RAM sauvegardée par une pile;	Primärelement	
" "	RAM secourue par une pile	" "	**Mm**
Baud	- baud [m.]		**C**
Baudot-Code [m.]	- code [m.] Baudot		**C**
Baudrate [f.]	- débit [m.] en bauds;		**C**
" "	débit [m.] binaire	Bit/s	**C**
Bauelement [n.]	- composant [m.]		**E**
Bauelement [n.], aktives	- composant [m.] actif		**E**
Bauelement [n.], diskretes	- composant [m.] discret		**E**
Bauelement [n.], passives	- composant [m.] passif		**E**
Baugruppe [f.]	- ensemble [m.]	matériel	**H**
Baugruppenträger [m.] (BGT)	- châssis [m.]		**H**
Bauingenieurwesen [n.]	- génie [m.] civil		
Baukastenprinzip [n.]	- principe [m.] modulaire		
Baukastensystem [n.]	- système [m.] modulaire		
Baum [m.]	- arbre [m.]		

TREE [Pfad] [/F] [/A]

/F = Anzeige mit Dateinamen /A = ohne graphische Zeichen

Baum [m.], binärer	- arbre [m.] binaire		
Baum [m.], geordneter	- arbre [m.] ordonné		

- **Baumschema [n.];** **Baumstruktur [f.]**	- arborescence [f.]; structure [f.] arborescente;		
" "	structure [f.] hiérarchisée;		
" "	structure [f.] en arbre		
- **Baustein [m.]**	- module [m.]		
- **Bauteil [n.]**	- composant [m.]		E
- **Bauteil [n.], elektronisches**	- composant [m.] électronique		E
- **Bauweise [f.]**	- construction [f.]		
- **BCD** (**B**inary **C**oded **D**ecimal)	- DCB (**D**écimal **C**odé **B**inaire)	BCD	
- **BCD-Code [m.]** (**B**inary **C**oded **D**ecimal)	- code [m.] DCB (**D**écimal **C**odé **B**inaire)	BCD	
- **Bearbeiten [n.]**	- édition [f.]	Windows z.B.	
- **Bearbeitungsmaschinen [f.p.]**	- matériel [m.] de façonnage	Nachbearbeitung	H
- **Bedeutungslehre [f.]**	- sémantique [f.]		
- **Bedienelement [n.]**	- organe [m.] de commande		
- **Bediener [m.]**	- opérateur [m.]	personne	
- **bedienerfreundlich**	- convivial		S
- **Bedienerfreundlichkeit [f.]**	- convivialité [f.]; facilité [f.] d'utilisation		
- **Bedienerführung [f.]**	- guide-opérateur [m.]		S
- **Bedieneroberfläche [f.]**	- interface [f.]; interface [f.] utilisateur;		S
" "	interfaçage [m.] utilisateur		S
- **Bedienpult [n.]**	- pupitre [m.] de commande [NF Z 61-000];		H
" "	pupitre [m.] de manoeuvre		H
- **Bedienteil [n.]**	- console [f.] de programmation	programmierbares Schalt.	H
- **Bedienung [f.]**	- conduite [f.];	Werkzeugmaschine z.B.	
" "	manipulation [f.]; manip [f.] [**O**]	Gerät; Computer	
- **Bedienungsfehler [m.]**	- fausse manipulation [f.];		
" "	fausse manip [**O**]		

Bedienungsfeld [n.] [DIN 44300-5];	- console [f.] de commande [NF Z 61-000];		H
Bedienungskonsole [f.];			
Bedienungsplatz [m.][DIN 44300-5]	panneau [m.] de commande [NF Z 61-000];		H
" "	pupitre [m.] de commande [NF Z 61-000]		H
- **Bedienungsmaßnahme [f.]**	- manipulation [f.]		
- **Bedienungspult [n.]**	- pupitre [m.];		
" "	pupitre [m.] de commande [NF Z 61-000]		H
- **Bedienungsschritt [m.]**	- manipulation [f.]; manip [f.] [○]		
- **Bedienungssystem [n.] [-∞]**	- système [m.] d'exploitation [NF Z 61-000]	OS	S
- **bedingt**	- conditionnel		S
- **bedingte Anweisung [f.]**	- instruction [f.] conditionnelle		S
- **bedingte Compilierung [f.]**	- compilation [f.] conditionnelle		S
- **bedingte Entropie [f.]**	- entropie [f.] conditionnelle [NF Z 61-000]	Informationstheorie	
- **bedingte Übersetzung [f.]**	- compilation [f.] conditionnelle	Compilieren	S
- **bedingte Verzweigung [f.]**	- branchement [m.] conditionnel		S
- **bedingter Befehl [m.]**	- instruction [f.] conditionnelle		S
- **bedingter Informationsgehalt [m.] [DIN 44301]**	- quantité [f.] d'information conditionnelle [NF Z 61-000]	Informationstheorie	
- **bedingter Sprung [m.]**	- saut [m.] conditionnel [NF Z 61-000];		S
" "	branchement [m.] conditionnel;		S
" "	rupture [f.] de séquence conditionnelle		S
- **bedingter Sprungbefehl [m.]**	- instruction [f.] de branchement		S
" "	conditionnel; instruction [f.] de saut conditionnel [NF Z 61-000]		S
- **Bedingung [f.]**	- condition [f.]; test [m.]		S
- **Bedingung [f.] am Schleifenanfang**	- test [m.] effectué au début de la		S
	boucle ; test [m.] effectué au		S
" "	sommet de la boucle		
- **Bedingung [f.] am Schleifenende**	- test [m.] effectué à la fin de la boucle		S
- **Bedingungsanweisung [f.]**	- instruction [f.] conditionnelle		S
- **Bedingungsoperator [m.]**	- opérateur [m.] conditionnel		S
- **Bedingungsschlüssel [m.]**	- code [m.] de conditions		
- **beenden**	- terminer		
- **Befehl [m.]**	- instruction [f.] [NF Z 61-000];		S
" "	commande [f.];		S
" "	ordre [m.]		S
- **Befehl [m.], absoluter**	- instruction [f.] absolue [NF Z 61-000]		S

- Befehl [m.], arithmetischer	- instruction [f.] arithmétique [NF Z 61-000]	**S**
- Befehl [m.], bedingter	- instruction [f.] conditionnelle	**S**
- Befehl [m.], bevorrechtigter	- instruction [f.] privilégiée [NF Z 61-000]	**S**
- Befehl [m.], direkter	- instruction [f.] à adresse directe [NF Z 61-000]	**S**
- Befehl [m.], endgültiger	- instruction [f.] effective [NF Z 61-000]	**S**
- Befehl [m.], indirekter	- instruction [f.] à adresse indirecte [NF Z 61-000]	**S**
- Befehl [m.], logischer	- instruction [f.] logique [NF Z 61-000]	**S**
- Befehl [m.], privilegierter	- instruction [f.] privilégiée [NF Z 61-000]	**S**
- Befehl [m.], unmodifizierter	- instruction [f.] primitive [NF Z 61-000]	**S**
- Befehlsadresse [f.]	- adresse [f.] d'instruction [NF Z 61-000]	**S**
- Befehlsaufbau [m.]	- forme [f.] d'instruction [NF Z 61-000];	**S**
" "	modèle [m.] d'instruction [NF Z 61-000]	**S**
- Befehlscode [m.]	- code [m.] d'instruction;	**S**
" "	code [m.] d'instructions	**S**
- Befehlsdatei [f.]	- fichier [m.] exécutable;	**S**
" "	fichier [m.] programme	**S**
- Befehlseingabezeile [f.]	- ligne [f.] de commande	**S**
- Befehlsfolge [f.]	- séquence [f.] d'instructions;	**S**
" "	suite [f.] d'instructions	**S**
- Befehlsformat [n.]	- forme [f.] d'instruction [NF Z 61-000];	**S**
" "	modèle [m.] d'instruction [NF Z 61-000];	**S**
" "	structure [f.] d'instruction	**S**
- Befehlskodierung [f.]	- codage [m.] d'instruction	**S**
- Befehlslochkarte [f.]	- carte-ordre [f.]	**Me**
- Befehlsmix [n.]	- mix [m.]	**S**
- Befehlsregister [n.] [DIN 44300-6]	- registre [m.] d'instruction [NF Z 61-000]	**E**
☞ ***Siehe auch "Befehlszählregister"***		
- Befehlsrepertoire [n.]; < (→ Befehlsvorrat) **Befehlssatz [m.]**	- répertoire [m.] d'instructions;	**S**
" "	jeu [m.] d'instructions [NF Z 61-000];	**S**
" "	jeu [m.] de commandes	**S**
- Befehlsschaltfläche [f.]	- bouton [m.]	
- Befehlsstrom [m.]	- flot [m.] d'instructions	**S**
- Befehlsstruktur [f.]	- structure [f.] d'instruction	**S**
- Befehlsvorrat [m.] [DIN 44300-4]	- jeu [m.] d'instructions [NF Z 61-000]	**S**
- Befehlswort [n.] [DIN 44300]	- mot [m.] d'instruction [NF Z 61-000];	**S**
" "	mot [m.] instruction [NF Z 61-000]	**S**

Deutsch	Français	Bemerkung	
- **Befehlszähler [m.] [DIN 44300-6];**	- registre [m.] d'adresse d'instruction		**E**
Befehlszählregister [n.];	[NF Z 61-000];		
Befehlszeiger [m.]	compteur [m.] d'adresses;		**E**
" "	compteur [m.] d'instructions;		**E**
" "	compteur [m.] de programme;		**E**
" "	compteur [m.] ordinal [☒]		**E**

"Befehlszähler" (bzw. Befehlszählregister oder Befehlszeiger) und "Befehlsregister" Diese Begriffe dürfen nicht verwechselt werden. Der Befehlszähler bzw. das Befehlszählregister enthält die Adresse der nächsten Anweisung, während das Befehlsregister die auszuführende Anweisung enthält.

Deutsch	Français	Bemerkung	
- **Befehlszyklus [m.]**	- cycle [m.] d'instruction		**S**
- **Befehlzeile [f.]**	- ligne [f.] de commande		**S**
- **Befugnisprüfung [f.]**	- contrôle [m.] d'accès		
- **Beginn-Flagge [f.]**	- fanion [m.] d'ouverture	Rahmen	**C**
- **Beginnsignal [n.]**	- signal [m.] de début	PCM 30 z.B.	**C**
- **Begrenzer [m.]**	- délimiteur [m.]		**S**
- **Begrenzung [f.]**	- délimitation [f.]		**S**
- **Begrenzungszeichen [n.]**	- délimiteur [m.]		**S**
- **behebbar (nicht ...)**	- incorrigible ; irrémédiable;	Fehler	
" "	non récupérable	" "	**C**
- **beidseitige Datenübermittlung [f.]**	- mode [m.] bidirectionnel		**C**
[DIN 44302];	simultané; duplex [m.];		
beidseitige Datenübertragung [f.]	transmission [f.] bidirectionnelle		**C**
☞ ***Siehe auch "Gegenbetrieb".***			
- **beidseitiger Druck [m.];**	- impression [f.] recto-verso		**Pr**
beidseitiges Drucken [n.]	" "		**Pr**
- **belegen**	- affecter;	Tasten z.B.	
" "	occuper	Speicher z.B.	**Mm**
- **Belegen [n.]**	- prise [f.]	d'un circuit	**C**
- **Belegleser [m.]**	- lecteur [m.] de caractères		**H**
	[NF Z 61-000];		
" "	lecteur [m.] de documents		**H**
- **belegt**	- occupé		
- **Belegtzustand [m.] [DIN 44331]**	- état [m.] occupé; occupation [f.]		**C**
- **Belegung [f.]**	- affectation [f.];	Tasten, Steckerpins z.B.	
" "	occupation [f.]	Leitung, Gerät usw.	
- **benachbarte Elemente [n.p.]**	- éléments [m.p.] adjacents	Sortieren	
- **Benachrichtigung [f.] über Fehler**	- notification [f.] d'erreur		**C**
- **Benchmarkprogramm [n.]**	- programme [m.] d'évaluation des performances		**S**
- **Benennung [f.]**	- appellation [f.]	Ersatzteilliste z.B.	

Deutsch	Français	Remarque	Domaine
- **Benutzer [m.]**	- utilisateur [m.]	opérateur	
- **Benutzer [m.], mittelbarer**	- utilisateur [m.] intermédiaire		

"Benutzer"
En Allemand, on utilisera le terme "Benutzer" pour désigner l'utilisateur au sens de la personne utilisant elle-même l'appareil ou le logiciel en question. Le mot "Anwender" est plus général et désigne plutôt la personne ou l'institution mettant en oeuvre le système informatique.

Deutsch	Français	Remarque	Domaine
- **Benutzerabfrage [f.]**	- consultation [f.] (de fichier)	Datei	**Db**
- **benutzerdefinierte Funktion [f.]**	- fonction [f.] auto-définie		**S**
- **benutzerfreundlich**	- convivial		**S**
- **Benutzerfreundlichkeit [f.]**	- convivialité [f.]; accessibilité [f.]		**S**
- **Benutzergruppe [f.], geschlossene**	- groupe [m.] fermé d'abonnés;		**C**
" "	groupe [m.] fermé d'usagers		**C**
- **Benutzerhandbuch [n.]**	- manuel [m.] d'utilisation		
- **Benutzerklasse [f.] [DIN 44302]**	- classe [f.] d'usagers		**C**
- **Benutzerprogramm [n.]**	- programme [m.] utilisateur	eigenprogrammiert	**S**
- **Benutzerstation [f.] [DIN 44300]**	- terminal [m.] d'utilisateur [NF Z 61-000]		**H**
- **Benutzervariable [f.]**	- variable [f.] utilisateur		**T**
- **berechenbar**	- calculable		
- **Berechnung [f.]**	- calcul [m.]		
- **Bereich [m.]**	- plage [f.];	insb. Werte	
" "	secteur [m.];	allgemein	
" "	zone [f.] [NF Z 61-000]	Speicher z.B.	
- **Bereich [m.], reservierter**	- zone [f.] réservée		
- **Bereichsüberschreitung [f.]**	- dépassement [m.] de capacité [NF Z 61-000]		**Mm**
- **Bereinigung [f.]**	- épuration [f.]	Speichermedium	**Mm**
- **Bereitschaft [f.] (in ...)**	- en attente [f.]		
- **Bereitschaftscomputer [m.]**	- ordinateur [m.] de reprise		**H**
- **Bereitschaftsmeldung [f.]**	- message [m.] d'attente;	DOS-Prompt z.B.	
" "	signal [m.] d'attente	" "	**S**
- **Bereitschaftsrechner [m.]**	- ordinateur [m.] de reprise		**H**
- **Bereitschaftszeichen [n.]**	- indicatif [m.]; signal [m.] d'attente	DOS p. ex.	
- **Bereitschaftszeit [f.]**	≈ temps [m.] d'exploitation [NF Z 61-000];	Rechner	**H**
" "	temps [m.] mort [NF Z 61-000]		
- **bereitstellen**	- allouer ; réserver		
- **Berufsgeheimnis [n.]**	- secret [m.] professionnel		
- **beschädigt**	- altéré(es) ; dégradé(es)	Daten	
- **beschaltet (digital ...)**	- à commutation numérique		**C**
- **beschaltete Leitung [f.]**	- ligne [f.] commutée		**C**
- **beschleunigter Datentransfer [m.]**	- échange [m.] de données exprès;		**C**
" "	transfert [m.] exprès d'unités de données		**C**

- **Beschleunigungszeit [f.]**	- temps [m.] d'accélération		
- **besetzen**	- occuper	appareil, ligne p. ex.	
- **besetzt**	- occupé		
- **Besetztzustand [m.] [DIN 44331]**	- état [m.] occupé ; occupation [f.]		**C**
- **bespult**	- pupinisé	Leitung	**C**
- **Bestand [m.]**	- stock [m.]		
- **Bestandsband [n.]**	- bande [f.] pilote		**Mb**
- **Bestandsdatei [f.]**	- fichier [m.] maître;		**Db**
" "	fichier [m.] permanent		**Db**
- **bestätigen**	- valider		
- **Bestätigung [f.]**	- validation [f.];	Eingabe	
" "	confirmation [f.]	Allgemein	
- **bestücken**	- équiper	Karten	**E**
- **bestückte Leiterplatte [f.]**	- carte [f.] équipée;		**E**
" "	plaque [f.] équipée		**E**
- **Bestückung [f.]**	- implantation [f.] (des composants)		**E**
- **Bestückungsplan [m.]**	- schéma [m.] d'implantation		**E**
- **Bestückungsseite [f.]**	- côté [m.] composants		**E**
- **Betrieb [m.]**	- exploitation [f.];		
" "	fonctionnement [m.]; régime [m.]		
- **Betrieb (in ... nehmen)**	- mettre en service		
- **Betrieb [m.], manueller [DIN 66257]**	- commande [f.] manuelle [NF Z 61-000]		**NC**
- **Betrieb [m.], rechnerunabhängiger**	- mode [m.] autonome;		
	mode [m.] hors ligne;		
" "	mode [m.] local;		
" "	mode [m.] déconnecté		
- **Betrieb [m.], sequentieller; Betrieb [m.], serieller [DIN 44300-9]**	- mode [m.] séquentiel [NF Z 61-000]; fonctionnement [m.] séquentiel [NF Z 61-000]		
- **Betriebsart [f.]**	- mode [m.]; régime [m.];		
" "	mode [m.] d'exploitation		
- **betriebsbereit**	- prêt à l'emploi		
- **Betriebsbereitschaft [f.]**	- poste [m.] de données prêt (PDP)	V.24 z.B.	**C**
- **Betriebsdaten [p.]**	- caractéristiques [f.p.] d'utilisation		
- **Betriebserde [f.]**	- terre [f.] de signalisation (TS)	V.24 z.B.	**C**
- **Betriebsfall [m.]**	- cas [m.] d'exploitation		**C**
- **Betriebsinformatik [f.]**	- informatique [f.] de gestion		
- **Betriebskonsole [f.]**	- pupitre [m.] de commande [NF Z 61-000];		**II**
" "	pupitre [m.] de manoeuvre;		**H**
" "	console [f.]		**H**
- **Betriebsmittel [n.]**	- ressource [f.]		
- **Betriebsmittelzuteilung [f.]**	- attribution [f.] des ressources [NF Z 61-000]		

Deutsch	Français	Bemerkung	Gebiet
- betriebssicher	- fiable		
- Betriebssicherheit [f.]	- fiabilité [f.] [NF Z 61-000];		
" "	sûreté [f.] de fonctionnement		
- Betriebsspannung [f.]	- tension [f.] de service		E
- Betriebssystem [n.] [DIN 44300-4]	- système [m.] d'exploitation [NF Z 61-000] (SE)	OS	S
- Betriebszeit [f.]	≈ temps [m.] d'exploitation [NF Z 61-000]		
" "	≈ temps [m.] utilisable [NF Z 61-000]		
- bevorrechtigter Befehl [m.]	- instruction [f.] privilégiée [NF Z 61-000]		S
- bewältigen	- écouler	Verkehr	C
- Bewegung [f.]	- mouvement [m.];	Dateibewegung	Db
" "	transaction [f.];	" "	Db
" "	mouvement [m.];	Roboter z.B.	R
" "	déplacement [m.]	" "	R
- Bewegung [f.], geradlinige	- mouvement [m.] rectiligne	" "	R
- Bewegungsdatei [f.]	- fichier [m.] de détail [NF Z 61-000];		Db
" "	fichier [m.] mouvements		Db
- Bewegungshäufigkeit [f.] einer Datei	- taux [m.] d'activité d'un fichier;		Db
	taux [m.] de mouvement d'un fichier		Db
- Bewertungsprogramm [n.]	- programme [m.] d'évaluation des performances		S
- Bezeichner [m.] [DIN 44300-3]	- identificateur [m.] [NF Z 61-000];		S
" "	identifiant [m.] [NF Z 61-000]		S
- Bézier-Kurve [f.]	- courbe [f.] de Bézier	Graphik	
- Bezug [m.]	- référence [f.]		
- Bezugsadresse [f.]	- adresse [f.] de référence		S
- Bezugskante [f.]	- bord [m.] de référence [NF Z 61-000]		
- Bezugsmaß [n.] [DIN 66257]	- coordonnées [f.p.] absolues [NF Z 61-000];		NC
" "	dimension [f.] absolue [NF Z 61-000]		NC
- BGT (Baugruppenträger)	- châssis [m.]		H
- Bibliothek [f.]	- bibliothèque [f.]		
- Bibliothek [f.], öffentliche	- bibliothèque [f.] publique		S
- Bibliothek [f.], private	- bibliothèque [f.] privée		S
- Bibliotheksverwaltungs-programm [n.]	- bibliothécaire [m.];		S
	gestionnaire [m.] de bibliothèques		S
- bidirektional	- bidirectionnel		C
- Bild [n.]	- image [f.]		
- Bildaufbereitung [f.]	≈ édition [f.] graphique		

- **Bildelement [n.]**	- image [f.] élémentaire		
" "	pixel [m.] ; point [m.]		
- **Bildfernsprechkonferenz [f.]**	- visioconférence [f.]		C
- **Bildlauf [m.] [MS]**	- défilement [m.] de l'écran		
- **Bildlauf [m.] durchführen [MS]**	- faire défiler l'écran		
- **Bildlaufleiste [f.] [MS]**	- barre [f.] de défilement;	Bildschirm	S
" "	ascenseur [m.] [O]	Windows z.B.	
- **Bildplatte [f.]**	> disque [m.] optique numérique	opt. Speicherplatte	H
- **Bildschirm** **[m.]**	- écran [m.]; écran [m.] de visualisation		
- **Bildschirm [m.], graphischer**	- écran [m.] graphique		H
- **Bildschirmattribut [n.]**	- attribut [m.] d'écran		
- **Bildschirmausdruck [m.]**	- recopie [f.] d'écran;		Pr
" "	copie [f.] d'écran		Pr
- **Bildschirmfilter [m.]**	- filtre [m.] pour écran		H
- **Bildschirmgerät [n.]**	- terminal-écran [m.]		H
- **Bildschirmhardcopy**	- copie [f.] d'écran;		Pr
" "	recopie [f.] d'écran		Pr
- **Bildschirmkoordinaten [f.p.]**	- coordonnées [f.p.] d'écran		
- **Bildschirmlöschen [n.]**	- effacement [m.] d'écran		
- **Bildschirmmaske [f.]**	- masque [m.] d'écran		S
- **Bildschirmmodus [m.]**	- mode [m.] d'affichage;	écran	S
" "	mode [m.] vidéo	" "	S
- **bildschirmorientierter Dateiaufbereiter [m.] [-∞]**;	- éditeur [m.] page par page;		T
bildschirmorientierter Editor [m.]	éditeur [m.] plein écran		T
	" "		
- **Bildschirmschoner [m.]**	- économiseur [m.] d'écran		
- **Bildschirmschoner (Einschalten des ...s)**	- mise [f.] en veille	Windows z.B.	
- **Bildschirmseite [f.]**	- page-écran [f.]	télétexte	C
- **Bildschirmspeicher [m.]**	- mémoire [f.] vidéo		Mm
- **Bildschirm-Terminal [n.]**	- terminal-écran [m.]		H
- **Bildschirmtext [m.] (BTX) [D]**	≈ télétel [m.] [F]		C
" "	≈ vidéographie [f.] interactive		C
" "	≈ vidéotex [m.];		
	≈ vidéotex [m.] interactif		C

☞ *Siehe "Videotext".*

- **Bildverarbeitung [f.]**	- traitement [m.] d'image		
- **Bildverschiebung [f.] [-∞]**	- défilement [m.]		

- Bildwiederholspeicher [m.]	- mémoire [f.] d'entretien;	écran	**Mm**
" "	mémoire [f.] de rafraîchissement	" "	**Mm**
- Bildwiederholung [f.]	- entretien [m.] de l'image;	" "	**Mm**
" "	rafraîchissement [m.] de l'image	" "	**Mm**
- binär [DIN 44300]	- binaire [NF Z 61-000]		**M**
- binär codieren	- coder sous forme binaire		
- Binärarithmetik [f.]	- arithmétique [f.] binaire [NF Z 61-000]		**S**
- Binärcode [m.] [DIN 44300]	- code [m.] binaire		
- Binärdezimalcode [m.]	- code [m.] décimal codé binaire	BCD	
- binäre Bitrate [f.]	- débit [m.] binaire		**C**
- binäre Darstellung [f.]	- notation [f.] binaire [NF Z 61-000];		
" "	numération [f.] binaire [NF Z 61-000]		
- binäre Verschlüsselung [f.]	- code [m.] binaire		
- binäre Zahl [f.]	- chiffre [m.] binaire [NF Z 61-000];		**M**
" "	nombre [m.] binaire		**M**
- binäre Ziffer [f.]	- chiffre [m.] binaire [NF Z 61-000]		**M**
- binärer Baum [m.]	- arbre [m.] binaire		
- binärer Operator [m.]	- opérateur [m.] binaire		**S**
- binäres Signal [n.]	- signal [m.] numérique		**C**
- binäres Suchen [n.]	- recherche [f.] binaire [NF Z 61-000];		
" "	recherche [f.] logarithmique;		
" "	dichotomie [f.]		
- binäres Zahlensystem [n.]	- système [m.] binaire		**M**
- Binärkanal [m.], symmetrischer [DIN 44301]	- voie [f.] binaire symétrique [NF Z 61-000]	Informationstheorie	
- Binär-Lochkarte [f.]	- carte [f.] binaire		**Me**
- Binärsystem [n.]	- système [m.] binaire		**M**
- binärverschlüsselt	- codé binaire		
- binärverschlüsselte Darstellung [f.]	- représentation [f.] codée en binaire [NF Z 61-000]		
- binärverschlüsselte Dezimaldarstellung [f.] ; binärverschlüsselte Dezimalzahlendarstellung [f.]	- notation [f.] décimale codée binaire " "	DCB	
- Binärzahl [f.]	- nombre [m.] binaire;		**M**
" "	chiffre [m.] binaire [NF Z 61-000];		**M**
- Binärzeichen [n.] [DIN 44300-2]	- binon [m.] [NF Z 61-000];		
" "	élément [m.] binaire [NF Z 61-000]		
- Binder [m.] [-∞]	- éditeur [m.] de liens [NF Z 61-000]	Linker	**S**
- Bindungsbereich [m.]	- durée [f.] de vie	Variablen	**S**
- Bi-Prozessor [m.]	- biprocesseur [m.]		**E**
- Biquinärcode [m.]	- code [m.] biquinaire [NF Z 61-000]		**E**

- **bistabile Kippschaltung [f.]**	- bascule [f.] bistable [NF Z 61-000]		**E**
- **Bisubjunktion [f.] [DIN 44300-5]**	- circuit [m.] d'équivalence [NF Z 61-000];		**Lo**
" "	porte [f.] d'équivalence [NF Z 61-000]		**Lo**
- **Bit [n.] [DIN 44300]**	- bit [m.] [NF Z 61-000]		
- **Bit [n.], höchstwertiges**	- bit [m.] de plus fort poids	MSB	**S**
- **Bit [n.], niedrigstwertiges**	- bit [m.] de plus faible poids	LSB	**S**
- **Bit/sec.**	- bit [m.] par seconde		
- **Bitfehlerhäufigkeit [f.];**	- taux [m.] d'erreurs sur les bits		**C**
Bitfehlerrate [f.]	(TEB)		**C**
- **Bitfeld [n.]**	- champ [m.] de bits		
- **Bitfolge [f.]**	- chaîne [f.] de bits;		
" "	train [m.] de bits		
- **Bitmanipulation [f.]**	- manipulation [f.] de bit(s)		**S**
- **Bitmuster [n.]**	- configuration [f.] binaire;		
" "	suite [f.] d'éléments binaires		
- **Bitoperator [m.];**	- opérateur [m.] de manipulation de		**S**
bitorientierter Operator [m.]	bits; opérateur [m.] de traitement de bits		**S**
☞ *Siehe auch "Operator"*			
- **Bitrate [f.]**	- débit [m.] binaire;		**C**
" "	débit [m.] d'information		**C**
- **Bitrate [f.], binäre**	- débit [m.] binaire		**C**
- **Bitscheibe [f.]**	- tranche [f.] de bits	Mikroprozessor	
- **Bitstelle [f.]**	- position [f.] binaire [NF Z 61-000]		
- **Bit-Übertragungsschicht [f.]**	- couche [f.] physique	OSI-Modell (1)	**C**
- **Bitversatz [m.] [DIN 66010]**	- effet [m.] d'obliquité [NF Z 61-000]		
- **Bitverschachtelung [f.]**	- entrelacement [m.] de bits		**C**
- **Blank [n.]**	- blanc [m.];	ASCII 32 [ ] []	
" "	caractère [m.] espace [NF Z 61-000]	ASCII 32 [ ] []	
- **Blatt [n.]**	- feuille [f.]	auch in Baumstrukturen	
- **Blatteinzug [m.]**	- introducteur [m.] de feuilles	Gerät	**Pr**
- **blättern**	- faire défiler les pages;	am Bildschirm	
" "	feuilleter	Buch	
- **Blättertaste [f.]**	- touche [f.] de défilement		
- **Blattperforation [f.]**	- moletage [m.]	Endlospapier	**Pr**
- **blendfrei**	- antireflets	Bildschirm	**Pr**
- **Blickfangpunkte [m.p.]**	- puces [f.p.]	PAO	**T**
- **Block [m.] [DIN 44300-1]**	- bloc [m.] [NF Z 61-000];	Daten	
" "	ensemble [m.];	" "	
" "	bloc [m.];	Anweisung	**S**
" "	instruction [f.] composée;	" "	**S**
" "	secteur [m.]	Speichermedium	**Mm**

- Blockbetrieb [m.]	- mode [m.] continu	DÜ	**C**
- Blockfaktor [m.]	- facteur [m.] de groupage		
- Blockfehlerrate [f.]	- taux [m.] d'erreurs sur les blocs		**C**
- Blockierung [f.], gegenseitige	- interblocage [m.]		
- Blocklänge [f.]	- longueur [f.] de bloc [NF Z 61-000]		
- Blocklücke [f.]	- entre-bloc [m.]; interbloc [m.];		**Mb**
" "	espace [m.] entre blocs [NF Z 61-000]		**Mb**
- blockorientierte Programmiersprache [f.]	- langage [m.] à structure de blocs		**S**
- Blockprüfung [f.] [DIN 44302]	- contrôle [m.] par blocs		
- Blockprüfzeichen [n.] [DIN 44302]	- caractère [m.] de contrôle par bloc		**C**
- Blocksatz [m.]	- justification [f.] de texte ;		**T**
" "	alignement [m.] des deux côtés		**T**
- Blockschachtelung [f.]	- emboîtement [m.] de blocs;		**S**
" "	imbrication [f.] de blocs		**S**
- Blockschema [n.]	- schéma [m.] bloc;		
" "	schéma [m.] synoptique;		
" "	synoptique [m.]		
- Blockstanzung [f.]	- perforation [f.] "bloc"	Lochkarten	**Me**
- Blockstruktur [f.]	- structure [f.] de blocs	Programmiersprache	**S**
- Blocktransfer [m.]; Blockübertragung [f.]	- transfert [m.] de bloc [NF Z 61-000]; transfert-bloc [m.] [NF Z 61-000]		
- Blockzwischenraum [m.]	- entre-bloc [m.] ; interbloc [m.] ;		**Mb**
" "	espace [m.] entre blocs [NF Z 61-000]		
- Body-Text [m.]	- texte [m.] courant		**T**
- Bogen [m.]	- courbe [f.]	Roboter z.B.	
- boolesch [DIN 44300]	- booléen (ne) [NF Z 61-000]		**Lo**
- boolesche Algebra [f.]	- algèbre [f.] de Boole		**Lo**
- boolesche Funktion [f.]	- fonction [f.] booléenne		**Lo**
- boolesche Operation [f.]; boolesche Verknüpfung [f.] [DIN 44300-5]	- opération [f.] booléenne [NF Z 61-000];		**Lo**
	opération [f.] binaire [NF Z 61-000] [☒]		**Lo**
- boolesche Verknüpfung [f.], einstellige	- opération [f.] booléenne monadique		**Lo**
- boolesche Verknüpfung [f.], zweistellige	- opération [f.] booléenne dyadique		**Lo**
- boolescher Operator [m.]	- opérateur [m.] booléen [NF Z 61-000]		**Lo**
- Bootbereich [m.]	- secteur [m.] d'amorçage		
- booten	- booter [**O**]; amorcer		
- Bottom-up-Analyse [f.]	- analyse [f.] ascendante		
- Bottom-up-Methode [f.]	≈ analyse [f.] ascendante		
- Brachzeit [f.]	- temps [m.] mort [NF Z 61-000]		
- Braunsche Röhre [f.]	- tube [m.] cathodique;		**E**
" "	tube [m.] à rayons cathodiques		**E**

- Breakpoint [m.]	- point [m.] d'arrêt	Debugger z.B.	**S**
- Breitband [n.]	- large bande [f.]		**C**
- Bremsmodul [n.]	- module [m.] de freinage		**R**
- Briefkasten [m.]	- boîte [f.] aux lettres (BAL)		
- Bruch [m.]	- fraction [f.]		**M**
- Brücke [f.]	- pontage [m.] ; pont [m.]		**E**
- Brückenproblem [n.], Königsberger	- problème [m.] des sept ponts de Königsberg		
- BTR-Schnittstelle [f.]	≈ système [m.] avec évitement du lecteur de bande [NF Z 61-000]		**NC**
- BTX [m.] (Bildschirmtext) **[D]**	≈ vidéotex [m.];		**C**
" "	≈ vidéographie interactive;		**C**
" "	≈ vidéotex [m.] interactif;		**C**
" "	≈ télétel [m.] [F]		**C**
☞ ***Siehe auch "Videotext"***			
- Bubblesort [n.]	- tri [m.] à bulles		
- Buchführung [f.]; Buchhaltung [f.]	- comptabilité [f.] " "		
- Buchstabe [m.] [DIN 44300-2]	- lettre [f.] [NF Z 61-000]		
- Buchstabenabstände [m.p.]	- interlettrage [m.]		**T**
- Bug	- bogue [f.] [**O**];		**S**
" "	erreur [f.] de programmation		**S**
- Bündel [n.]	- faisceau [m.]		**C**
- bündeln	- concentrer	faisceau	
- Büroautomation [f.]; Büroautomatisierung [f.]	- bureautique [f.] " "		
- Bürocomputer [m.]	- ordinateur [m.] de bureau;		**H**
" "	ordinateur [m.] de gestion		**H**
- Bürste [f.]	- balai [m.]		**Me**
- Bus [m.]	- bus [m.]		**E**
- Busabschluß [m.]	- terminaison [f.] de bus		**E**
- Bus-Leitung [f.]	- ligne [f.] de bus		**E**
- Bustreiber [m.]	- driver [m.] de bus		**E**
- Byte [n.]	- octet [m.];	acht Bits	
" "	multiplet [m.] [NF Z 61-000]		

"Byte" "Octet"
Das französische Wort "octet" bedeutet immer ein 8-Bit-Zeichen. Bei Bytes mit einer anderen Anzahl von Bits ist das Wort "multiplet" vorzuziehen. Weiß man aus wievielen Bits das betreffende Byte besteht, so kann man auf Wortbildungen wie "doublet", "triplet", "quartet", "sextet", "septet" und "n-uplet" zurückgreifen.

- C	- C	Programmiersprache	**S**
- CA... (Computer Aided ..., Computer Assisted ...)	- ...AO (... Assisté(e) par Ordinateur)	CA...	
- Cache-Speicher [m.]	- antémémoire [f.];		**Mm**
" "	mémoire cache [f.];		**Mm**
" "	cache [m.]		**Mm**

"Antémémoire", "Mémoire cache", "Cache"
Mémoire servant de mémoire tampon entre la mémoire de travail, très rapide, et les unités périphériques beaucoup plus lentes. Grâce à la mémoire cache, le déroulement des opérations dans la mémoire de travail n'est plus ralenti du fait des organes périphériques.

- CAD [n.] (Computer Aided Design)	- CAO [f.] (Conception Assistée par Ordinateur)		
- CAE [n.] (rechnerunterstütztes Ingenieurwesen)	- IAO [f.] (Ingénierie Assistée par Ordinateur)		
- Call per Reference	- passage [m.] par adresse		**S**
- CAM [n.] (Computer Aided Manufacturing)	- FAO [f.] (Fabrication Assistée par Ordinateur)		
- Caps-Lock-Taste [f.]	- touche [f.] de verrouillage de motion		**H**
- Caret [n.] [-∞]	- accent [m.] circonflexe	ASCII 94 [ˆ] []	
- Carriage Return (CR)	- retour [m.] de chariot [NF Z 61-000]	ASCII 13 [] [CR]	
- Carry-Flag [n.]	- indicateur [m.] de retenue		**S**
- C-Bit [n.]	- bit [m.] clé ; bit [m.] de contrôle		
- CCITT [m.]	- CCITT [m.] (Comité Consultatif International Télégraphique et Téléphonique)		**C**
- CCITT-Code [m.]	- code [m.] CCITT		**C**
- CCITT-Empfehlung [f.]	- avis [m.] CCITT		**C**
- CD-Rom	- CD-Rom (Compact Disk Rom)		**Mm**
- Charakter [m.]	- caractère [m.] [NF Z 61-000]		
- Charakteristik [f.]	- caractéristique [f.] [NF Z 61-000]	virg. flottante, logar.	**M**
- Check-Bit [n.]	- bit [m.] clé, bit [m.] de contrôle	C-bit	
- Chiffreschlüssel [m.]	- chiffre [m.]	code	
- Chiffrierung [f.]	- chiffrement [m.] ; cryptage [m.]		

Deutsch	Français	Bemerkung	
- Chip [m.]	- puce [f.] ; pastille [f.]; copeau [m.]; microplaquette [f.] de circuit imprimé		E
- Chipkarte [f.]	- carte [f.] à puce;		Mm
" "	carte [f.] à microprocesseur;		Mm
" "	carte [f.] électronique		Mm
- Chipkarten-Telefon [n.]	- publiphone [m.] à carte		C
- Circumflex [m.]	- accent [m.] circonflexe	ASCII 94 [^] []	
- Clipper	- Nantucket	Datenbanksprache	Db
- Clock [f.]	- horloge [f.]		E
- Cluster [m.]	- grappe [f.]		Mm
- **CMC7** (Caractère Magnétique Codé à **7** Bâtonnets)	- caractère [m.] magnétique codé à 7 bâtonnets CMC7	CMC7	
- **CNC** (Computerized Numerical Control) **[DIN 66257]**	- commande [f.] numérique avec ordinateur [NF Z 61-000]	CNC	NC
- CNC-System-Programm [n.] [DIN 66257]	- programme [m.] exécutif [NF Z 61-000]		NC
- COBOL	- COBOL	Programmiersprache	S
- Code [m.] [DIN 44300)	- code [m.] [NF Z 61-000]		
- Code [m.], alphabetischer	- code [m.] alphabétique [NF Z 61-000]		
- Code [m.], alphanumerischer	- code [m.] alphanumérique [NF Z 61-000]		
- Code [m.], fehlererkennender	- code [m.] détecteur d'erreur		
- Code [m.], fehlerkorrigierender	- code [m.] correcteur d'erreur		
- Code [m.], linearer	- code [m.] linéaire		
- Code [m.], mnemonischer	- code [m.] mnémonique		
- Code [m.], numerischer	- code [m.] numérique		
- Code [m.], zyklischer	- code [m.] cyclique		
- Codeerweiterungszeichen [n.]	- caractère [m.] de changement de code [NF Z 61-000]		
- Codeoptimierung [f.]	- optimisation [f.] d'un programme		S
- Codesegment [n.]	- segment [m.] de code		S
- Codesteuerzeichen [n.] [DIN 44300-2]	- caractère [m.] de changement de code [NF Z 61-000]	Umschaltzeichen	S
- codetransparente Daten-übertragung [f.]	- liaison [f.] transparente;		C
	mode [m.] transparent		C
- Codeübersetzung [f.]	- conversion [f.] de code;		
" "	transcodage [m.]		
- Code-Umsetzer [m.] [DIN 44300-5]	- convertisseur [m.] de code [NF Z 61-000];		E
" "	transcodeur [m.]		E
- Codeumsetzung [f.]	- conversion [f.] de code ;		
" "	transcodage [m.]		

- **codeunabhängige Datenübermittlung [f.] [DIN 44 302]**	- mode [m.] indépendant du code	**C**
- **Codewort [n.]**	- mot [m.] de code	
- **Codierblatt [n.]**	- feuille [f.] de programmation	**S**
- **Codiereinrichtung [f.]**	- codeur [m.] [NF Z 61-000]	**E**
- **Codieren [n.]**	- codage [m.]	
- **codieren**	- coder [NF Z 61-000]; codifier	
- **Codierer [m.]**	- codeur [m.] [NF Z 61-000]	**E**
- **Codierformular [n.]**	- feuille [f.] de programmation	**S**
- **codierte Darstellung [f.]**	- codet [m.] [NF Z 61-000]	
- **Codierung [f.]**	- codage [m.] ; codification [f.]	
- **Codierwerk [n.]**	- codeur [m.] [NF Z 61-000]	**E**
- **Compiler [m.]**	- compilateur [m.] [NF Z 61-000]	**S**

"Compilateur"
Programme servant à traduire un programme source écrit dans un langage évolué en un programme objet qui pourra par la suite être associé à d'autres modules ainsi qu'à une ou plusieurs bibliothèques (Libraries) au moyen d'un éditeur de liens (Linker) pour fournir un programme exécutable (lauffähiges Programm).

- **Compiler [m.], inkrementeller**	- compilateur [m.] incrémentiel	**S**
- **Compiler-Compiler [m.];**	- compilateur [m.] de compilateur;	**S**
Compilergenerator [m.]	générateur [m.] de compilateurs [NF Z 61-000];	**S**
" "	métacompilateur [m.]	**S**
- **Compilieren [n.]**	- compilation [f.]	**S**
- **compilieren**	- compiler	**S**
- **Compilierung [f.]**	- compilation [f.]	**S**
- **Compilierung [f.], bedingte**	- compilation [f.] conditionnelle	**S**
- **Compunication [f.] [-∞]**	- télématique [f.]	**C**
- **Computer [m.]**	- ordinateur [m.] [NF Z 61-000];	**H**
	calculateur [m.] (électronique)	**H**
- **Computer [m.], persönlicher**	- PC [m.]; ordinateur [m.] personnel;	**H**
" "	ordinateur [m.] individuel PC	**H**
- Computer Aided Manufacturing **[n.] (CAM)**	- fabrication [f.] assistée par ordinateur (FAO) CAM	
- Computer Aided Teaching **[n.] (CAT)**	- enseignement [m.] assisté par ordinateur (EAO) CAT	
- Computer Assisted Design **[n.] (CAD)**	- conception [f.] assistée par ordinateur (CAO) CAD	

- Computer Assisted Instruction (CAI)	- enseignement [m.] assisté par ordinateur (EAO)	CAI	
- Computer Assisted Manufacturing (CAM)	- conception [f.] et fabrication [f.] assistées par ordinateur (CFAO)		
- **Computer Based Education (CBE)**	- enseignement [m.] assisté par ordinateur (EAO)	CBE	
- **Computer Graphics [p.]**	≈ infographie [f.]		
- **Computerausdruck [m.]**	- liste [f.]; listing [m.] [☒]		
- **Computerbegeisterter [m.]; Computerfreak [m.]**	- fana [m.] de l'informatique [⭘]; mordu [m.] de l'informatique [⭘]		
- **computergestützt**	- assisté par ordinateur (...AO)		
☞ *Siehe auch "rechnergestützt", "computerunterstützt"*			
- **Computergraphik [f.]**	≈ infographie [f.]		
- **Computerisierung [f.]**	- informatisation [f.]		
- **Computerkunst [f.]**	≈ art [m.] et ordinateur [m.]		
- **Computerlinguistik [f.]**	- informatique [f.] linguistique		
- **Computernetz [n.]**	- réseau [m.] de calculateurs		**C**
- **Computershop [m.]**	- boutique [f.] d'informatique		
- **Computerspiel [n.]**	- jeu [m.] électronique; ludiciel [m.];		
" "	logiciel [m.] de jeu		**S**
- **computerunterstützt**	- assisté par ordinateur (...AO)		
☞ *Siehe auch "rechnergestützt", "computergestützt"*			
- **computerunterstützter Unterricht [m.] (CUU)**	- enseignement [m.] assisté par ordinateur (EAO)	CAI/CAT/CBE	
- **computerunterstütztes Entwerfen [n.] (CAD)**	- conception assistée par ordinateur (CAO)	CAD	
- **Computervirus**	- virus		
- **Controller [m.]**	- contrôleur [m.]		**E**
- **Courseware [f.]**	- didacticiel [m.]		**S**
- **CPU [f.]** (Central Processing Unit)	- UC [f.] (Unité Centrale)	CPU	**E**
- **CR** (Carriage Return)	- retour [m.] de chariot [NF Z 61-000]	ASCII 13 [] [CR]	
- **Crossreferenztabelle [f.]**	- liste [f.] des références croisées		**S**
- **C-Sprache [f.]**	- langage [m.] C		**S**
- **Cursor [m.]**	- curseur [m.] ; marqueur [m.] [-∞]		
- **Cursortaste [f.]**	- touche [f.] du curseur; touche [f.]		**H**
" "	de déplacement du curseur		
- **Cursorzeile [f.]**	- ligne [f.] du curseur		
- **Cut-and-Paste**	- couper-coller		
- **CUU [m.]** (Computerunterstützter Unterricht)	- EAO [m.] (Enseignement Assisté par Ordinateur)	CAI/CAT/CBE	

D

- **Dämpfung [f.]**	- affaiblissement [m.];	in dB	C
" "	amortissement [m.];	Schwingung	C
" "	atténuation [f.]		C
- **Darstellung [f.]**	- visualisation [f.];	Anzeige	
" "	représentation [f.];	Zahlen	
" "	notation [f.]	" "	
- **Darstellung [f.], analoge**	- représentation [f.] analogique [NF Z 61-000]		
- **Darstellung [f.], auseinandergezogene [-∞]**	- vue [f.] éclatée		
- **Darstellung [f.], binäre**	- notation [f.] binaire [NF Z 61-000];		
" "	numération [f.] binaire [NF Z 61-000]		
- **Darstellung [f.], binärverschlüsselte**	- représentation [f.] codée en binaire [NF Z 61-000]		
- **Darstellung [f.], codierte**	- codet [m.] [NF Z 61-000]		
- **Darstellung [f.], digitale**	- représentation [f.] numérale [NF Z 61-000];		
" "	représentation [f.] discrète [NF Z 61-000]		
- **Darstellung [f.], diskrete**	- représentation [f.] discrète [NF Z 61-000]		
- **Darstellung [f.], hexadezimale**	- notation [f.] hexadécimale		
- **Darstellung [f.], numerische**	- représentation [f.] numérique [NF Z 61-000]		
- **Darstellung [f.], oktale**	- notation [f.] octale;		
" "	représentation [f.] octale		
- **Darstellung [f.], sedezimale**	- notation [f.] hexadécimale;		
" "	représentation [f.] hexadécimale		
- **Darstellungsschicht [f.]**	- couche [f.] présentation	OSI-Modell (6)	C
- **Datagramm [n.]**	- datagramme [m.]		C
- **Datei [f.] [DIN 44300-3]**	- fichier [m.] [NF Z 61-000]		
- **Datei [f.], aktive**	- fichier [m.] actif		
- **Datei [f.], gekettete**	- fichier [m.] chaîné		
- **Datei [f.], index-sequentielle**	- fichier [m.] séquentiel indexé		
- **Datei [f.], indizierte**	- fichier [m.] indexé		
- **Datei [f.], invertierte**	- fichier [m.] inversé		
- **Datei [f.], öffentliche**	- fichier [m.] public		

- **Datei [f.], private**	- fichier [m.] privé	
- **Datei [f.], residente**	- fichier [m.] résident	
- **Datei [f.], sequentielle**	- fichier [m.] séquentiel	
- **Datei [f.], temporäre**	- fichier [m.] temporaire	
- **Datei [f.], unsichtbare** <	- fichier [m.] non affichable;	Dateiattribut [H]
" "	fichier [m.] caché	" "
- **Datei [f.], verkettete**	- fichier [m.] chaîné	
- **Datei [f.], versteckte** ...	- fichier [m.] caché	Dateiattribut [H]
- **Datei (den Inhalt einer ... anzeigen)**	- afficher le contenu d'un fichier	
TYPE [Dateiname]		
- **Datei (eine ... anlegen)**	- créer un fichier	
COPY CON: [Dateiname] ↵↵ (mit ASCII 26 + ↵ abschließen)		
- **Datei (eine ... drucken)**	- imprimer un fichier	
PRINT [Dateiname]		
- **Datei (eine ... eröffnen)**	- ouvrir un fichier	
- **Datei (eine ... kopieren)**	- copier un fichier	
COPY [Dateiname_1] [Dateiname_2]		
- **Datei (eine ... löschen)**	- supprimer un fichier;	
" "	effacer un fichier	
DEL <Pfad> <Datei(en> [Option]		
- **Datei (eine ... schließen)**	- fermer un fichier	
- **Datei (eine ... umbenennen)**	- attribuer un nouveau nom à un	
" "	fichier ; renommer un fichier;	
" "	changer le nom d'un fichier	
RENAME [alter Name] [neuer Name]		
- **Datei (eine ... verschieben)**	- transférer un fichier	
- **Dateiabschluß [m.]**	- fermeture [f.] d'un fichier	
- **Dateianfang [m.]**	- début [m.] de fichier	
- **Dateiattribut [n.]**	- attribut [m.] de fichier	
ATTRIB [+ (-) Attribut] [Dateiname] /S		
/S = auch Unterverzeichnisse		
(+ bedeutet Attribut setzen; - bedeutet Attribut löschen)		

Die verschiedenen Dateiattribute unter DOS:

R	**Readonly**	**lecture seule**
A	**Archiv**	**archive**
H	**Versteckt**	**caché**
S	**System**	**système**

- **Dateiaufbereiter [m.] [-∞]**	- éditeur [m.]	
- **Dateiaufbereiter [m.], bildschirmorientierter [-∞]**	- éditeur [m.] page par page; éditeur [m.] plein écran	**T**
- **Dateiaufbereitung [f.]**	- édition [f.] de fichier	
- **Dateibelegungstabelle [f.]**	- table [f.] d'allocation des fichiers	FAT

- **Dateibibliothek [f.]**	- bibliothèque [f.] de données [NF Z 61-000]	
- **Dateien [f.p.] zusammenfügen** *COPY [Datei 1] + [Datei 2] [Zieldatei]*	- concaténer des fichiers	
- **Dateiende [n.]**	- fin [f.] de fichier	EOF
- **Dateieröffnung [f.]**	- ouverture [f.] d'un fichier	
- **Dateigenerierung [f.]**	- création [f.] d'un fichier	
- **Dateigröße [f.]**	- taille [f.] du fichier;	
" "	volume [m.] du fichier	
- **Dateikatalog [m.]**	- catalogue [m.] [NF Z 61-000]	fichiers
- **Dateikennung [f.]** ☞ *Dateinamenserweiterung* ⇓	- extension [f.]; suffixe [m.]	
- **Datei-Manager [m.]**	- gestionnaire [m.] de fichiers	
- **Dateiname [m.]**	- nom [m.] de fichier	

Erlaubte Zeichen in Dateinamen (unter DOS):

- **die Buchstaben A - Z**
- **die Ziffern 0 bis 9**
- **die Sonderzeichen ! # $ % & ( ) _ ~ { } @ - ^**

- **Dateinamenserweiterung [f.]**	- extension [f.]; suffixe [m.]

Einige typische Dateinamenserweiterungen und ihre Bedeutung:
Quelques extensions typiques et leur signification:

.ASM	**Assembler Quelldatei**	**fichier source assembleur**
.BAK	**Sicherheitskopie**	**copie de sauvegarde**
.BAS	**BASIC-Quelldatei**	**fichier source BASIC**
.BAT	**Batch-Datei**	**fichier batch**
.COM	**Befehlsdatei**	**fichier exécutable**
.DBF	**dBase-Datenbankdatei**	**fichier de base de données dBase**
.DOC	**Textdatei (Winword oder Wordperfect)**	**fichier texte (Winword ou Wordperfect)**
.EXE	**Befehlsdatei**	**fichier exécutable**
.HLP	**Datei mit Hilfetext**	**fichier avec texte d'aide**
.OBJ	**Objekt-Datei**	**fichier objet**
.PAS	**Pascal-Quellprogramm**	**fichier source Pascal**
.PRG	**Clipper oder dBase Quelldatei**	**fichier source Nantucket ou dBase**
.SIK	**Sicherheitskopie**	**fichier de sauvegarde**
.SYS	**Systemdatei mit Gerätetreiber**	**fichier système avec pilote de périphérique**
.TMP	**Temporäre Datei**	**fichier temporaire**

- **Dateipflege [f.]**	- tenue [f.] de fichier [NF Z 61-000]
- **Dateirekonstruktion [f.]**	- reconstitution [f.] d'un fichier
- **Dateischutz [m.]**	- protection [f.] des fichiers
- **Dateisicherung [f.]**	- sauvegarde [f.] de fichier(s)
- **Dateisortierung [f.]**	- tri [m.] d'un fichier

- Dateitabelle [f.]	- table [f.] des fichiers	
- Dateiverwaltung [f.]	- gestion [f.] de fichiers	
- Dateiwiederherstellung [f.]	- reconstitution [f.] d'un fichier	
- Dateizeiger [m.]	- pointeur [m.] fichier	
- Dateizuordnungstabelle [f.]	- table [f.] d'allocation des fichiers FAT	
- Daten [p.] [DIN 44300]	- données [f.p.]	
- Daten [p.], alphanumerische	- données [f.p.] alphanumériques [NF Z 61-000]	
- Daten [p.], analoge [DIN 44300-2]	- données [f.p.] analogiques [NF Z 61-000]	
- Daten [p.], digitale [DIN 44300]; Daten [p.], diskrete " "	- données [f.p.] numérales [NF Z 61-000]; données [f.p.] discrètes [NF Z 61-000]	
- Daten [p.], numerische	- données [f.p.] numériques [NF Z 61-000]	
- Daten [p.], personenbezogene	- informations [f.p.] nominatives	
- Daten [p.], zustandsorientierte " "	- données [f.p.] du fichier permanent; données [f.p.] lentement évolutives	
- Daten umsetzen	- convertir des données	
- Datenanalyse [f.]	- analyse [f.] des données	
- Datenbank [f.]	- banque [f.] de données [NF Z 61-000]	**Db**
- Datenbank [f.], hierarchische " "	- banque [f.] de données hiérarchique; banque [f.] de données de type hiérarchique	**Db** **Db**
- Datenbank [f.], relationale " "	- banque [f.] de données relationnelle; banque [f.] de données de type relationnelle	**Db** **Db**
- Datenbank [f.], vernetzte " "	- banque [f.] de données réseau; banque [f.] de données de type réseau	**Db** **Db**
- Datenbank [f.], verteilte	- base [f.] de données réparties	**Db**
- Datenbankadministrator [m.]	- administrateur [m.] de base de données	**Db**
- Datenbankbeschreibung [f.]	- dictionnaire [m.] de données	**Db**
- Datenbankdatei [f.]	- fichier [m.] de données	**Db**
- Datenbankentwurf [m.]	- conception [f.] d'une base de données	**Db**
- Datenbankmanagementsystem [n.] (DBMS, DMS)	- système [m.] de gestion de base de données (SGBD)	**Db**
- Datenbankmodell [n.]	- modèle [m.] de données	**Db**
- Datenbankmodell [n.], hierarchisches	- modèle de données hiérarchique; modèle [m.] hiérarchique	**Db** **Db**
- Datenbankmodell [n.], vernetztes " "	- modèle [m.] de données réseau; modèle réseau	**Db**

- Datenbankschema [n.];	- dictionnaire [m.] de données		**Db**
Datenbankschicht [f.], konzeptuale	" "		**Db**
- Datenbanksprache [f.]	- langage [m.] de banque de données;		**Db**
" "	langage [m.] de SGBD		**Db**
- Datenbankverwaltungssystem [n.] [DBMS, DMS]	- système [m.] de gestion de base de données (SGBD)		**Db**
- Datenbasis [f.]	- base [f.] de données [NF Z 61-000]		**Db**
- Datenbeschreibungssprache [f.]	- langage [m.] de définition (des données) (LDD);		**Db**
" "	langage [m.] de description (des données) (LDD)		**Db**
- Datenbibliothek [f.]	- bibliothèque [f.] de données [NF Z 61-000]		**Db**
- Datenbit [n.]	- bit [m.] de données		
- Datenblock [m.]	- bloc [m.] de données;		
" "	ensemble [m.] de données		
- Datenbus [m.]	- bus [m.] de données		**E**
- Datendatei [f.]	- fichier [m.] de données		
- Datendiktionär [n.]	- dictionnaire [m.] de données		**Db**
- Dateneingabe [f.]	- introduction [f.] de données		
- Dateneinheit [f.];	- unité [f.] de données;		
Datenelement [n.]	élément [m.] d'information;		
" "	≈ article [m.] [NF Z 61-000]		
- Datenempfang [m.]	- réception [f.] de données (RD)		**C**
- Datenempfänger [m.]	- puits [m.] de données	Datensenke	**C**
- Datenendeinrichtung [f.] (DEE) [DIN 44302];	- équipement [m.] terminal de traitement des données (ETTD)		**C**
Datenendgerät [n.] (DTE)	" "		

"Equipement terminal de traitement des données" (ETTD)
Partie d'une station de données qui sert de source (Datenquelle) ou de puits de données (Datensenke) ou qui accomplit les deux fonctions à la fois (définition CCITT).

- Datenendplatz [m.];	- terminal [m.];		**H**
Datenendstation [f.]	terminal [m.] de dialogue		**H**
- Datenerfassung [f.]	- saisie [f.] des données;	Eingabe	
" "	entrée [f.] des données;	" "	
" "	acquisition [f.] des données;	Datensammeln + Eingeben	
" "	capture [f.] de données;		
" "	prise [f.] de données		
- Datenerfassung [f.], dezentrale	- saisie [f.] à la source		
- Datenerfassung [f.], direkte	- saisie [f.] directe		
- Datenerfassung [f.], schritthaltende	- saisie [f.] en ligne		
- Datenerfassung [f.], zentrale	- saisie [f.] centralisée		
- Datenerfassungsarbeitsplatz [m.];	- poste [m.] de saisie;		
Datenerfassungsgerät [n.];	poste [m.] d'entrée des données		
Datenerfassungsstation [f.]	[NF Z 61-000]		

- Datenfälschung [f.]	- falsification [f.] de données		
- Datenfeld [n.]	- champ [m.]	Datenbank	**Db**
- Datenfernübertragung [f.]	- transmission [f.] des données	>= 1 km	**C**
- Datenfernübertragungssteuer-einheit [f.]	- unité [f.] de commande de transmission		**C**
- Datenfernverarbeitung [f.] [DIN 44302]	- télétraitement [m.];		**C**
	traitement [m.] à distance		**C**
- Datenfernverarbeitungs-monitor [m.]	- moniteur [m.] de télétraitement		**C**
- Datenfluß [m.] [DIN 44300]	- circulation [f.] des données;		
" "	flux [m.] des données		
- Datenflußplan [m.] [DIN 44300-1]	- organigramme [m.] des données [NF Z 61-000];		
" "	schéma [m.] de circulation (des données)		
- Datenfolge [f.]	- séquence [f.] de données		
- Datengenerator [m.]	- générateur [m.] de données		
- Datengerät [n.]	- terminal [m.] de dialogue;		**H**
" "	terminal [m.]		**H**
- Datenintegrität [f.]	- intégrité [f.] des données		
- Datenkomprimierung [f.]	- compactage [m.] des données;		
" "	compression [f.] des données;		
" "	condensation [f.] des données		
- Datenleitung [f.]	- circuit [m.] de données;		**C**
" "	ligne [f.] de données		**C**
- Datenlexikon [n.]	- dictionnaire [m.] de données		**Db**
- Datenmanipulationssprache [f.]	- langage [m.] de manipulation		**Db**
- Datenmodell [n.]	- modèle [m.] de données	Datenbank	**Db**
- Datenmodell [n.], hierarchisches	- modèle [m.] de données hiérarchique ;	" "	**Db**
" "	modèle [m.] hiérarchique		
- Datenmodell [n.], relationales	- modèle [m.] relationnel	Datenbank	**Db**
- Datenmultiplexer [m.] [DIN 44302] ☞ ***Siehe auch "Multiplexer"***	- multiplexeur [m.] de données [CCITT]		**C**
- Datenname [m.]	- nom [m.] de donnée [NF Z 61-000]		
- Datennetz [n.] [DIN 44302]	- réseau [m.] de données;		**C**
" "	réseau [m.] informatique;		**C**
" "	réseau [m.] de transmission des données		**C**
- Datennetz [n.], digitales	- réseau [m.] numérique de données		**C**
- Datenpaket [n.] [DIN 44302]	- paquet [m.]	données	**C**
- Datenpaket-Vermittlung [f.] [DIN 44302]	- transmission [f.] par paquets		**C**
- Datenpflege [f.]	≈ mise à jour [f.] des fichiers		

- Datenplatz [m.]	- poste [m.] de saisie;		**H**
" "	terminal [m.] de dialogue		**H**
- Datenquelle [f.] [DIN 44302]	- source [f.] de données		**C**
- Datenrate [f.]	- débit [m.]		
- Datensammeln [n.]	- collecte [f.] de données;		
" "	recueil [m.] de données;		
" "	rassemblement [m.] d'informations		
- Datensatz [m.]	- enregistrement [m.] [NF Z 61-000]	Datenbank	**Db**
- Datensatz [m.], fester	- enregistrement [m.] de taille fixe	" "	**Db**
- Datensatz [m.], geblockter	- enregistrement [m.] bloqué		**Db**

> **"Enregistrement bloqué"**
> **"Bloqué" ne s'entend pas ici au sens de "verrouillé" ou "gesperrt", mais qualifie un enregistrement physique regroupant plusieurs enregistrements logiques (bloc).**

- Datensatz [m.], logischer	- enregistrement [m.] logique	Datenbank	**Db**
- Datensatz [m.], physikalischer	- enregistrement [m.] physique	" "	**Db**
- Datensatzlänge [f.]	- longueur [f.] d'enregistrement [NF Z 61-000]	" "	**Db**
- Datensatznummer [f.]	- numéro [m.] (de) (d') (l') enregistrement		**Db**
- Datenschutz [m.] [DIN 44300]	≈ confidentialité [f.];		
" "	≈ informatique [f.] et libertés [f.p.]		
- Datensegment [n.]	- segment [m.] des données		**S**
- Datensenke [f.] [DIN 44302]	- collecteur [m.] de données;		**C**
" "	puits [m.] d'information		**C**
- Datensicherheit [f.]	- sécurité [f.] informatique		
- Datensicherung [f.]	- sauvegarde [f.] des données		
- Datensicht [f.], konzeptionelle;	- schéma [m.] conceptuel;		**Db**
Datensicht [f.], logische	base [f.] logique		**Db**
- Datensichtgerät [n.]	- console [f.] de visualisation;		**H**
" "	écran [m.] de visualisation		**H**
- Datensichtstation [f.]	- terminal [m.]		**H**
- Datensignal [n.] [DIN 44302]	- signal [m.] de données		**C**
- Datenspeicher [m.]	- mémoire [f.] électronique		**Mm**
- Datenstation [f.] [DIN 44302]	- station [f.] de données		**C**
- Datenstationsrechner [m.]	- processeur [m.] frontal		**H**
- Datenstrom [m.]	- flot [m.] de données		
- Datenstruktur [f.]	- structure [f.] de données		
- Datensyntax [f.]	- syntaxe [f.] des données		
- Datenteil [m.]	- division [f.] données	COBOL	**S**

- Datenträger [m.] [DIN 44300]	- support [m.] de données [NF Z 61-000];		**Mm**
" "	support [m.] d'information [NF Z 61-000];		**Mm**
" "	support [m.] d'enregistrement(s);		**Mm**
" "	volume [m.]; volume [m.] mémoire		**Mm**
- Datenträger [m.], leerer	- support [m.] vide [NF Z 61-000];	ohne Daten	**Mm**
" "	support [m.] vierge [NF Z 61-000]	noch nicht benutzt	**Mm**
- Datenträger [m.], magnetischer	- support [m.] magnétique;		**Mm**
" "	support [m.] d'information magnétique		**Mm**
- Datenträgerende [n.]	- fin [f.] de support [NF Z 61-000]	ASCII 25 [] [EM]	
- Datenträgerkennsatz [m.]	- étiquette [f.] de volume	Dateiattribut	
- Datentransfer [m.]	- transfert [m.] de(s) données		**C**
- Datentransfer [m.], beschleunigter	- échange [m.] de données exprès;		**C**
" "	transfert [m.] exprès d'unités de données		**C**
- Datentransfer [m.], normaler	- échange [m.] de données normal		**C**
- Datentyp [m.] [DIN 44300]	- type [m.] de donnée		**S**
- Datentyp [m.], erweiterter	- type [m.] dérivé	données	**S**
- Datentypkonvertierung [f.]; Datentypumwandlung [f.]	- conversion [f.] de type (de donnée) " "		**S**
- Datenübergabe [f.]	- transfert [m.] de données		
- Datenübermittlung [f.] [DIN 44302]	- transmission [f.] de données; ≈ téléinformatique [f.]		**C**
- Datenübermittlung [f.], beidseitige [DIN 44302]	- mode [m.] bidirectionnel simultané		**C**
- Datenübermittlung [f.], code-unabhängige [DIN 44302]	- mode [m.] indépendant du code		**C**
- Datenübermittlung [f.], einseitige [DIN 44302]	- mode [m.] unidirectionnel;		**C**
	transmission [f.] en simplex		**C**
☞ ***Siehe auch "Richtungsbetrieb"***			
- Datenübermittlung [f.], wechselseitige [DIN 44302]	- mode [m.] bidirectionnel à l'alternat ;		**C**
	transmission [f.] à l'alternat ;		**C**
" "	transmission [f.] en semi-duplex		**C**
- Datenübertragung [f.] [DIN 44302]	- transmission [f.] de données		**C**
- Datenübertragung [f.], beidseitige	- duplex [m.] ; transmission [f.] bidirectionnelle		**C**
☞ ***Siehe auch "Gegenbetrieb".***			
- Datenübertragung [f.], codetransparente	- liaison [f.] transparente ;		**C**
	mode [m.] transparent		**C**

- **Datenübertragung [f.], einseitige;**	- transmission [f.] unidirectionnelle;		C
Datenübertragung [f.], unidirektionale	transmission [f.] en simplex;		C
" "	mode [m.] unidirectionnel;		C
" "	simplex [m.]		C
☞ *Siehe auch "Richtungsbetrieb"*			
- **Datenübertragung [f.], wechselseitige**	- transmission [f.] à l'alternat;		C
" "	mode [m.] bidirectionnel à l'alternat		C
☞ *Siehe auch "Wechselbetrieb".*			
- **Datenübertragungsblock [m.] [DIN 44302]**	- bloc [m.] [NF Z 61-000]	transmission de données	C
- **Datenübertragungseinrichtung [f.] (DÜE) [DIN 44302]**	- équipement [m.] de terminaison de circuit de données (ETCD)	DCE	C

"Equipement de terminaison de circuit de données" (ETCD)
Dans une station de données, équipement qui permet d'assurer la conversion et le codage des signaux entre l'équipement terminal de traitement des données (ETTD) et la ligne. (Définition CCITT).
Un modem est un exemple d'ETCD.

- **Datenübertragungs-Geschwindigkeit [f.];**	- vitesse [f.] de transmission		C
Datenübertragungsrate [f.]	" "		C
- **Datenübertragungsumschaltung [f.]**	- caractère [m.] d'échappement de transmission [NF Z 61-000]	ASCII 16 [] [DLE]	C
- **Datenvektor [m.]**	- tableau [m.]	Datentyp	S
- **Datenverarbeitung [f.]**	- traitement [m.] de données;		
" "	traitement [m.] de l'information [NF Z 61-000];		
" "	traitement [m.] de(s) données [NF Z 61-000]		
- **Datenverarbeitung [f.], administrative**	< informatique [f.] de gestion [NF Z 61-000]		
- **Datenverarbeitung [f.], automatisierte**	- traitement [m.] automatique de données [NF Z 61-000];	ADP	
" "	traitement [m.] automatique des informations [NF Z 61-000]	ADP	
- **Datenverarbeitung [f.], dezentrale**	- informatique [f.] distribuée; informatique [f.] répartie		
- **Datenverarbeitung [f.], elektronische (EDV)**	- informatique [f.];	DP	
	traitement [m.] électronique de l'information [NF Z 61-000]	DP	
- **Datenverarbeitung [f.], industrielle**	- informatique [f.] industrielle		
- **Datenverarbeitung [f.], kommerzielle**	< informatique [f.] de gestion [NF Z 61-000]		

- Datenverarbeitung [f.], linguistische	- informatique [f.] linguistique		
- Datenverarbeitung [f.], schritthaltende	- traitement [m.] en temps réel		
- Datenverarbeitung [f.], sequentielle	- traitement [m.] séquentiel		
- Datenverarbeitung [f.], verteilte	- informatique [f.] distribuée;		
" "	informatique [f.] répartie		
- Datenverarbeitung [f.], wissenschaftliche	- informatique [f.] scientifique		
- Datenverarbeitung [f.], zentrale	- informatique [f.] centralisée		
- Datenverarbeitungsanlage [f.] (DVA)	- ordinateur [m.]		**H**
- Datenverarbeitungsanlage [f.], digitale [DIN 44300]	- calculateur [m.] numérique [NF Z 61-000];		**H**
" "	calculateur [m.] numéral [NF Z 61-000]		**H**
- Datenverarbeitungsberuf [m.]	- métier [m.] de l'informatique		
- Datenverarbeitungssystem [n.] [DIN 44300]	- système [m.] de traitement de l'information [NF Z 61-000];		
" "	système [m.] informatique		
- Datenverbindung [f.] [DIN 44302]	- liaison [f.] de données		**C**
- Datenverdichtung [f.]	- compactage [m.] des données;		
" "	compression [f.] des données;		
" "	condensation [f.] des données		
- Datenverfälschung [f.]	- falsification [f.] de données		
- Datenvermittlung [f.]	- commutation [f.] de données		**C**
- Datenvermittlungsstelle [f.] mit Paketvermittlung	- commutateur [m.] de paquets		**C**
- Datenverwaltung [f.]	- gestion [f.] de(s) données;		
" "	gestion [f.] de l'information		
- Datenvollständigkeit [f.]	- intégrité [f.] des données		
- Datum [n.]	- date [f.];	Tagesdatum	
" "	donnée [f.]	Information	
- Datumsformat [n.]	- format [m.] de la date	Windows z.B.	
- Datumsstring [m.]	- date [f.] sous forme de chaîne de caractères		**S**
- Datumswert [m.]	- date [f.] sous forme numérique		**S**
- Dauerumschaltung [f.]; Dauerumschaltungszeichen [n.]	- caractère [m.] de commande de code spécial [NF Z 61-000];	ASCII 14 [] [SO]	
" "	caractère [m.] hors code	ASCII 14 [] [SO]	
" "	[NF Z 61-000]; hors code		
- DA-Umsetzer [m.]; DA-Wandler [m.]	- convertisseur [m.] numérique-analogique		**E**
- dB (Dezibel)	- dB (décibel)		
- dBase	- dBase	Datenbanksprache	**Db**

- **DBMS [n.]** (Datenbankmanagementsystem) **(Datenbankverwaltungssystem)**	- SGDB (système de gestion de base de données)		**Db**
- **debuggen**	- mettre au point		**S**
- **Debugger [m.]**	- débogueur [m.];		**S**
" "	programme [m.] de mise au point		**S**
- **Debugger-Terminal [n.]**	- terminal [m.] de dépannage		**C**
- **Debugging**	- déboggage [m.];	Programm	**S**
" "	débogage [m.];	" "	**S**
" "	mise [f.] au point;	" "	**S**
	déverminage [m.];	" "	**S**
" "	debugging [m.]	" "	**S**
- **Dechiffrieren [n.]**	- déchiffrement [m.];décryptage [m.]		
- **dechiffrieren**	- déchiffrer ; décrypter		
☞ ***Siehe auch "entschlüsseln"***			
- **Decoder [m.]; Decodiereinrichtung [f.]**	- décodeur [m.] [NF Z 61-000] " "		**E** **E**
- **Decodieren [n.]**	- décodage [m.]		
- **decodieren**	- décoder [NF Z 61-000]		
- **Decodierer [m.]**	- décodeur [m.]		**E**
- **Decodiermatrix [f.]**	- matrice [f.] de conversion		
- **Decodierprom**	- PROM [f.] de décodage		**Mm**
- **Decodierwerk [n.]**	- décodeur [m.] [NF Z 61-000]		**E**
- **Decompiler [m.]**	- décompilateur [m.]		**S**
- **DEE [f.]** (Datenendeinrichtung) **[DIN 44 302]**	- ETTD [m.] (équipement terminal de traitement des données)	DTE	**C**
☞ ***Siehe auch "Datenendeinrichtung"***			
- **Default-...**	- par défaut		
- **Default-Laufwerk [n.]**	- unité [f.] par défaut	lecteur	**H**
- **Defekt [m.]**	- défaut [m.] [NF Z 61-000]		
- **defekte Daten [p.]**	- données [f.p.] parasites;		
" "	données [f.p.] invalides;		
" "	informations [f.p.] invalides		
- **Definition [f.]**	- définition [f.]	Variablen z.B.	**S**
- **Defragmentierung [f.]**	- défragmentation [f.]		
- **Deklaration [f.]**	- déclaration [f.]	Variablen z.B.	**S**
- **Deklarationsteil [m.]**	- partie [f.] déclaration		**S**
- **dekomprimieren**	- décompresser		
- **Dekrement [n.]**	- décrément [m.]		
- **Dekrementalzähler [m.]**	- décompteur [m.]		**E**
- **Dekrementieren [n.]**	- décomptage [m.]		
- **dekrementieren**	- décompter ; décrémenter		
- **Dekrementoperator [m.]**	- opérateur [m.] de décrémentation		**S**

Bild: image de fond
Desktop: bureau

- Deltamodulation [f.]	- modulation [f.] delta		**C**
- Demodulation [f.]	- démodulation [f.]		**C**
- Demodulator [m.]	- démodulateur [m.]		**C**
- Demoversion [f.]	- version [f.] de démonstration		**S**
- Demultiplexer [m.]	- démultiplexeur [m.]		**C**
- Demultiplexieren [n.]	- démultiplexage [m.]		**C**
- Depaketieren [n.]	- désassemblage [m.] de paquets		**C**
- deskriptive Sprache [f.]	- langage [m.] assertionnel	Datenbanksprache	**Db**
- Desktop-Publishing [n.]	- publication [f.] assistée par		**T**
(DTP)	ordinateur (PAO) ;		**T**
" "	microédition [f.];		
" "	édition [f.] électronique		**T**
- Desktoprechner [m.]	- machine [f.] de type Desktop		**H**
- dezentrale Datenerfassung [f.]	- saisie [f.] à la source		
- dezentrale Datenverarbeitung [f.]	- informatique [f.] distribuée;		
" "	informatique [f.] répartie		
- dezimal	- décimal(e) [NF Z 61-000]		**M**
- Dezimaldarstellung [f.]	- notation [f.] décimale [NF Z 61-000]		
- Dezimaldarstellung [f.], binär-	- notation [f.] décimale codée	DCB	
verschlüsselte	binaire		
- dezimales Zahlensystem [n.]	- système [m.] décimal		**M**
- Dezimalkomma [n.]	< signe [m.] décimal [NF Z 61-000];		
" "	virgule [f.]		
- Dezimalpunkt [m.]	< signe [m.] décimal [NF Z 61-000];		
" "	virgule [f.]		
- Dezimalsystem [n.]	- système [m.] décimal		
- Dezimalzahlendarstellung [f.],	- notation [f.] décimale codée	DCB	
binärverschüsselte	binaire		
- D-Flipflop [n.]	- bascule [f.] bistable D		**E**
- DFT [f.] (diskrete Fourier-	- transformée [f.] de Fourier discrète		**M**
Transformation)			
- DFV [f.] (Druckformatvorlage)	- feuille [f.] de style		**T**
- Diagnosemodul [n.]	- module [m.] de diagnostic		**H**
- Diagramm [n.]	- schéma [m.]		
- Dialog-...	- conversationnel;		
" "	interactif; dialogué		
- Dialog [m.]	- dialogue [m.]		
- Dialogbetrieb [m.]	- mode [m.] dialogué [NF Z 61-000];		
" "	mode [m.] dialogue;		
" "	mode [m.] conversationnel;		
" "	mode [m.] interactif		

- Dialogbox [f.];	- fenêtre [f.] de dialogue;		S
Dialogfeld [n.] [MS]	boîte [f.] de dialogue		S

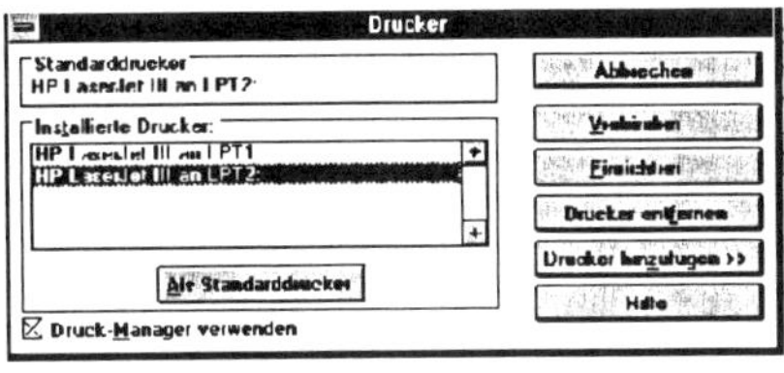

- Dialoggerät [n.]	- terminal [m.] de dialogue		H
- Dialogisierungsgrad [m.]	- interactivité [f.]		S
- dialogorientiert	- conversationnel;		
" "	dialogué; interactif		
- Dialogsitzung [f.]	- session [f.]		
- Dialogsystem [n.]	- système [m.] conversationnel;		
" "	système [m.] interactif		
- Dialogverarbeitung [f.] [DIN 44300-9]	- mode [m.] dialogué [NF Z 61-000];		
	mode [m.] conversationnel;		
" "	mode [m.] interactif;		
" "	mode [m.] dialogue		
- Dibit [n.]	- dibit [m.]		
- dichotomisches Suchen [n.]	- recherche [f.] dichotomique [NF Z 61-000];		
" "	recherche [f.] par dichotomie;		
" "	recherche [f.] logarithmique;		
" "	dichotomie [f.]		
- Dichte [f.]	- densité [f.]		
- Dichte [f.], doppelte	- double densité [f.]		Di
- Dicktentabelle [f.]	- tableau [m.] des chasses		T
- Dienst [m.]	- service [m.]		
- Dienstauswahl [f.]	- choix [m.] du service		C
- Diensteinheit [f.]	- serveur [m.]		H
- Dienstgüte [f.]	- qualité [f.] du service		C
- dienstintegrierendes digitales Fernmeldenetz [n.] (ISDN)	- réseau [m.] numérique à intégration de services (RNIS)	ISDN	
- dienstintegrierendes Netz [n.]	- réseau [m.] à intégration de services		C
- Dienstprogramm [n.]	- programme [m.] de service [NF Z 61-000];		S
" "	programme [m.] utilitaire [NF Z 61-000]		S
- Differenzierer [m.];	- différenciateur [m.]	Analogrechner	E
Differenzierglied [n.]	" "		E

- Differenz-Pulscodemodulation [f.] (DPCM)	- modulation [f.] par impulsions et codage différent (MICD)	C
- Digit Sequence Integrity	- intégrité [f.] de la suite des éléments numériques	C
- digital	- numérique	
- digital beschaltet	- à commutation [f.] numérique	C
- Digital-Analog-Umsetzer [m.]	- convertisseur [m.] numérique-analogique	E
- Digital-Analog-Umsetzung [f.]	- conversion [f.] numérique-analogique	E
- Digital-Analog-Wandler [m.]	- convertisseur [m.] numérique-analogique	E
- Digitalanzeige [f.]	- afficheur [m.] numérique	E
- digitale Darstellung [f.]	- représentation [f.] numérale [NF Z 61-000];	
" "	représentation [f.] discrète [NF Z 61-000]	
- digitale Daten [p.] [DIN 44300]	- données [f.p.] numérales [NF Z 61-000];	
" "	données [f.p.] discrètes	
- digitale Datenverarbeitungs-anlage [f.]; digitale Rechen-anlage [f.] [DIN 44300-5]	- calculateur [m.] numérique [NF Z 61-000];	H
	calculateur [m.] numéral [NF Z 61-000]	H
- digitale Übertragung [f.]	- transmission [f.] numérique	C
- digitales Datennetz [n.]	- réseau [m.] numérique de données	C
- digitales Netz [n.]	- réseau [m.] numérique	C
- digitales Signal [n.] [DIN 44300]	- signal [m.] numérique	
- digitalisieren	- chiffrer [NF Z 61-000] Datendarstellung	

"Chiffrer"
Exprimer ou représenter sous forme numérale des données qui ne sont pas des données discrètes.

- Digitalisierer [m.]	- digitaliseur [m.];	E
" "	transformateur [m.] numérique	E
- Digitalisiertablett [n.]	- table [f.] à numériser;	H
" "	tablette [f.] graphique	H
- Digitalisierung [f.]	- numérisation [f.];	
" "	digitalisation [f.];	
" "	discrétisation [f.]	

- Digital-Koppelnetz [n.]	- réseau [m.] de couplage numérique	PCM 30 z.B.	**C**
- Digitalnetz [n.] mit Dienst-integration	- réseau [m.] numérique avec intégration de services	PCM 30 z.B.	**C**
- Digitalpfad [m.]	- conduit [m.] numérique		**C**
- Digitalplotter [m.]	- traceur [m.] numérique		**Pr**
- Digitalrechner [m.]	- calculateur [m.] numérique		**H**
- Digital-Vermittlungsstelle [f.]	- central [m.] numérique	PCM 30 z.B.	**C**
- Digraph [m.]	- graphe [m.] orienté		
- Diktiergerät [n.]	- dictaphone [m.]		
- diminierendes Suchen [n.]	- recherche [f.] dichotomique [NF Z 61-000];		
" "	recherche [f.] logarithmique;		
" "	dichotomie [f.]		
- Diode [f.]	- diode [f.]		**E**
- Diodenlogik [f.]	≈ circuits [m.p.] à diodes	DL	**E**
- Diodenmatrix [f.]	- matrice [f.] de diodes		**E**
- Diodenschaltung [f.]	- circuit [m.] à diodes	DL	**E**
- Dioden-Transistor-Logik [f.]	≈ circuits [m.p.] à diodes et transistors	DTL	**E**
- Directory [n.]	- répertoire [m.]	Verzeichnis	
- direkte Adresse [f.]	- adresse [f.] directe [NF Z 61-000]		**Mm**
- direkte Adressierung [f.]	- adressage [m.] direct [NF Z 61-000]		**Mm**
- direkte Datenerfassung [f.]	- saisie [f.] directe		
- direkte Verarbeitung [f.]	- traitement [m.] direct		
- direkter Befehl [m.]	- instruction [f.] à adresse directe [NF Z 61-000]		**S**
- direkter Zugriff [m.]	- accès [m.] direct		**Mm**
- Direktoperand [m.]	- opérande [m.] immédiat [NF Z 61-000]		**S**
- Direktruf [m.] [DIN 44302]	- appel [m.] direct		**C**
- Direktzugriff [m.]	- accès [m.] direct;		**Mm**
" "	accès [m.] immédiat		**Mm**
- Direktzugriffsspeicher [m.]	mémoire [f.] à accès direct [NF Z 61-000];		**Mm**
" "	mémoire [f.] à accès sélectif [NF Z 61-000]		**Mm**
- Disjunktion [f.] [DIN 44300-5]	- circuit [m.] OU [NF Z 61-000];	OR	**Lo**
" "	porte [f.] OU [NF Z 61-000]	OR	**Lo**

- Diskette [f.]	- disquette [f.] [NF Z 61-000]		**Di**

Disquette de 3,5 pouces /3,5 Zoll-Diskette
Capacité en haute densité (disquette HD) = 1,44 Mo (1,44 mégaoctet) (1,44 MB)
Capacité en double densité (disquette DD) = 720 Ko (720 kilooctets) (720 KB)

Cette disquette se présente sous la forme d'un disque magnétique sous enveloppe rigide.
Pour la protéger contre l'effacement accidentel des données, fermer l'encoche de protection à l'aide de son volet de protection.

Disquette de 5,25 pouces/5 1/4 Zoll-Diskette
Capacité en haute densité (disquette HD) = 1,2 Mo (1,2 mégaoctet) (1,2 MB)
Capacité en double densité (disquette DD) = 360 Ko (360 kilooctets) (360 KB)

Cette disquette est fournie dans une pochette de protection. Pour la protéger contre l'effacement accidentel des données, il faut recouvrir l'encoche de droite d'un sticker ou onglet de protection.

☞ *Siehe auch "Format"*

- Diskette [f.], leere	- disquette [f.] vierge;	noch nicht benutzt	**Di**
" "	disquette [f.] vide	ohne Daten	**Di**
- Diskettenlaufwerk [n.];	- lecteur [m.] de disquettes;		**Di**
Diskettenstation [f.]	unité [f.] de disquettes		**Di**

- diskret	- discret [NF Z 61-000]		
- diskrete Darstellung [f.]	- représentation [f.] discrète [NF Z 61-000]		
- diskrete Daten [p.]	- données [f.p.] discrètes [NF Z 61-000]		
- diskrete Fourier-Transformation [f.] (DFT)	- transformée [f.] de Fourier discrète		**M**
- diskretes Bauelement [n.]	- composant [m.] discret		**E**
- diskretes Signal [n.]	- signal [m.] numérique		**C**
- Dispatcher [m.]	- répartiteur [m.] [NF Z 61-000]		**E**
- Displacement [n.]	- déplacement [m.]	Adresse	**Mm**
- Display	- afficheur [m.]		**E**
- Display-Einheit [f.]	- unité [f.] affichage		**E**

- Distribuierung [f.]	- distribution [f.]		
- Dividend [m.]	- dividende [m.]		**M**
- dividieren	- diviser		**M**
- Dividierwerk [n.]	- circuit [m.] diviseur		**E**
- Division [f.]	- division [f.]		**M**
- Divisor [m.]	- diviseur [m.]		**M**
- DL-Schaltung [f.]	- circuit [m.] à diode		**E**
- DMS [n.] (Datenbankmanagementsystem)	- SGDB [m.] (**S**ystème de **G**estion **D**e **B**ase de données)		**Db**
- DNC [DIN 66257]	- commande [f.] numérique directe [NF Z 61-000]		**NC**
- Dokument [n.]	- document [m.] [NF Z 61-000]		
- Dokumentation [f.]	- documentation [f.] [NF Z 61-000]		
- Dokumentation [f.], technische	- documentation [f.] technique		
- Dokumentfenster [n.]	- fenêtre [f.] document		**T**
- Doppelanschlag [m.]	- double frappe [f.]	Drucker	**Pr**
- Doppelbasisdiode [f.]	- transistor [m.] unijonction		**E**
- Doppeleintrag [m.]	- doublon [m.]		**Db**
- Doppelgenauigkeit [f.]	- double précision [f.] [NF Z 61-000]		**S**
- doppelklicken	- double-cliquer		
- Doppellesekopf [m.]	≈ tête [f.] de pré-lecture [NF Z 61-000]		
- Doppelprozessor [m.]	- biprocesseur [m.]		**E**
- Doppelprozessorrechner [m.]	- ordinateur [m.] bi-processeur		**H**
- Doppelpunkt [m.]	- deux points [m.p.]	ASCII 58 [:] []	
- doppelseitig	- double face	Diskette	**Di**
- Doppelspeisung [f.]	- alimentation [f.] double		**E**
- doppelte Anführungszeichen [n.p.]	- doubles quotes [f.p.]	ASCII 34 ["] []	
- doppelte Dichte [f.]	- double densité [f.]		**Di**
- doppelte Genauigkeit [f.]	- double précision [f.] [NF Z 61-000]		**S**
- doppelte Hochkommata [n.p.]	- doubles quotes [f.p.]	ASCII 34 ["][]	
- Doppeltunterstreichung [f.]	- double soulignement [m.]		**T**
- Doppelversorgung [f.]	- alimentation [f.] double		**E**
- Doppelwort [n.]	- double [m.] mot	32 Bits	
- DOS (**D**isk **O**perating **S**ystem)	**- DOS**	Betriebssystem	**S**
- DOS-Ebene [f.]	- niveau [m.] commande du DOS		**S**
- DOS SHELL	- DOS Shell	DOS 5/6	
- Dot	- point [m.]	image, trame	
- Dotierung [f.]	- dopage [m.]	Halbleiter	**E**
- Dotierungsstoff [m.]	- impuretés [f.p.] de dopage	" "	**E**
- Downloading	- téléchargement [m.]		**C**
- Down-Load-Schrift [f.]	- police [f.] téléchargée;		**Pr**
" "	police [f.] téléchargeable		**Pr**

- **DPCM [f.]** (**D**ifferenz-**P**ulse**c**ode-**m**odulation)	- MICD [f.] (**m**odulation par **i**mpulsion et **c**odage **d**ifférent)		C
- **Drag and Drop**	- glisser-déplacer		
- **Drehung [f.]**	- rotation [f.]		
- **Drehzahl [f.]**	- vitesse [f.] de rotation		
- **Dreiadreßrechner [m.]**	- machine [f.] à trois adresses		H
- **Dreierverbindung [f.]**	- conférence [f.] à trois	Telefon	C
- **Drei-Exzeß-Code [m.]**	- code [m.] plus trois [NF Z 61-000];		
" "	code [m.] majoré de 3		
- **Drei-Schema-Konzept [n.]; Drei-Schichten-Schema [n.]**	≈ architecture [f.] à trois niveaux	Datenbanken	Db
- **Driftausfall [m.]**	- défaillance [f.] graduelle;		
" "	défaillance [f.] par dérive		
- **Druck [m.], beidseitiger**	- impression [f.] recto-verso		Pr
- **Druck [m.], fliegender**	- impression [f.] à la volée		Pr
- **Druckauftrag [m.]**	- requête [f.] d'impression		Pr
- **Druckbild [n.]**	- qualité [f.] d'impression		Pr
- **drücken**	- appuyer sur ; enfoncer ; presser	Taste	
- **Drucken [n.]**	- impression [f.]		Pr
- **drucken** *PRINT [Dateiname]*	- imprimer		Pr
- **Drucken [n.], beidseitiges**	- impression [f.] recto-verso		Pr
- **Drucken [n.], fliegendes**	- impression [f.] à la volée		Pr
- **Drucker [m.]**	- imprimante [f.] [NF Z 61-000]		Pr
- **Drucker [m.], anschlagfreier**	- imprimante [f.] sans percussion [NF Z 61-000]		Pr
- **Drucker [m.], mechanischer**	- imprimante [f.] à impact ;		Pr
" "	imprimante [f.] à percussion		Pr
- **Drucker [m.] mit zweibahnigem Druck**	- imprimante [f.] à deux mouvements de papier		Pr
- **Druckerausgabe [f.]**	≈ édition [f.] sur papier		Pr
- **Druckerinitialisierung [f.]**	- initialisation [f.] de l'imprimante		Pr
- **Druckerkabel [n.]**	- câble [m.] imprimante		E
- **Druckerport** *PRINT /D:LPT1 (Druckerport (AUTOEXEC) spezifizieren)*	- port [m.] d'imprimante		Pr
- **Druckerspooler [m.]**	- spooler [m.] d'impression		Pr

Deutsch	Français	Bemerkung	
- Druckerspooling	- désynchronisation [f.] de l'impression;		**Pr**
" "	utilisation [f.] du spooler d'impression		**Pr**

PRINT [Dateiname] /P [Dateiname] /C
PRINT /t
/C = Druckauftrag löschen; /P = Druckauftrag hinzufügen; /T Druckerwarteschlange leeren

Deutsch	Français	Bemerkung	
- Druckerstatus [m.]	- état [m.] de l'imprimante		**Pr**
- Druckertraktor [m.]	- tracteur [m.] d'imprimante		**Pr**
- Druckertreiber [m.]	- driver [m.] d'imprimante;		**Pr**
" "	pilote [m.] d'imprimante		**Pr**
- Druckerwarteschlange [f.]	- liste [f.] d'attente d'impression		**Pr**
- Druckformatspalte [f.]	- barre [f.] de style	Word z.B.	**T**
- Druckformatvorlage [f.]	- feuille [f.] de style	Textverarb. DTP/PAO	**T**
- Druckgeschwindigkeit [f.]	- vitesse [f.] d'impression		**Pr**
- Druckhammer [m.]	- marteau [m.] d'impression;		**Pr**
" "	marteau [m.] de frappe		**Pr**
- Druckkopf [m.]	- tête [f.] d'impression		**Pr**
- Druck-Manager [m.]	- gestionnaire [m.] d'impression		**Pr**
- Druckmaske [f.]	- masque [m.] pour impression		**Pr**
- Druckqualität [f.]	- qualité [f.] d'impression		**Pr**
- Druckschaltung [f.]	- circuit [m.] imprimé		**E**
- Drucksteuerung [f.]	- commande [f.] d'impression		**Pr**
- Drucktrommel [f.]	- tambour [m.] d'impression [NF Z 61-000]		**Pr**
- Druckvorgang [m.]	- tâche [f.] d'impression		**Pr**
- Druckwalze [f.]	- tambour [m.] d'impression [NF Z 61-000]		**Pr**
- DTE [n.] (Datenendgerät)	- ETTD [m.] (Equipement Terminal de Traitement de Données)		**C**

☞ Siehe auch "Datenendgerät"

Deutsch	Français	Bemerkung	
- DTL [f.] (Diode-Transistor-Logik)	- logique [f.] DTL	DTL	**E**
- DTL-Schaltung [f.]	- circuit [m.] à diodes et transistors	DTL	
- DTP (Desktop-Publishing)	- PAO [f.] (Publication Assistée par	DTP	**T**
" "	Ordinateur); microédition [f.];	DTP	**T**
" "	édition [f.] électronique	DTP	**T**
- Dü [f.] (Datenübertragung)	- transmission [f.] de données		**C**
- dual	- binaire	binär	
- Dualsystem [n.] [-∞]	- système [m.] binaire		**M**
- Dualzahl [f.]	- nombre [m.] binaire		**M**
- DÜ-Block [m.] [DIN 44302]	- bloc [m.] [NF Z 61-000]	transmission de données	**C**
- DÜE [f.] (Datenübertragungseinrichtung)	- ETCD [m.] (Equipement de Terminaison de Circuit de Données)	DCE	**C**

☞ Siehe auch "Datenübertragungseinrichtung"

Deutsch	Français	Bemerkung	
- DÜE-Information [f.] [DIN 44302]	- information [f.] fournie par l'ETTD		**C**
- Dü-Geschwindigkeit [f.]	- vitesse [f.] de transmission		**C**
- Dump	- vidage [m.] de (la) mémoire [NF Z 61-000]	résultat	**Mm**

- Dumpen [n.]	- vidage [m.] [NF Z 61-000]	mémoire (opération)	**Mm**
- dumpen	- vider [NF Z 61-000]	mémoire	**Mm**
- Dünnschicht [f.]	- couche [f.] mince		**E**
- Dünnschichtspeicher [m.]	- mémoire [f.] à couche mince [NF Z 61-000];		**Mm**
" "	mémoire [f.] à film mince		**Mm**
- Duplexbetrieb [m.];	- mode [m.] bidirectionnel;		**C**
Duplexübertragung [f.]	transmission [f.] bidirectionnelle;		**C**
" "	transmission [f.] en duplex		**C**
☞ ***Siehe auch "Gegenbetrieb"***			
- duplizieren [DIN 44300]	- reproduire [NF Z 61-000];		
" "	dupliquer [NF Z 61-000] [⊠];		
" "	dupliquer ; copier	Windows	
- Durchführbarkeitsstudie [f.];	- étude [f.] de faisabilité;		
Durchführbarkeitsuntersuchung [f.]	étude [f.] de factibilité		
- durchgestrichen	- barré		**T**
- Durchlaßbereich [m.]	- bande [f.] passante		**C**
- Durchlauf [m.]	- passage [m.] [NF Z 61-000] ;	Programm	**S**
" "	passage [m.] machine	" "	**S**
- Durchlaufzeit [f.] [DIN 44300]	- temps [m.] d'exécution [NF Z 61-000];		
" "	temps [m.] de rotation [NF Z 61-000]		
- Durchsatz [m.] [DIN 44300]	- débit [m.]		
- DVA [f] (Datenverarbeitungsanlage)	- ordinateur [m.]		**H**
- dyadisch	- dyadique		**S**
- dyadischer Operator [m.]	- opérateur [m.] dyadique		**S**
☞ ***Siehe auch "Operator"***			
- dynamische Programmierung [f.]	- programmation [f.] dynamique		**S**
- dynamische Speicherzuordnung [f.];	- attribution [f.] dynamique de		**Mm**
dynamische Speicherzuweisung [f.]	mémoire [NF Z 61-000];		
" "	allocation [f.] dynamique de mémoire		**Mm**
- dynamische Verschiebung [f.]	- translation [f.] dynamique [NF Z 61-000]		**Mm**
- dynamische Zuweisung [f.]	- allocation [f.] dynamique		**Mm**
- dynamischer (Schreib-/Lese-) Speicher [m.] [DIN 44 476 T1]	- mémoire [f.] dynamique (à lecture-écriture) [CEI 147-OE]		**Mm**
- dynamischer Speicher [m.] [DIN 44476-2]	- mémoire [f.] dynamique		**Mm**
- dynamisches Schieberegister [n.]	- registre [m.] dynamique à décalage		**E**

E-mail = courrier électronique

E

- E/A (Eingabe/Ausgabe)	- E/S (entrée/sortie)		
- EBCDIC (EBCDI-Code)	- EBCDIC (code EBCDI)		
- EBCDI-Code [m.]	- code [m.] EBCDI	EBCDIC	
- Ebene [f.]	- niveau [m.]		
- Echo [n.]	- écho [m.]		**C**
- Echodämpfung [f.]	- affaiblissement [m.] d'écho		**C**
- Echosperre [f.]	- annuleur [m.] d'écho;		**C**
" "	suppresseur [m.] d'écho		**C**
- echte Adresse [f.]	- adresse [f.] effective [NF Z 61-000];		**Mm**
" "	adresse [f.] réelle [NF Z 61-000]		**Mm**
- Echtzeit [f.]	- temps [m.] réel;		
" "	en temps [m.] réel [NF Z 61-000]		
- Echtzeitbetrieb [m.]	- traitement [m.] en temps réel		
- Echtzeitsprache [f.]	- langage [m.] temps réel		**S**
- Echtzeituhr [f.]	- horloge [f.] temps réel		**E**
- Echtzeitverarbeitung [f.]	- traitement [m.] en temps réel		
- Ecke [f.] (schräg abgeschnittene ...)	- coin [m.] coupé	Lochkarte	**Me**
- eckige Klammer [f.]	- crochet [m.]	ASCII 91+93 [[,]] []	
- editieren	- éditer		
- Editor [m.]	- éditeur [m.] ;	Allgemein	**T**
" "	bloc-notes	Windowsprog.	
- Editor [m.], bildschirmorientierter	- éditeur [m.] page par page;		**T**
" "	éditeur [m.] plein écran		**T**
- Editor [m.], zeilenorientierter	- éditeur [m.] ligne		**T**
- EDV [f.] (elektronische Datenverarbeitung)	- informatique [f.];	DP	
	traitement [m.] électronique de l'information [NF Z 61-000]	DP	
- EDV-Abteilung [f.]	- service [m.] informatique		
- Effekt [m.], magnetostriktiver	- magnétostriction [f.]		**E**
- effektive Adresse [f.]	- adresse [f.] effective [NF Z 61-000];		**Mm**
" "	adresse [f.] réelle [NF Z 61-000]		**Mm**
- Effektivitätsmessung [f.]	- mesure [f.] des performances		
- eigenrelative Adresse [f.]	- adresse [f.] auto-relative [NF Z 61-000]		**Mm**
- Eigenschaften [f.p.] einer Datei	- propriétés [f.p.] d'un fichier		
- Ein-/Ausgabe-...	- d'entrée et de sortie [NF Z 61-000]		
- Einadreßrechner [m.]	- machine [f.] à une adresse		**H**
- Ein-Ausgabe-Befehl [m.]	- instruction [f.] d'entrée-sortie		**S**

- Ein-Ausgabe-Bereich [m.]	- zone [f.] d'entrée-sortie		
- Ein-Ausgabe-Kanal [m.]	- canal [m.] d'entrée-sortie [NF Z 61-000]		**E**
- Ein-Ausgabe-Prozessor [m.]	- processeur [m.] entrée-sortie;		**E**
" "	unité [f.] d'échange		**E**
- Ein-Ausgabe-Steuerwerk [n.]	- unité [f.] de commande des entrées-sorties		**E**
- Ein-Ausgabe-Unterbrechung [f.]	- interruption [f.] d'entrée-sortie		**S**
- Einbauplatz [m.]	- slot [m.] ; emplacement [m.];		**H**
" "	niche [f.]		**H**
- einblenden	- afficher		
- Einblenden [n.] des Lineals	- affichage [m.] de la règle		
- eindeutig	- univoque		
- eindimensionales Array [n.]	- tableau [m.] unidimensionnel		**S**
- einfache Anweisung [f.]	- instruction [f.] simple		**S**
- einfache Genauigkeit [f.]	- simple précision [f.] [NF Z 61-000]		**S**
- Einfachkanal [m.]	- canal [m.] simple		**C**
- Einfachspeisung [f.];	- alimentation [f.] simple		**E**
Einfachversorgung [f.]	" "		**E**
- Einfügemarke [f.]	- curseur [m.]		
- Einfügemodus [m.]	- mode [m.] insertion		**T**
- einfügen	- insérer; coller		**T**
- Einfügen [n.]	- insertion [f.]		**T**
- Einfügeoperation [f.]	- opération [f.] "PUSH"	Stack	**S**
- Eingabe-...	- entrant [NF Z 61-000]; d'entrée		
" "	[NF Z 61-000]		
- Eingabe [f.]	- entrée [f.];	Daten z.B.	
" "	introduction [f.] [NF Z 61-000];	" "	
" "	saisie [f.]	" "	
- Eingabe [f.], formatierte	- écriture [f.] formatée;		**S**
" "	entrée [f.] formatée		**S**
- Eingabe abschließen	- terminer l'entrée;		
" "	valider l'entrée		
- Eingabe/Ausgabe... (E/A)	- entrée/sortie [f.] (E/S)		
- Eingabeaufforderung [f.]	- message [m.] d'attente	DOS z.B.	
- Eingabe-Ausgabe-Einheit [f.]	- dispositif [m.] d'entrée-sortie		**H**
- Eingabe-Ausgabe-Funktionen [f.p.]	- fonctions [f.p.] d'entrées-sorties		**S**
- Eingabe-Ausgabewerk [n.]	- unité [f.] d'entrée-sortie		**H**
- Eingabeband [n.]	- bande [f.] d'entrée	Automatentheorie z.B.	
- Eingabedatei [f.]	- fichier [m.] d'entrée		
- Eingabedaten [p.]	- données [f.p.] d'entrée [NF Z 61-000];		
" "	données [f.p.] en entrée [NF Z 61-000]		
- Eingabeeinheit [f.] [DIN 44300]	- organe [m.] d'entrée [NF Z 61-000];		**H**
" "	unité [f.] d'entrée [NF Z 61-000]		**H**

- Eingabefeld [n.]	- champ [m.] de saisie		**S**
- Eingabefunktion [f.]	- fonction [f.] d'entrée		**S**
- Eingabegerät [n.] [DIN 44300-5]	- organe [m.] d'entrée [NF Z 61-000];		**H**
" "	unité [f.] d'entrée [NF Z 61-000]		**H**
- Eingabemagazin [n.]	- magasin [m.] d'alimentation	Lochkartenleser z.B.	**Me**
- Eingabemaske [f.]	- masque [m.] de saisie		**S**
- Eingabeprogramm [n.]	- programme [m.] d'entrée [NF Z 61-000];		**S**
" "	programme [m.] d'introduction [NF Z 61-000]		**S**
- Eingabetastatur [f.]	- clavier [m.] d'entrée des données		**H**
- Eingabetaste [f.]	- touche [f.] d'entrée		
- Eingabezustand [m.]	- mode [m.] de saisie		
- Eingangslastfaktor [m.]	- entrance [f.]	fan-in	
- Eingangspegel [m.]	- niveau [m.] d'entrée		**C**
- Eingangsport [m.]	- port [m.] d'entrée		**C**
- Eingangssignal [n.]	- signal [m.] d'entrée		**E**
- eingebaut	- intégré		
- eingeben	- entrer; introduire ;	Daten	
" "	frapper	mit der Tastatur	
- Eingeben [n.] von Text	- saisie [f.] de texte		
- Einheit [f.]	- organe [m.]; unité [f.]		**H**
- Einheit [f.], periphere [DIN 44300]	- organe [m.] périphérique [NF Z 61-000];		**H**
" "	unité [f.] périphérique [NF Z 61-000]		**H**
- Einheitentreiber [m.]	- pilote [m.] de périphérique;		**S**
" "	gestionnaire [m.] de périphérique		**S**
- Einlagemagazin [n.]	- magasin [m.] d'alimentation		**Me**
- einlegen	- insérer ; introduire;	Diskette z.B.	**Di**
" "	activer	Prüfschlaufe	**C**
- einlesen (in den Speicher ...)	- introduire en mémoire;		**Mm**
" "	mettre en mémoire;		**Mm**
" "	mémoriser [NF Z 61-000];		**Mm**
" "	ranger en mémoire;		**Mm**
" "	enregistrer		**Mm**
- Einplatzsystem [n.]	- système [m.] monoposte		
- einrichten	- configurer	in Windows z.B.	
- Einrichtung [f.]	- installation [f.]	Vorgang	
- Einrückbreite [f.]	- renfoncement [m.] (positif);	mesure	**T**
" "	rentré [m.] positif;	" "	**T**
" "	indentation [f.] (positive)	" "	**T**
- Einrücken [n.]; Einrückung [f.]	- renfoncement [m.] (positif);		**T**
	rentré [m.] positif;		**T**
" "	indentation [f.] (positive)		**T**

Deutsch	Français	Bemerkung	
- einschalten	- allumer ;	Gerät z.B.	**E**
" "	mettre sous tension;	" "	**E**
" "	enclencher	Relais z.B.	**E**
- Einseitenband [n.]	- bande [f.] latérale unique		**C**
- einseitige Datenübermittlung [f.]	- mode [m.] unidirectionnel;		**C**
[DIN 44302];	transmission [f.] en simplex;		**C**
einseitige Datenübertragung [f.]	transmission [f.] unidirectionnelle		**C**
☞ ***Siehe auch "Richtungsbetrieb"***			
- Einspannloch [n.]	- trou [m.] d'entraînement	Diskette	**Di**
- einspeichern	- transférer ; reloger	Arbeitsspeicher	**Mm**
- Einspeisung [f.]	- alimentation [f.] ;		**E**
" "	injection [f.]		**C**
- Einsprungstelle [f.]	- point [m.] d'entrée [NF Z 61-000];		**S**
" "	point [m.] d'accès		**S**
- einstellen	- régler	sens général	
- einstellig	- monadique		**S**
- einstellige boolesche Verknüpfung [f.]	- opération [f.] booléenne monadique		**Lo**
- Einteilung [f.]	- découpage [m.]	Programm z.B.	**S**
- eintragen	- enregistrer	par l'opérateur	
- eintrittsinvariant [-∞] [DIN 44300]	- réentrant [NF Z 61-000];		**S**
" "	rentrant [NF Z 61-000]; ré-entrant		**S**
☞ ***Siehe auch "reentrant"***			
- einzeiliger Zeilenabstand [m.]	- simple interligne [m.]		**T**
- Einzelblatteinzug [m.]	- chargeur [m.] feuille à feuille		**Pr**
- Einzelblattzuführung	- alimentation [f.] feuille à feuille		**Pr**
- Einzelplatzsystem [n.]	- système [m.] monoposte		
- Einzelschritt [m.]	- action [f.] élémentaire	Algorithmus	**S**
- Einzelschritt-...	- pas à pas		
- Einzelschrittbearbeitung [f.];	- fonctionnement [m.] pas-à-pas ;	Test	**S**
Einzelschrittbetrieb [m.]	pas-à-pas [m.]	" "	**S**
- Einzug [m.]	- renfoncement [m.];		**T**
" "	retrait [m.] de ligne;		**T**
" "	indentation [f.]		**T**
- Einzug [m.], hängender	- composition [f.] en sommaire		**T**
- Einzugsmarke [f.]	- marqueur [m.] d'alinéa	Windows z.B.	
- elektrisch löschbar	- effaçable électriquement	Speicher	**Mm**
- elektrische Abtastung [f.]	- lecture [f.] électrique		
- elektrischer Schaltplan [m.]	- schéma [m.] électrique		**E**
- Elektrode [f.]	- électrode [f.]	Transistor z.B.	**E**
- Elektrolumineszenzbildschirm [m.]	- écran [m.] photoluminescent		**H**
- elektromagnetische Welle [f.]	- onde [f.] électromagnétique		**E**
- Elektronengehirn [n.]	- cerveau [m.] électronique		**E**

- **Elektronenröhre [f.]**	- tube [m.] électronique;		**E**
" "	tube [m.] à vide;		**E**
" "	lampe [f.] de radio		**E**
- **Elektronenstrahl [m.] ,gebündelter**	- faisceau [m.] d'électrons		**E**
- **Elektronenstrahlröhre [f.]**	- tube [m.] à rayons cathodiques;		**E**
" "	tube [m.] cathodique		**E**
- **Elektronikteil [n.] [-∞]**	- composant [m.] électronique	Bauteil	**E**
- **elektronische Ablage [f.]**	- classement [m.] électronique		
- **elektronische Datenverarbeitung [f.] (EDV)**	- informatique [f.];	DP	
	traitement [m.] électronique de l'information [NF Z 61-000]	DP	
- **elektronische Post [f.]**	- courrier [m.] électronique		**C**
- **elektronische Rechenmaschine [f.]**	- machine [f.] à calculer électronique		**H**
- **elektronischer Bankdienst [m.]**	- télématique [f.] bancaire		**C**
- **elektronischer Briefkasten [m.]**	- boîte [f.] aux lettres électronique;		**C**
" "	boîte [f.] à lettres électronique		**C**
- **elektronischer Zahlungsverkehr [m.]**	- transfert [m.] électronique de fonds (TEF)		
- **elektronisches Bauteil [n.]**	- composant [m.] électronique		**E**
- **elektronisches Telefonbuch [n.]**	- annuaire [m.] électronique		
- **Elektroschaltplan [m.]**	- schéma [m.] électrique		**E**
- **elektrostatischer Speicher [m.]**	- mémoire [f.] électrostatique [NF Z 61-000];		**Mm**
" "	mémoire [f.] à condensateurs;		**Mm**
" "	mémoire [f.] capacitive		**Mm**
- **Element [n.]**	- élément [m.];	Allgemein	
" "	organe [m.]	Baugruppe z.B.	**H**
- **elementare Anweisung [f.]**	- instruction [f.] élémentaire;		**S**
" "	primitive [f.]		**S**
- **Elemente [n.p.], benachbarte**	- éléments [m.p.] adjacents	Sortieren	
- **Elfer-Loch [n.]**	- perforation [f.] 11;	Lochkarte	**Me**
" "	perforation [f.] "X"	" "	**Me**
- **Elongated Printing**	- écriture [f.] extensée		**Pr**
- **Emitter [m.]**	- émetteur [m.]	Transistor	**E**
- **emittergekoppelte Logik [f.]**	≈ système [m.] à émetteurs couplés	ECL	**E**
- **Empfang [m.]**	- réception [f.]		**C**
- **Empfänger [m.]**	- destinataire [m.];	Mailbox z.B.	**C**
" "	récepteur [m.]	Gerät	
- **Empfangsaufruf [m.]**	- appel [m.] à recevoir sélectif;		**C**
" "	invitation [f.] à recevoir;		**C**
" "	sélection [f.]	Betriebsart	**C**

Appel à recevoir sélectif
Mode de transmission selon lequel la station transmettrice spécifie quelle est la station destinataire parmi celles qui partagent une liaison multipoint pour l'inviter à recevoir le message transmis.

- Empfangsbestätigung [f.]	- accusé [m.] de réception	Drucker z.B.	**Pr**
- Empfangsdaten [p.]	- données [f.p.] de réception;		**C**
" "	≈ réception [f.] de données (RD)	V.24 p.ex.	**C**
- Empfangsseite [f.]	- côté [m.] réception;		**C**
" "	partie [f.] réception		**C**
- Empfangssignalpegel [m.]	≈ détection signal (DS)		**C**
- Empfangssignalverlust [m.] (ESV)	- perte [f.] du signal de réception		**C**
- Empfangsstation [f.] [DIN 44302]	- station [f.] asservie;		**C**
	station [f.] esclave;		**C**
	station [f.] destinataire		**C**

"Empfangsstation"
"station asservie" ou "station esclave" c.-à-d. une station de données invitée par une station maîtresse à recevoir des données. Une même station peut être tantôt station maîtresse, tantôt station asservie (état temporaire). Ne pas confondre avec "station tributaire", qui désigne toute station de données autre que la station de commande.

- Empfangstakt [m.]	- rythme [m.] de réception		**C**
- EMS-Speicher [m.]	- mémoire [f.] paginée;	EMS	**Mm**
" "	mémoire [f.] EMS	EMS	**Mm**
- Emulation [f.]	- émulation [f.]		
- Emulator [m.]	- émulateur [m.]		
- emulieren	- émuler [NF Z 61-000]		
- End to End Verbindung [f.]	- connexion [f.] de bout en bout		**C**
- Endabschnitt [m.]	- section [f.] terminale		**C**
- Endamt [n.]	- central [m.] terminal		**C**
- Endbenutzer [m.]	- utilisateur [m.] final		
- Ende [n.] der Aufzeichnung	- fin [f.] de support [NF Z 61-000]	ASCII 25 [] [EM]	
- Ende [n.] der Übertragung	- fin [f.] de transmission [NF Z 61-000];	ASCII 4 [] EOT]	
" "	caractère [m.] fin de transmission;	ASCII 4 [] [EOT]	**C**
" "	fin [f.] de communication		**C**
- Ende [n.] des Datenübertragungs-blocks	- caractère [m.] fin de bloc de transmission [NF Z 61-000]	ASCII 23 [] [ETB]	**C**
- Ende [n.] des Textes	- fin [f.] de texte	ASCII 3 [][ETX]	**C**
- Endebefehl [m.]	- instruction [f.] d'arrêt [NF Z 61-000]		**S**
- Ende-Flagge [f.]	- fanion [m.] de fermeture	Rahmen	**C**
- Endekennung [f.]	- marque [f.] de fin		
- Endezeichen [n.] einer Anweisung	- terminateur [m.] d'instruction		**S**
- Ende-zu-Ende Verbindung [f.]	- connexion [f.] de bout en bout		**C**
- Endgerät [n.]	- terminal [m.] de données;		**C**
" "	terminal [m.] de dialogue		**C**
- Endgerät betriebsbereit	- terminal [m.] de données prêt (TDP)		**C**
- endgültiger Befehl [m.]	- instruction [f.] effective [NF Z 61-000]		**S**
- endlicher Automat [m.]	- automate [m.] fini;	Automatentheorie	
" "	automate [m.] à nombre fini d'états	" "	

- Endlos-...	- en continu	Papier, Formular usw.	**Pr**
- endlose Schleife [f.]	- boucle [f.] infinie		**S**
- Endlosformular [n.]	- feuille [f.] de papier continu;		**Pr**
" "	feuillet [m.] de papier continu		**Pr**
- Endlospapier [n.]	- papier [m.] en continu		**Pr**
- Endlos-Schleife [f.]	- boucle [f.] infinie		**S**
- Endlosvordruck [m.]	- document [m.] en continu;		**Pr**
" "	imprimé [m.] en continu;		**Pr**
" "	formulaire [m.] en continu		**Pr**
- Endlosvordrucksatz [m.]	- liasse [f.]	papier en continu	**Pr**
- Endmarke [f.]	- marque [f.] de fin		
- Endpunkt [m.] der Verbindung	- extrémité [f.] de la connexion		**C**
- Endteilnehmer [m.]	≈ destination [f.] finale des données		**C**
- energieabhängiger Speicher [m.]	- mémoire [f.] volatile		**Mm**
☞ *Siehe "flüchtiger Speicher"*			
- englische Tastatur [f.]	- clavier [m.] QWERTY		**H**
- Entblocken [n.]	- dégroupage [m.]		
- entblocken	- dégrouper		
- Entbündelung [f.]	- débottelage [m.];		
" "	dégroupage [m.]		

"Entbündelung", "Entblocken"
"Entbündelung" bedeutet beim Verkauf von EDV-Systemen die gesonderte Berechnung von Hardware und Software. Die französische Entsprechung lautet "dégroupage" oder "débottelage". Das Wort "dégroupage" entspricht aber auch gleichzeitig dem deutschen Begriff "Entblocken", d.h. die Zerlegung von Daten, die als Datenblöcke zusammengefügt waren, in einzelne Bits, Zeichen usw.

- entkoppelter Meßpunkt [m.]	- point [m.] de mesure découplé		**C**
- Entkoppelung [f.]	- découplage [m.]		**C**
- entladen	- décharger		**B**
- Entnullung [f.]	- suppression [f.] des zéros [NF Z 61-000]		
- entpacken	- décomprimer; étendre	Daten	
- entriegeln	- débloquer; déverrouiller		
- Entropie [f.] [DIN 44301]	- entropie [f.] [NF Z 61-000]	Informationstheorie	
- Entropie [f.], bedingte	- entropie [f.] conditionnelle [NF Z 61-000]	" "	
- Entscheidungsbefehl [m.]	- instruction [f.] de décision [NF Z 61-000]		**S**
- Entscheidungsgehalt [m.] [DIN 44301]	- quantité [f.] de décision [NF Z 61-000]	Informationstheorie	
- Entscheidungshilfe [f.]	- aide [f.] à la décision		
- Entscheidungstabelle [f.]	- table [f.] de décision [NF Z 61-000]		

- entschlüsseln	- déchiffrer; décrypter		
- Entschlüsseln [n.]; Entschlüsselung [f.]	- déchiffrement [m.]; décryptage [m.] " "		

"Déchiffrement", "Déchiffrer", "Décryptage"
Les mots "déchiffrement" et "déchiffrer" s'emploient lorsque la méthode de chiffrement est connue alors que le terme "décryptage" indique qu'on ignore la clé utilisée et qu'on cherche à la découvrir.

- entwerfen	- concevoir		
- Entwurf [m.]	- conception [f.]	Vorgang	
- Entwurf [m.], rechnerunterstützer (CAD)	- conception [f.] assistée par ordinateur (CAO)	CAD	
- Entzerrung [f.]	- égalisation [f.]		C
- Entzerrung [f.], automatische	- égalisation [f.] automatique		C
- Entzerrung [f.], manuelle	- égalisation [f.] manuelle		C

Le mot "égalisation", en allemand "Entzerrung", signifie ici la compensation de certaines caractéristiques d'un signal en vue de les adapter à un canal de transmission et d'éviter ainsi la déformation des informations transmises.

- entziffern	- déchiffrer; décrypter		
- Entzifferung [f.] ☞ *Siehe auch "Entschlüsseln"*	- déchiffrement [m.]; décryptage [m.]		
- Enveloppe [f.]	- enveloppe [f.]		C
- Enveloppenstruktur [f.]	- structure [f.] d'enveloppe		C
- Enveloppenverlust [m.]	- perte [f.] d'enveloppe(s)		C
- Environment-Segment [n.]	- segment [m.] d'environnement		S
- EOF (End of File)	- EOF	oft ASCII 26	
- EOT (End of Transmission)	- EOT	ASCII 4 [] [EOT]	C
- EPROM (Erasable Programmable Read Only Memory)	- EPROM [f.]	EPROM	Mm
- Erdkabel [n.]	- câble [m.] de terre		C
- Erdleitung [f.]	- circuit [m.] de terre		C
- Erdung [f.]	- mise [f.] à la terre		E
- Erdverbindung [f.]	- connexion [f.] de terre		C
- Ereignis [n.]	- évènement [m.]		
- Ereignisse festhalten	- enregistrer des évènements		
- erfassen	- saisir	Daten	
- Erfassung [f.]	- saisie [f.];	Eingeben	
" "	acquisition [f.];	Daten sammeln + eingeben	
" "	enregistrement [m.]		
- Ergebnis [n.]	- résultat [m.] [NF Z 61-000]		M
- Ergonomie [f.]	- ergonomie [f.]		
- Erholzeit [f.] [DIN 44476-2]	- temps [m.] de recouvrement		Mm

Deutsch	Français	Kontext	
- erkennen	- détecter;	Position, Gegenstand	
" "	reconnaître	Muster, Sprache, Zeichen	
- Erkennung [f.]	- détection [f.]; reconnaissance [f.]		
- Erkennungsteil [m.]	- division [f.] identification	COBOL	**S**
- erlauben	- autoriser	Unterbrech. z.B.	
- eröffnen (eine Datei ...)	- ouvrir un fichier		
- Eröffnungsseite [f.]	- page [f.] d'accueil	vidéotex	**C**
- errechnete Adresse [f.]	- adresse [f.] calculée [NF Z 61-000]		**Mm**
- Errichten [n.] der Sitzungsverbindung	- établissement [m.] de la connexion de session		**C**
- Errichten [n.] der Verbindung	- établissement [m.] de la liaison		**C**
- Errichtung [f.]	- implantation [f.]	Werk, Niederlassung	
- Ersatzleitung [f.]	- circuit [m.] de secours;		**C**
" "	ligne [f.] de secours		**C**
- Ersatzroute [f.]	- relais [m.];		**C**
" "	≈ acheminement [m.] de secours		**C**
- Ersatzspur [f.]	- piste [f.] de remplacement;	Magnetplatte	**Mm**
" "	piste [f.] de réserve;	" "	**Mm**
" "	piste [f.] réservée	" "	**Mm**
- Ersetzen [n.]	- remplacement [m.]; substitution [f.]		
- ersetzen	- remplacer; substituer		
- Ersetzung [f.]	- remplacement [m.]; substitution [f.]		
- erstellen (eine Sicherheitskopie ...)	- procéder à la sauvegarde d'un		
" "	fichier; faire une copie de sauvegarde d'un fichier		
- erstellen (ein Verzeichnis ...)	- créer un répertoire		
- Erstellen [n.] einer Sicherheitskopie	- sauvegarde [f.] d'un fichier		
- Erstellen [n.] eines Verzeichnisses *MD*	- création [f.] d'un répertoire		
- Erstzeileneinzug [m.]	- renfoncement [m.] de première ligne		**T**
- erweiterbar	- extensible		
- Erweiterbarkeit [f.]	- adaptabilité [f.]	capacités	
- erweiterte Objekte [n.p.]	- objets dérivés [m.p.]	Daten	**S**
- erweiterte Tastatur [f.]	- clavier [m.] étendu		**H**
- erweiterter BASIC [m.]	- BASIC [m.] étendu		**S**
- erweiterter Datentyp [m.]	- type [m.] dérivé	données	**S**
- erweiterter Modus [m.]	- mode [m.] étendu	Windows	
- Erweiterung [f.]	- extension [f.] ; suffixe [m.]	Dateiname z.B.	
☞ *Siehe auch "Dateinamenserweiterung"*			
- Erweiterungskarte [f.]	- carte [f.] d'extension		**H**
- Erweiterungsspeicher [m.]	- mémoire [f.] étendue	XMS	**Mm**
- Erweiterungssteckkarte [f.]	- carte [f.] d'extension		**H**

- **Erweiterungssteckplatz [m.]**	- connecteur [m.] d'extension;		**H**
" "	slot [m.] d'extension		**H**
- **erzeugen**	- engendrer; générer; produire		
- **Erzeugung [f.]**	- génération [f.]	Allgemein	
- **ESV [m.]** (Empfangssignalverlust)	- perte [f.] du signal de réception		**C**
- **ETB** (**E**nd of **T**ransmission **B**lock)	- ETB	ASCII 23 [] [ETB]	
- **Etikette [f.]**	- étiquette [f.]		
- **ETX-Zeichen [n.]**	- caractère [m.] ETX;	ASCII 3 [] [ETX]	
" "	caractère [m.] fin de texte	ASCII 3 [] [ETX]	
- **Even Parity**	- parité [f.] paire		
- **Exklusion [f.]**	- opération [f.] NON-ET [NF Z 61-000]	NAND	**Lo**
- **exklusives ODER [n.] [DIN 44300-5]**	- OU [m.] exclusif	XOR	**Lo**
- **Expanded Memory [m.];**	- mémoire [f.] paginée	EMS	**Mm**
Expansionsspeicher [m.]	" "		**Mm**
- **Expertensystem [n.]**	- système [m.] expert		
- **explizit**	- explicite		
- **explizite Konvertierung [f.]**	- conversion [f.] explicite		**S**
- **Explosionszeichnung [f.]**	- vue [f.] éclatée		
- **Exponent [m.]**	- exposant [m.] [NF Z 61-000]		**M**
- **Extended Memory [f.]**	- mémoire [f.] étendue	XMS	**Mm**
- **extern bedingte Ausfallzeit [f.]**	- temps [m.] perdu à cause de l'environnement [NF Z 61-000]		
- **externe Unterbrechung [f.]**	- interruption [f.] externe		**S**
- **externer Lautsprecher [m.]**	- haut-parleur [m.] externe		**H**
- **externer Speicher [m.]**	- mémoire [f.] externe [NF Z 61-000]		**Mm**
- **externes Schema [n.]**	- schéma [m.] externe	Datenbank	**Db**
- **externes Zeichen [n.]**	- caractère [m.] imprimable		
- **Externspeicher [m.]**	- mémoire [f.] externe [NF Z 61-000]		**Mm**
- **Exzeß-3-Code [m.]**	- code [m.] plus trois [NF Z 61-000];		
" "	code [m.] majoré de trois		

- Fachbegriff [m.]	- terme [m.] technique;		
" "	terme [m.] de métier		
- Fachwörterbuch [n.]	- dictionnaire [m.] technique		
- Fachwörterliste [f.]	- glossaire [m.]		
- Fahrt [f.]	- déplacement [m.];	Roboter z.B.	**R**
" "	trajet [m.]; course [f.]		
- Faksimile [n.]	- fac-similé [m.]		
- Faktor [m.]	- facteur [m.]		
- Faktorglied [n.]	- changeur [m.] d'échelle	Analogrechner	**E**
- Fakturiermaschine [f.]	- facturière [f.]		**H**
- Fakultät [f.]	- factorielle [f.] [NF Z 61-000]		**M**
- falsch empfangen	- reçu erroné		**C**
- fälschungssicher	- infalsifiable		
- Faltperforation [f.]	- moletage [m.]	Endlospapier	**Pr**
- Faltung [f.]	- pliage [m.]	Hash-Verfahren	
- Falzung [f.]	- pliage [m.]	Endlospapier	**Pr**
- Fan in	- entrance [f.]; fan in [m.]		
- Fan out	- sortance [f.]; fan out [m.]		
- Farbband [n.]	- ruban [m.] encreur	Drucker	**Pr**
- Farbband-Kassette [f.]	- cartouche [f.] ruban		**Pr**
- Farbbildschirm [m.]	- écran [m.] polychrome;		**H**
" "	écran [m.] couleur		**H**
- Farbgenerator [m.]	- générateur [m.] couleur		
- Farbmonitor [m.]	- écran [m.] polychrome;		**H**
" "	écran [m.] couleur		**H**
- Farbpalette [f.]	- palette [f.] de couleurs		
- Farbradierer [m.]	- gomme [f.] de couleur	Zeichenprogramm	
- Farbrolle [f.]	- rouleau [m.] de peinture	" "	
- Farbvideogenerator [m.]	- générateur [m.] couleur vidéo		
- Faser [f.]	- fibre [f.]		**E**
- FAT [f.] (File Allocation Table)	- table [f.] d'allocation des fichiers	FAT	
- Fax [n.]	- téléfax [m.]; télécopie [f.];	document	**C**
" "	fax [m.] [**O**]		**C**
- Faxgerät [n.]	- téléfax [m.]; télécopieur[m.];	appareil	**C**
" "	fax [m.] [**O**]		

- **Faxkarte [f.];**	- carte [f.] de télécopie		C
Fax-Modem	" "		C
- **F-Bit-Fehlerrate [f.]**	- taux [m.] d'erreurs sur les bits (TEB)	FRV	C
- **FEC** (Forward Error Correcting)	- FEC	FEC	C
- **Fehlbedienung [f.]**	- fausse manipulation [f.]		
- **Fehleingabe [f.]**	- introduction [f.] de données erronées;		
" "	fausse manipulation [f.]		
- **Fehler [m.] [DIN 44300-1]**	- erreur [f.] (humaine) [NF Z 61-000];	menschlicher Fehler	
" "	erreur [f.]; défaut [m.]		
- **Fehler [m.], absoluter**	- erreur [f.] absolue [NF Z 61-000]		
- **Fehler [m.], aufgetretener**	- défaut [m.] survenu		
- **Fehler [m.], logischer**	- erreur [f.] logique		
- **Fehler [m.], nicht behebbarer**	- erreur [f.] non récupérable		
- **Fehler [m.], relativer**	- erreur [f.] relative [NF Z 61-000]		
- **Fehlerbehandlung [f.]**	- gestion [f.] des erreurs;		
" "	traitement [m.] d'erreurs;		
" "	traitement [m.] des anomalies;		
" "	traitement [m.] des erreurs		
- **Fehlerbehebung [f.]** <	- dépannage [m.] [NF Z 61-000];		
" "	récupération [f.] d'erreurs;		
" "	reprise [f.] sur erreur		
- **Fehlerbenachrichtigung [f.]**	- notification [f.] d'erreur		
- **Fehlerbereich [m.]**	- étendue [f.] d'une erreur [NF Z 61-000]		
- **Fehlerbeseitigung [f.]** ...	- dépannage [m.] [NF Z 61-000]		
- **Fehlercode [m.]**	- code [m.] d'erreur		
- **Fehlereingrenzung [f.]**	- localisation [f.] de fautes;		
" "	localisation [f.] d'erreurs		
- **fehlererkennender Code [m.]**	- code [m.] détecteur d'erreur(s)		
- **Fehlererkennung [f.]**	- détection [f.] d'erreur		
- **Fehlererkennungscode [m.] [DIN 44300]**	- code [m.] détecteur d'erreur(s)		
- **Fehlerfreiheit [f.]**	- exactitude [f.] [NF Z 61-000]	accuracy	
- **fehlerhaft**	- défectueux;	Geräteteil z.B.	
" "	erroné;	Meldung, Befehl z.B.	
" "	entaché d'erreurs	" "	
- **Fehlerhäufigkeit [f.]**	- taux [m.] d'erreurs;		
" "	taux [m.] de défaillance;		
" "	fréquence [f.] d'erreurs		

- **Fehlerkorrektur [f.]**	- correction [f.] d'erreur		
- **Fehlerkorrekturcode [m.] [DIN 44300]**	- code [m.] correcteur d'erreur(s)		
- **fehlerkorrigierender Code [m.]**	- code [m.] correcteur d'erreur(s)		
- **Fehlerlokalisierung [f.]**	- localisation [f.] de fautes;		
" "	localisation [f.] d'erreurs		
- **Fehlermeldung [f.]**	- message [m.] d'erreur;		
" "	message [m.] de défaut;		
" "	signalisation [f.] des erreurs		
- **Fehlern [m.p.] (mit ... behaftet)**	- entaché d'erreurs		
- **Fehlerrate [f.]**	- taux [m.] d'erreurs		
- **Fehlerschutz [m.]**	- protection [f.] contre les erreurs		
- **Fehlersuche [f.]**	- déverminage [m.];	Debugging	S
" "	localisation [f.] des erreurs		
- **Fehlertext [m.]**	- message [m.] d'erreur		
- **fehlertolerantes System [n.]** <—	- système [m.] insensible aux défaillances;		
" "	système [m.] insensible aux pannes;		
" "	système [m.] tolérant les défaillances;		
" "	système [m.] tolérant les pannes		
- **Fehlertoleranz [f.]**	- insensibilité [f.] aux défaillances;		
" "	insensibilité [f.] aux pannes;		
" "	tolérance [f.] des défaillances;		
" "	tolérance [f.] des pannes;		
" "	tolérance [f.] aux incidents;		
" "	tolérance [f.] aux fautes		
- **fehlertolerierendes System [n.]** ..	- système [m.] tolérant les pannes		
- **Fehlerüberwachung [f.] [DIN 44302]**	≈ procédure [f.] de contrôle		C
- **Fehlerüberwachungseinheit [f.] [DIN 44302]**	- contrôleur [m.] de communication		C
- **Fehlfunktion [f.]**	- anomalie [f.] de fonctionnement;		
" "	incident [m.] de fonctionnement;		
" "	fonctionnement [m.] anormal;		
" "	dysfonctionnement [m.]		
- **Feld [n.]**	- case [f.];	Diagramm, Tabelle, Maske	
" "	champ [m.];	Datenbank z.B.	Db
" "	tableau [m.];	Datentyp	S
" "	zone [f.]	Bereich	
- **Feld [n.], magnetisches**	- champ [m.] magnétique		E
- **Feld [n.] von Zeigern**	- tableau [m.] de pointeurs		S
- **Feldeffekttransistor [m.]**	- transistor [m.] à effet de champ	FET	E
- **feldprogrammierter Festwertspeicher [m.] [DIN 44 476]**	- mémoire [f.] à lecture seule à contenu programmable par l'utilisateur [CEI 147-OE]		Mm
- **Feldrechner [m.]**	- ordinateur [m.] vectorisé		H
- **Feld-Trennzeichen [n.]**	- séparateur [m.] de champ	Assembler	

- **Fenster [n.]**	- fenêtre [f.]		S
- **Fenstertechnik [f.]**	- fenêtrage [m.]		S
- **Fernabfrage [f.]**	- interrogation [f.] à distance;	Anrufbeantworter	C
" "	téléconsultation [f.]	Datenbank	C
- **Fernalarm [m.]**	- télé-alarme [f.]		C
- **Fernamt [n.]**	- interurbain [m.] ; inter [m.] [O]		C
- **Fernarbeit [f.]**	- télétravail [m.]		C
- **Fernbedienung [f.]**	- télécommande [f.];		C
" "	commande [f.] à distance		C
- **Fernbetriebseinheit [f.]**	- contrôleur [m.] de communication;		C
" "	unité [f.] de contrôle de transmission		C
- **Fernerkundung [f.]**	- télédétection [f.]		C
- **Fernkopie [f.]**	- télécopie [f.]		C
- **Fernkopierempfänger [m.]**	- récepteur [m.] de télécopies	am Faxgerät	C
- **Fernkopieren [n.]**	- transmission [f.] de télécopies;		C
" "	télécopie [f.]	technique	C
- **Fernkopierer [m.];**	- télécopieur [m.]; téléfax [m.]		C
Fernkopiergerät [n.]	" "		C
- **Fernkopiersender [m.]**	- émetteur [m.] de télécopie	am Faxgerät	C
- **Fernmeldewesen [n.]**	- télécommunications [f.p.]		C
- **Fernmeßtechnik [f.]**	- télémétrie [f.]		C
- **Fernmessung [f.]**	- télémesure [f.];	opération	C
" "	télémétrie [f.]	technique	C
- **Fernschreibcode [m.]**	- code [m.] télex;		C
" "	code [m.] télégraphique international;		C
" "	code [m.] télégraphique à 5 moments		C
- **Fernschreiben [n.]**	- télégraphie [f.];		
" "	télex [m.]		
- **Fernschreiber [m.]**	- téléimprimeur [m.];		C
" "	téléscripteur [m.]		C
- **Fernschreibleitung [f.]**	- ligne [f.] télégraphique		
- **Fernschreibmaschine [f.]**	- téléimprimeur [m.];		C
" "	téléscripteur [m.]		C
- **Fernschreibnetz [n.]**	- réseau [m.] télégraphique		C
- **Fernsehen [n.]**	- télévision [f.]		C
- **Fernsignal [n.]**	- télésignal [m.]		C
- **Fernsignalisierung [f.]**	- télésignalisation [f.]		C
- **Fernspeiseeinheit [f.]**	- unité [f.] de télé-alimentation		C

- **Fernsprechen [n.]**	- téléphonie [f.]	Technik	**C**
- **Fernsprechapparat [m.]; Fernsprecher [m.]**	- téléphone [m.]		**C**
- **Fernsprechkanal [m.]**	- voie [f.] téléphonique;		**C**
" "	voie [f.] de type téléphonique		**C**
- **Fernsprechkonferenz [f.]**	- audioconférence [f.]		**C**
- **Fernsprechleitung [f.]**	- ligne [f.] téléphonique		
- **Fernsprechvermittlungsstelle [f.]**	- central [m.] téléphonique		**C**
- **Fernsteuerung [f.]**	- télécommande [f.];		**C**
" "	commande [f.] à distance		**C**
- **fernübertragen**	- transmettre à distance		**C**
- **Fernübertragung [f.]**	- télétransmission [f.]		**C**
- **Fernüberwachung [f.]**	- télésurveillance [f.]		**C**
- **Fernverarbeitung [f.]**	- télétraitement [m.];		**C**
" "	traitement [m.] à distance		
- **Fernverkehr [m.]**	- trafic [m.] interurbain	Telefon	**C**
- **Fernwahl [f.]**	- sélection [f.] à distance;		**C**
" "	sélection [f.] interurbaine		**C**
- **Fernwartung [f.]**	- télémaintenance [f.]		**C**
- **Fernwirk-...**	- télé-action [f.]		**C**
- **Fernwirkung [f.]**	- effet [m.] de bord		
- **Fernzugriff [m.]**	- accès [m.] à distance		
- **Ferrit [m.]**	- ferrite [m.]		**E**
- **Ferritkern [m.]**	- tore [m.] de ferrite [NF Z 61-000]		**Mm**
- **Ferritkernspeicher [m.]**	- mémoire [f.] à ferrites [NF Z 61-000];		**Mm**
" "	mémoire [f.] à tores de ferrite;		**Mm**
" "	mémoire [f.] à tores magnétiques [NF Z 61-000]		**Mm**
- **Fertigung [f.], rechnerunterstützte**	- fabrication [f.] assistée par ordinateur (FAO)	CAP	
- **Fertigungswirtschaft [f.], rechnerunterstützte**	- production [f.] assistée par ordinateur (PAO)		
- **fest verdrahtet**	- câblé à demeure		**E**
- **fester Datensatz [m.]**	- enregistrement [m.] de taille fixe	Datenbank	**Db**
- **festes Satzformat [n.] [DIN 66257]**	- format [m.] de bloc fixe [NF Z 61-000]		**NC**
- **Festkomma [n.]**	- virgule [f.] fixe;		
" "	séparation [f.] fixe		

- **Festkommadarstellung [f.]; Festkommaschreibweise [f.] [DIN 44300]**	- numération [f.] à séparation fixe [NF Z 61-000];		
" "	représentation [f.] à séparation fixe;		
" "	représentation [f.] à virgule fixe;		
" "	numération [f.] à virgule fixe [NF Z 61-000]		
- **Festkommazahl [f.]**	- nombre [m.] à virgule fixe		
- **Festplatte [f.]**	- disque [m.] dur;	Hartplatte	**H**
" "	disque [m.] fixe	# Wechselplatte	**H**
- **Festplatten-Kontroller [m.]**	- contrôleur [m.] de disque		
- **Festplattenlaufwerk [n.]**	- unité [f.] disque dur		**H**
- **festprogrammierter Festwert-speicher [m.] [DIN 44 476 T1]**	- mémoire [f.] à lecture seule à contenu fixé par construction [CEI 147-OE]		**Mm**
- **Festpunkt [m.]**	- séparation [f.] fixe		
- **Festpunktdarstellung [f.]; Festpunktschreibweise [f.] [DIN 44300-2]**	- numération [f.] à séparation fixe [NF Z 61-000];		
" "	représentation [f.] à séparation fixe;		
" "	représentation [f.] à virgule fixe; numération [f.] à virgule fixe [NF Z 61-000]		
- **Festspeicher [m.] [DIN 44476]** <	- mémoire [f.] fixe [NF Z 61-000];	ROM	**Mm**
" "	mémoire [f.] morte [NF Z 61-000];	" "	**Mm**
" "	mémoire [f.] permanente;	" "	**Mm**
	mémoire [f.] à lecture seule [CEI 147-OE]	" "	**Mm**
- **Festspeicher [m.],** programmierbarer	- mémoire [f.] morte programmable	PROM	**Mm**
- **Festspeicher [m.], wieder-programmierbarer**	- mémoire [f.] morte reprogrammable	REPROM	**Mm**
- **festverdrahtet**	- câblé (à demeure)		**E**
- **Festwertspeicher [m.] [DIN 44476]** ...	- mémoire [f.] fixe [NF Z 61-000]	ROM	**Mm**
- **Festwertspeicher [m.], feldprogrammierter [DIN 44 476]**	- mémoire [f.] à lecture seule à contenu programmable par l'utilisateur [CEI 147-OE]		**Mm**
- **Festwertspeicher [m.], festprogrammierter [DIN 44 476]**	- mémoire [f.] à lecture seule à contenu fixé par construction [CEI 147-OE]		**Mm**
- **Festwertspeicher [m.], maskenprogrammierbarer [DIN 44 476]**	- mémoire [f.] à lecture seule programmable par masque [CEI 147-OE]		**Mm**

- Festwertspeicher [m.], mehrfach programmierbarer [DIN 44 476]	- mémoire [f.] à lecture seule reprogrammable [CEI 147-OE]		**Mm**
- Festwertspeicher [m.], programmierbarer [DIN 44476]	- mémoire [f.] programmable à lecture seule [CEI 147-OE]		**Mm**
- Festzusammenschaltung [f.]	- connexion [f.] fixe		**C**
- fett	- gras	Schrift	**T**
- Fettdruck [m.]	- impression [f.] caractères gras		**Pr**
- Fibonacci-Folge [f.]	- suite [f.] de Fibonacci		**M**
- FIFO (First in, First out)	- FIFO (first in, first out);	FIFO	**Mm**
" "	premier entré, premier sorti	FIFO	**Mm**
- File Allocation Table [f.] (FAT)	- table [f.] d'allocation des fichiers	FAT	
- Filter [m.]	- filtre [m.]	Datenbank z.B.	**Db**
- Finanzverwaltung [f.]	- gestion [f.] financière		
- Firmware [f.]	- firmware [f.];		
" "	≈ microprogrammé		
- Flachbettplotter [m.]; Flachbettzeichengerät [n.]	- traceur [m.] à plat " "		**Pr** **Pr**
- Flag; Flagge [f.]	- indicateur [m.]; drapeau [m.];		
" "	indicateur [m.] d'état;		**C**
" "	fanion [m.]	Rahmen z.B.	**C**
- Flag-Register [n.]	- registre [m.] d'état;		
" "	registre d'indicateurs;		
" "	registre d'indicateurs de test		
- Flagspeicher [m.]	- mémoire [f.] d'indicateur		**Mm**
- Flanke [f.]	- front [m.]	Impuls	**E**
- Flanke [f.], abfallende; Flanke [f.], absteigende	- front [m.] de descente " "	" " " "	**E** **E**
- Flanke [f.], aufsteigende	- front [m.] de montée	" "	**E**
- Flattern [n.]	- écroulement [m.];	Speicher	**Mm**
" "	tassage [m.]	" "	**Mm**

"Ecroulement", "Tassage"
Phénomène pouvant survenir dans un système d'exploitation multiprogrammes lorsque le nombre de processus dépasse un certain seuil et que les temps de réponse prennent des proportions démesurées.

- Flattersatz [m.]	≈ saisie [f.] au kilomètre;	**T**
" "	≈ texte [m.] non justifié (à droite)	**T**
- flicken	- rapiécer [NF Z 61-000]	
- fliegender Druck [m.]; fliegendes Drucken [n.]	- impression [f.] à la volée " "	**Pr** **Pr**
- Fließbandverarbeitung [f.]	- traitement [m.] "pipeline"	
- Fließbandverfahren [n.]	- système [m.] de pipeline	

- Fließkomma [n.]	- virgule [f.] flottante		
- Fließkommazahl [f.]; Fließpunktzahl [f.]	- nombre [m.] en virgule flottante " "		
- Flipflop [m.]	- bascule [f.] bistable		**E**
- Flipflop [m.], astabiler	- bascule [f.] astable		**E**
- Flipflop-Schaltung [f.]	- bascule [f.] bistable		**E**
- Floppy Controller Karte [f.]	- contrôleur [m.] de lecteur de disquettes		**Di**
- Floppy Disc	- disquette [f.] [NF Z 61-000];		**Di**
" "	disque [m.] souple [-∞]		**Di**
- flüchtig	- volatile	Speicher	**Mm**
- flüchtiger Speicher [m.]	- mémoire [f.] volatile [CEI 147-OE];		**Mm**
" "	mémoire [f.] non rémanente [NF Z 61-000]		**Mm**

"Flüchtiger Speicher"
Bezeichnung für Speicher, die bei Unterbrechung der Stromversorgung ihren Inhalt verlieren. Andere Bezeichnungen: energieabhängiger Speicher, nicht permanenter Speicher, nicht remanenter Speicher.

- Flüchtigkeit [f.]	- volatilité [f.]	Speicher	**Mm**
- Fluchtsymbol [n.];	- caractère [m.] d'échappement		**S**
Fluchtzeichen [n.]	" "		**S**
- Flügeltelegraph [m.]	- sémaphore [m.]		
- Flußdiagramm [n.]	- organigramme [m.] [NF Z 61-000];		**S**
" "	organigramme [m.] de		**S**
" "	traitement de l'information;		
" "	ordinogramme [m.]		**S**
- Flüssigkeitsbildschirm [m.]	- écran [m.] à cristaux liquides;		**H**
" "	écran [m.] LCD		**H**
- Flüssig-Kristall-Anzeige [f.]	- afficheur [m.] à cristaux liquides		**H**
- Flüssigkristall-Bildschirm [m.]	- écran [m.] à cristaux liquides;		**H**
" "	écran [m.] LCD		**H**
- Flußkontrolle [f.]	- contrôle [m.] de flux		**C**
- Flußlinie [f.]	- ligne [f.] de liaison [NF Z 61-000]	Datenflußplan	**S**
- Folge [f.]	- séquence [f.] [NF Z 61-000];		
" "	chaîne [f.]; suite [f.]; série [f.]		
- Folgerung [f.]	- inférence [f.]		
- Folgerung [f.], logische	- inférence [f.] logique		
- Folgeschaltung [f.] [DIN 44300-5]	- circuit [m.] séquentiel [NF Z 61-000]		**E**
- Folgesteuerung [f.] [DIN 44302]	≈ fonction [f.] secondaire		**C**
- Folientastatur [f.]	- clavier [m.] à membrane;		**H**
" "	clavier [m.] à touches recouvertes d'une membrane		**H**
- Form [f.]	- forme [f.]		

- **formale Logik [f.]**	- logique [f.] formelle [NF Z 61-000]		**Lo**
- **formaler Parameter [m.]**	- paramètre [m.] formel		**S**
- **Format [n.] [DIN 44300]**	- format [m.] [NF Z 61-000];		
" "	forme [f.]; modèle [m.]		
- **Formatelement [n.]**	- spécificateur [m.] de format		**S**
- **formatieren**	- formater	Text/Diskette	

FORMAT [Laufwerk.] [/4] [/F:Format] [/N:Sekt] [S] [T:Spuren] [/V:[:Name]]

/4 = Auswahl des 360 KB Formats bei Laufwerken mit höherer Kapazität
/F: Format = definiert die Speicherkapazität des zu formatierenden Datenträgers
/N:Sekt = definiert die Anzahl der Sektoren
/T:Spuren = definiert die Anzahl der Spuren
/V[:Name] = Eingabe des Datenträgernamens

Die wichtigsten Diskettenformate unter DOS

Diskettentyp	Laufwerk	Spuren	Sektoren	tpi
5,25" 2S/DD	360 Kbyte	40	9	48
5,25" 2S/HD	1,2 Mbyte	80	15	96
3,5" 2S/DD	720 Kbyte	80	9	135
3,5" 2S/HD	1,44 Mbyte	80	18	135

- **Formatierleiste [f.]**	- règle [f.] de mise en forme		**T**
- **formatierte Ausgabe [f.]**	- sortie [f.] formatée;		**S**
" "	lecture [f.] formatée		**S**
- **formatierte Eingabe [f.]**	- entrée [f.] formatée;		**S**
" "	écriture [f.] formatée		**S**
- **Formatierung [f.]**	- formatage [m.]		**T**
- **Formatierungszeichen [n.]**	- signe [m.] de formatage		**S**
- **Formatsteuerzeichen [n.] [DIN 44300-2]**	- caractère [m.] de mise en page [NF Z 61-000];		**S**
" "	caractère [m.] de présentation [NF Z 61-000]		**S**
- **Formatumstellung [f.]**	- changement [m.] de format		
- **Formblatt [n.]**	- bordereau [m.]; formulaire [m.]		**Pr**
- **Formfehler [m.]**	- erreur [f.] de syntaxe	Syntaxfehler	
- **Formular [n.]**	- feuillet [m.];	Endlospapier	**Pr**
" "	formulaire [m.];	Vordruck	**Pr**
" "	bordereau [m.];	" "	**Pr**
" "	imprimé [m.]	" "	**Pr**

- **Formularvorschub [m.]**	- présentation [f.] de feuille;	ASCII 12 [] [FF]	
" "	présentation [f.] de formule;	ASCII 12 [] [FF]	
" "	saut [m.] de page;	ASCII 12 [] [FF]	
" "	saut [m.] de papier		
- **Formularvorschubzeichen [n.]**	- caractère [m.] de présentation de feuille [NF Z 61-000]	ASCII 12 [] [FF]	
- **Forschung [f.]**	- recherche [f.]	étude	
- **FORTH**	- FORTH	Programmiersprache	**S**
- **FORTRAN**	- FORTRAN	Programmiersprache	**S**
- **Fotodiode [f.]**	- photodiode [f.]		**E**
- **Fotosatz [m.]**	- photocomposition [f.]		**T**

- **Fototransistor [m.]**	- phototransistor [m.]		**E**
- **Fotowiderstand [m.]**	- photorésistance [f.]		**E**
- **Fotozelle [f.]**	- cellule [f.] photo-électrique		**E**
- **Fourier-Reihe [f.]; Fouriersche Reihe [f.]**	- série [f.] de Fourier		**M**
	" "		**M**
- **Fourier-Transformation [f.]**	- transformée [f.] de Fourier		**M**
- **Fourier-Transformation [f.], diskrete**	- transformée [f.] de Fourier discrète		**M**
- **Fourier-Transformation [f.], schnelle**	- transformée [f.] rapide de Fourier		**M**
- **Fragezeichen [n.]**	- point [m.] d'interrogation	ASCII 63 [?] []	
- **Fragmentierung [f.]**	- fragmentation [f.]		
- **Frame Check Sequence**	- séquence [f.] de contrôle de trame	FCS	**C**
- **französische Tastatur [f.]**	- clavier [m.] AZERTY;		**H**
" "	clavier [m.] français		**H**
- **Fräserradius-Bahnkorrektur [f.] [DIN 66257]**	- compensation [f.] d'outil normale à sa trajectoire		**NC**
- **Freigabe [f.]**	- autorisation [f.];		
" "	libération [f.];		
" "	validation [f.]		
- **Freigabezeit [f.] [DIN 44476-2]**	- temps [m.] de validation		
- **freigeben**	- libérer; valider		
- **freigeben (wieder ...)**	- restituer		
- **Freihandzeichen [n.]**	- dessin [m.] à main levée	Zeichenprogramm	
- **Freiheitsgrad [m.]**	- degré [m.] de liberté	Roboter z.B.	**R**
- **Freiplatzverwaltung [f.]; Freispeicherverwaltung [f.]**	- gestion [f.] de mémoire libre		**Mm**
	" "		**Mm**
- **Freisprechen [n.]**	- fonction [f.] mains libre	Telefon	**C**
- **Freizustand [m.] [DIN 44331]**	- état [m.] libre; état [m.] vacant		**C**
- **fremdartige Attraktoren [m.p.]**	- attracteurs [m.p.] étranges		
- **Fremdatome [n.p.]**	- impuretés [f.p.] de dopage	Halbleiter	**E**

Deutsch	Français	Bemerkung	
- Frequenz [f.]	- fréquence [f.]		**E**
- Frequenz [f.], hörbare	- fréquence [f.] audible		**E**
- Frequenzband [n.]	- bande [f.] de fréquences		**C**
- Frequenzbereich [m.]	- gamme [f.] de fréquences;		**E**
" "	plage [f.] de fréquences		**E**
- Frequenzgang [m.]	- réponse [f.] en fréquence		**C**
- Frequenzmodulation [f.]	- modulation [f.] de fréquence		**C**
- Frequenzmultiplexbetrieb [m.]	- multiplexage [m.] en fréquence		**C**
- Frequenzvervielfacher [m.]	- multiplicateur [m.] de fréquence		**C**
- Front-End-Rechner [m.]	- ordinateur [m.] frontal;		**H**
" "	ordinateur [m.] de gestion de lignes		**H**
- Frontplatte [f.]	- face [f.] avant;		**H**
" "	plaque [f.] frontale		**H**
- Fühler [m.]	- capteur [m.] [NF Z 61-000]; sonde [f.]		**E**
- führende Null [f.]	- zéro [m.] à gauche		
- Führungsloch [n.]	- trou [m.] d'entraînement	Endlospapier	**Pr**
- Führungslöcher [n.p.]	- perforation [f.] d'entraînement	" "	**Pr**
- Führungsstreifen [m.]	- bande [f.] Caroll;	" "	**Pr**
" "	bande [f.] marginale	" "	**Pr**
" "	d'entraînement; rive [f.]	" "	**Pr**
- Füllen [n.]	- remplissage [m.] [NF Z 61-000]		
- füllen	- remplir		
- Füllmuster	- motif [m.] de remplissage	Zeichenprogramm	**S**
- Füllzeichen [n.] [DIN 44300]	- caractère [m.] de remplissage [NF Z 61-000]		
- Füllzeichenfolge [f.]	- élément [m.] de remplissage [NF Z 61-000]		
- Funktion [f.]	- fonction [f.];	Programmfunktion insb.	**S**
" "	fonctionnement [m.];	Betrieb; Lauf	
" "	fonctionnalité [f.]	Merkmal eines Programmes z.B.	
- Funktion [f.], aufrufende	- fonction [f.] appelante		**S**
- Funktion [f.], benutzerdefinierte	- fonction [f.] auto-définie		**S**
- Funktion [f.], boolesche	- fonction [f.] booléenne		**Lo**
- Funktion [f.], kontinuierliche	- fonction [f.] continue		**M**
- Funktion [f.], logische	- fonction [f.] logique		**Lo**
- Funktionsaufruf [m.]	- appel [m.] de fonction		**S**
- Funktionsbeschreibung [f.]	- fonctionnement [m.]	description	
- Funktionsbibliothek [f.]; Funktionsbücherei [f.]	- librairie [f.] de fonctions		**S**
Funktionsbücherei [f.]	" "		**S**
- Funktionseinheit [f.] [DIN 44300-1]	- unité [f.] fonctionnelle [NF Z 61-000]		**E**
- Funktionsprozedur [f.]	- fonction [f.]		**S**
- Funktionsprüfprogramm [n.]	- programme [m.] de test		**S**
- Funktionsrumpf [m.]	- corps [m.] de fonction		**S**
- Funktionstastatur [f.]	- clavier [m.] de fonctions		**H**
- Funktionstaste [f.]	- touche [f.] de fonction		**H**

- fußgesteuert	- avec test [m.] à la fin;	Schleife	**S**
" "	avec test [m.] de condition à la fin	" "	**S**
- Fußnote [f.]	- note [f.] de bas de page		**T**
- Fußzeile [f.]	- bas [m.] de page;		**T**
" "	pied [m.] de page;		**T**
" "	footer [m.] [⊠]		**T**

G

- **GAA [m.]** (Geldausgabeautomat)	- distributeur [m.] automatique de		**Ba**
" "	billets; billetterie [f.]		**Ba**
- **Galliumarsenid [n.]**	- arséniure [m.] de gallium	[GaAs]	**E**
- **Galois-Feld [n.]**	- corps [m.] de Galois		**M**
- **galvanische Trennung [f.]**	- séparation [f.] galvanique		**E**
- **ganze Zahl [f.]; Ganzzahl [f.]**	- entier [m.];		**M**
" "	nombre [m.] entier		**M**
- **ganzzahliger Teil [m.]**	- partie [f.] entière	Zahl	**M**
- **Gartenzaun [m.] [O]**	- fagot [m.] [O]	ASCII 35 [#] []	
- **Gateway [n.]**	- passerelle [f.]		**C**
- **Gatter [n.]**	- porte [f.]		**Lo**
- **Geber [m.]**	- capteur [m.] [NF Z 61-000]		**E**
- **geblockter Datensatz [m.];**	- enregistrement [m.] bloqué		**Db**
geblockter Satz [m.]	" "		**Db**

"Enregistrement bloqué"
"Bloqué" ne s'entend pas ici au sens de verrouillé ou "gesperrt" mais qualifie un enregistrement physique regroupant plusieurs enregistrements logiques (bloc).

- **Gebührenanzeiger [m.]**	- compteur [m.] d'unités	Telefon	**C**
- **Gebührenerfassung [f.] [DIN 44331]**	- taxation [f.]	" "	**C**
- **Gebührentimer [m.];**	- compteur [m.] d'unités	" "	**C**
Gebührenzähler [m.]	" "	" "	**C**
- **Gedankenstrich [m.]**	- tiret [m.]	ASCII 45 [-] []	
- **gedruckte Leiterplatte [f.];**	- circuit [m.] imprimé		**E**
gedruckter Schaltkreis [m.]	" "		**E**
- **geerdet**	- mis à la terre		**E**

- **Gegenbetrieb [m.] [DIN 44302]**	- mode [m.] bidirectionnel simultané;	C
" "	transmission [f.] bidirectionnelle simultanée; transmission [f.] en	C
" "	duplex	C

"Transmission en duplex", "transmission bidirectionnelle simultanée", "mode bidirectionnel" "Gegenbetrieb", "beidseitige Datenübermittlung"
Mode de transmission de données selon lequel celles-ci peuvent être transmises dans les deux sens à la fois.

- **Gegenkopplung [f.]**	- contre-réaction [f.];	E
" "	rétroaction [f.] négative	E
- **gegenseitige Blockierung [f.]**	- interblocage [m.]	
- **Gegensprechanlage [f.]**	- interphone [m.]	
- **Gegensprechen [n.]**	- diaphonie [f.];	C
" "	cross-talk [m.] [☒]	C
- **Gegenstelle [f.]**	- station [f.] distante	C
- **Gehäuse [n.]**	- boîtier [m.]	H

"Gehäuse"
Dieses Wort bereitet dem Französisch-Übersetzer oft Kopfzerbrechen, da es mehrere Übersetzungsmöglichkeiten gibt.
Hier ein paar Tips:

- **bei elektronischen Bauteilen sowie Relais ___ boîtier**
- **bei Pumpen, Hydraulik-und Pneumatikzylindern sowie bei Ventilen, Hähnen ______ corps**
- **bei Ventilatoren ________________________ enveloppe**
- **bei Blechgehäusen bzw. -kästen _________ boîtier**
- **bei Getrieben und Verbrennungsmotoren sowie Ölwannen ______________ carter**

- **Gehe zu ...**	- aller à ...	Funktion	
- **Geheimcode [m.];**	- code [m.] secret		
Geheimschlüssel [m.]	" "		
- **Geheimverschlüsselung [f.]**	- cryptographie [f.]		
- **gekettete Datei [f.]**	- fichier [m.] chaîné		
- **Geldausgabeautomat [m.] (GAA);**	- distributeur [m.] automatique		H
Geldausgabegerät [n.]	de billets; billetterie [f.]		H
- **Gemeine [f.]**	- bas [m.] de case (bdc);		T
" "	minuscule [f.]		T
- **gemeinsamer Nenner [m.]**	- dénominateur [m.] commun		M
- **Genauigkeit [f.]**	- précision [f.] [NF Z 61-000]		
- **Genauigkeit [f.], doppelte**	- double précision [f.] [NF Z 61-000]		S
- **Genauigkeit [f.], einfache**	- simple précision [f.] [NF Z 61-000]		S
- **Generation [f.]**	- génération [f.]	Rechner, Datei usw.	
- **Generator [m.] [DIN 44300]**	- générateur [m.] [NF Z 61-000]		

Deutsch	Français	Bemerkung	
- generieren	- générer; engendrer		
- Generierung [f.]	- génération [f.]	Programm z.B.	**S**
- geometrische Reihe [f.]	- progression [f.] géométrique		**M**
- geordneter Baum [m.]	- arbre [m.] ordonné		
- geplante Wartung [f.]	- entretien [m.] systématique [NF Z 61-000]		
- gepuffert	- tamponné		
- gerade	- pair		**M**
- Geradeausprogrammierung [f.]	- programmation [f.] sans boucle [NF Z 61-000]		**S**
- geradlinige Bewegung [f.]	- mouvement [m.] rectiligne	Roboter z.B.	**R**
- geradzahlig	- de nombre pair; pair		**M**
- Geradzahligkeit [f.]	- parité [f.] paire; parité [f.]		
- Gerät [n.]	- appareil [m.]; unité [f.]; organe [m.]		**H**
- Gerät [n.], peripheres	- organe [m.] périphérique [NF Z 61-000];		**H**
" "	unité [f.] périphérique [NF Z 61-000];		**H**
" "	périphérique [m.]		**H**
- Gerätesteuerzeichen [n.] [DIN 44300-2]	- caractère [m.] de commande d'appareil [NF Z 61-000]		
- Gerätetreiber [m.]	- pilote [m.] d'unité;		**S**
" "	pilote [m.] de périphérique;		**S**
" "	gestionnaire [m.] de périphérique		**S**
- Geräteverwaltung [f.]	- gestion [f.] des périphériques	E/A-System	**S**
- Geräuschabstand [m.]	- rapport [m.] signal bruit	S/N	**C**
- geräuscharm	- silencieux	Drucker z.B.	
- gerichtet	- orienté	Graph z.B.	
- gerichtete Abtastung [f.]	- balayage [m.] cavalier	Bildschirm z.B.	
- gerichteter Graph [m.]	- graphe [m.] orienté		
- Germanium [n.]	- germanium [m.]	[Ge]	**E**
- gerufene Station [f.] [DIN 44302]	- station [f.] appelée		**C**
- geschachtelte Unterprogramme [n.p.]	- sous-programmes [m.p.] emboîtés		**S**
- geschirmt	- blindé		**E**
- geschlossene Benutzergruppe [f.]	- groupe [m.] fermé d'abonnés;		**C**
" "	groupe [m.] fermé d'usagers		**C**
- geschlossener Rechenzentrums-betrieb [m.]	≈ portes [f.p.] fermées	centre de calcul	
- geschützter Speicherbereich [m.] [DIN 44300-6]	- emplacement [m.] protégé [NF Z 61-000]	mémoire	**Mm**
- geschützter Wortzwischenraum [m.];	- espace [m.] insécable		**T**
geschütztes Leerzeichen [n.]	" "		**T**

- geschweifte Klammer [f.]	- accolade [f.]	ASCII 123+125 [{,}] []	
- geschweifte Klammer [f.], linke;	- accolade [f.] ouvrante	ASCII 123 [{] []	
geschweifte Klammer [f.], öffnende	" "		
- geschweifte Klammer [f.], rechte	- accolade [f.] fermante	ASCII 125 [}] []	
- geschweifte Klammer [f.], schließende	" "		
- Geschwindigkeit [f.]	- vitesse [f.]		**C**
- Gesetz [n.], ohmsches	- loi [f.] d'Ohm		**E**

U = R x I
U = Spannung in Volt
R = Widerstand in Ohm
I = Strom in Ampere

- gespeichert	- mémorisé;		**Mm**
" "	mis en mémoire;		**Mm**
" "	rangé en mémoire;		**Mm**
" "	enregistré		**Mm**
- gespeichertes Programm [n.]	- programme [m.] enregistré		**S**
- Gespräch [n.]	- communication [f.];	Telefon	**C**
" "	conversation [f.] téléphonique;	" "	**C**
" "	appel [m.] téléphonique	" "	**C**
- Gesprächsdaten [p.]	- caractéristiques [f.p.] des appels téléphoniques	" "	**C**
- Gesprächsgebühr [f.];	- taxe [f.] téléphonique		**C**
Gesprächstaxe [f.] [CH]	" "		**C**
- Gestell [n.]	- bâti [m.]		**H**
- Gestellrahmen [m.]	- châssis [m.]; rack [m.]		**H**
- getrennte Liste [f.]	- listing [m.] éclaté		**Pr**
- Gewichtung [f.]	- pondération [f.]		
- Gibson-Mix [n.]	- Gibson mix [m.]		**S**
- Gitter [n.]	- grille [f.]; porte [f.]		**E**
- Glasfaser [f.]	- fibre [f.] optique		**E**
- Glasfaserkabel [n.]	- câble [m.] à fibres optiques;		**E**
" "	câble [m.] optique		**E**
- Glätten [n.]	- lissage [m.]	Graphikprogr.	
- Gleichlauf [m.]	- synchronisme [m.]		
- Gleichrichter [m.]	- redresseur [m.]		**E**
- Gleichstrom [m.] (GS)	- courant [m.] continu (CC)	[=]	**E**
- Gleichung [f.]	- équation [f.]		**M**

- **Gleitkomma [n.]**	- virgule [f.] flottante		
- **Gleitkommaschreibweise [f.]** <	- numération [f.] à séparation flottante [NF Z 61-000];		
[DIN 44300-2] " "	numération [f.] à virgule flottante [NF Z 61-000];		
" "	représentation [f.] à virgule flottante [NF Z 61-000]		
- **Gleitkommazahl [f.]**	- nombre [m.] (à) (en) virgule		
- **Gleitpunkt [m.]**	- virgule [f.] flottante;		
" "	séparation [f.] flottante		
- **Gleitpunktdarstellung [f.]; Gleitpunktschreibweise [f.]... [DIN 44300-2]**	- numération [f.] à séparation flottante; numération [f.] à virgule flottante [NF Z 61-000]		
- **Gleitpunktzahl [f.]**	- nombre [m.] (à) (en) virgule flottante		
- **Gleitzeichen [n.]**	- caractère [m.] flottant		
- **Glied [n.]**	- circuit [m.]	UND usw.	Lo
- **global deklarieren**	- déclarer globalement	Variable	S
- **globale Variable [f.]**	- variable [f.] globale		S
- **Glocke [f.]**	- sonnerie [f.]		
- **Grafikdatei [f.]**	- fichier [m.] graphique		
- **Grafikkarte [f.]**	- carte [f.] graphique; carte [f.] écran		E
- **Grafikmodus [m.];**	- mode [m.] graphique		S
grafischer Modus [m.]	" "		S
- **Grammatik [f.]**	- grammaire [f.]		
- **Grammatik [f.], kontextfreie** <	- grammaire [f.] acontextuelle;		
" "	grammaire [f.] hors contexte		
- **Grammatik [f.], kontextsensitive**	- grammaire [f.] contextuelle;		
" "	grammaire [f.] dépendant du contexte		
- **Grammatik [f.], kontextunabhängige**	- grammaire [f.] acontextuelle		
- **Grammatik [f.], reguläre**	- grammaire [f.] régulière		
- **Grammatikregel [f.]**	- règle [f.] de grammaire		
- **Graph [m.]**	- graphe [m.]		
- **Graph [m.], gerichteter**	- graphe [m.] orienté		
- **Graph [m.], ungerichteter**	- graphe [m.] non orienté		
- **Graph [m.], vollständiger**	- graphe [m.] complet		
- **Graphentheorie [f.]**	- théorie [f.] des graphes		
- **Graphikfunktion [f.]**	- fonction [f.] graphique		
- **Graphikmodus [m.]**	- mode [m.] graphique		S
- **Graphik-Tablett [n.]**	- tablette [f.] graphique;		H
" "	table [f.] à numériser		H
- **Graphik-Terminal [n.]**	- console [f.] graphique;		H
" "	terminal [m.] graphique		H
- **graphische Datenverarbeitung [f.]**	- infographie [f.]		
- **graphische Programmiersprache [f.]**	- langage [m.] de programmation graphique		S
- **graphischer Bildschirm [m.]**	- écran [m.] graphique		H

- **graphisches Terminal [n.]**	- terminal [m.] graphique;		**H**
" "	console [f.] graphique;		**H**
" "	unité [f.] de visualisation graphique		**H**
- **graphisches Zeichen [n.]**	- caractère [m.] graphique [NF Z 61-000]; symbole [m.]		
" "	graphique [NF Z 61-000]		
☞ *Siehe auch "grafisch ..., Graphik..."*			
- **Graustufen-Wiedergabe [f.]**	- télécopie [f.] nuancée	Faxgerät	**C**
- **Gray-Code [m.]**	- code [m.] de Gray;		
" "	code [m.] binaire réfléchi		
- **Greifer [m.]**	- pince [f.]	Roboter z.B.	**R**
- **Großbuchstabe [m.]**	- capitale [f.]; majuscule [f.]		**T**
- **Größe [f.], physikalische**	- grandeur [f.] physique		
- **Großintegration [f.]**	- intégration [f.] à grande échelle	LSI (100...500 G/Chip)	
- **Großraumspeicher [m.]** <—	- mémoire [f.] de masse [NF Z 61-000];		**Mm**
" "	mémoire [f.] de grande capacité [NF Z 61-000]		**Mm**
- **Großrechner [m.]**	- gros ordinateur [m.]		**H**
- **Großschreibung [f.]**	- écriture [f.] majuscule;		**H**
" "	motion [f.] haute;	Tastatur	**H**
" "	corbeille [f.] haute	" "	**H**
- **Großspeicher [m.]** ...—	- mémoire [f.] de masse [NF Z 61-000]		**Mm**
- **Grundadresse [f.]**	- adresse [f.] de base [NF Z 61-000];		**Mm**
" "	adresse [f.] base [NF Z 61-000]		**Mm**
- **Grunddatentypen [m.p.]**	- types [m.p.] de base;	données	**S**
" "	types [m.p.] fondamentaux	" "	**S**
- **Grundfarbe [f.]**	- couleur [f.] fondamentale		
- **Grundfrequenz [f.]**	- fréquence [f.] de base		**C**
- **Grundlagenforschung [f.]**	- recherche [f.] fondamentale		
- **Grundleitung [f.]**	- ligne [f.] de base		**C**
- **Grundrechenarten (die 4 ...) [f.p.]**	- opérations [f.p.] arithmétiques (les 4 ...)		**M**
- **Grundtypen [m.p.]**	- types [m.p.] de base;		
" "	types [m.p.] fondamentaux		
- **Grundzustand [m.]**	- état [m.] initial	Roboter z.B.	**R**
- **GS [m.]** (Gleichstrom)	- CC [m.] (courant continu)	[=]	**E**
- **Guardton [m.]**	- tonalité [f.] de garde		**C**
- **Gültigkeit [f.]**	- validité [f.]		
- **Gültigkeitskontrolle [f.]**	- contrôle [m.] de validité		**S**

- Hacker [m.]	- pirate [m.]; intrus [m.]		**C**
- Häkchen [n.] [-∞]	- apostrophe [f.]	ASCII 39 ['] []	
- Halbaddierer [m.]	- demi-additionneur [m.] [NF Z 61-000]		**E**
- Halbbyte [n.]	- demi-octet [m.]; quartet [m.]	4 bits	
- Halbduplex(betrieb) [m.]	- mode [m.] bidirectionnel alterné;		**C**
" "	transmission [f.] bidirectionnelle		**C**
" "	à l'alternat; transmission [f.] bidirectionnelle non simultanée;		**C**
" "	transmission [f.] en semi-duplex;		**C**
" "	mode [m.] bidirectionnel non simultané		**C**

"Halbduplex" "Wechselbetrieb" "wechselseitige Datenübermittlung" "transmission (bidirectionnelle) à l'alternat" "transmission en semi-duplex" "mode bidirectionnel alterné"
Transmission sur un circuit de données dans un sens ou dans l'autre, le choix du sens étant commandé par le terminal.

- halbfett	- demi-gras	Schrift	**T**
- Halbleiter [m.]	- semi-conducteur [m.]		**E**
- Halbleiterbauelement [n.]	- composant [m.] à semi-conducteurs		**E**
- Halbleiterbaustein [m.], ladungsgekoppelter	- dispositif [m.] à couplage de charge	CCD	**E**
- Halbleiterspeicher [m.]	- mémoire [f.] à semi-conducteurs		**Mm**
- Halbsubtrahierer [m.]	- demi-soustracteur [m.] [NF Z 61-000]		**E**
- Halbton [m.]	- demi-ton [m.]	Farbe	
- Halbwort [n.]	- demi-mot [m.]	8 bits	
- Halt [m.], programmierter [DIN 66257]	- arrêt [m.] de programme [NF Z 61-000]		**NC**
- Halt [m.], wahlweiser [DIN 66257]	- arrêt [m.] facultatif [NF Z 61-000]		**NC**
- Haltebefehl [m.]	- instruction [f.] d'arrêt [NF Z 61-000]		**S**
- Haltepunkt [m.]	- point [m.] d'arrêt	Debugger z.B.	**S**
- Haltespeicher [m.]	- mémoire [f.] de contrôle	PCM 30 z.B.	**C**
- Haltezeit [f.] [DIN 44476-2]	- temps [m.] de maintien		**Mm**
- Hamming-Abstand [m.] [DIN 44300]	- distance [f.] de Hamming		**C**
- Hamming-Code [m.]	- code [m.] de Hamming		**C**
- Hamming-Distanz [f.]	- distance [f.] de Hamming		**C**
- Handbuch [n.]	- manuel [m.]		

- Handeingabebetrieb [m.] [DIN 66257]	- fonctionnement [m.] avec introduction manuelle des données	**NC**
- Handhabungsapparat [m.]	- manipulateur [m.]	**R**
- Handhabungsautomat [m.]	- manipulateur [m.] automatique	**R**
- Handhabungsgerät [n.]	- manipulateur [m.]	**R**
- Handshaking [n.]	- transmission [f.] par passage de témoins	**C**

"Handshaking" oder "Quittungsbetrieb"
Betriebsart der Datenübertragung, bei der die gerufene Station den Empfang einer Nachricht durch Sendung einer Quittung an den Sender automatisch bestätigt.

- Handvermittlungsstelle [f.] [DIN 44331]	- central [m.] manuel	**C**
- hängender Einzug [m.]	- composition [f.] en sommaire	**T**
- Hardcopy [f.]	≈ sortie [f.] sur support papier	**Pr**
- Hardcopy [f.] des Bildschirms	- recopie [f.] d'écran;	**Pr**
" "	copie [f.] d'écran	**Pr**
- Hardcopy-Gerät [n.];	- terminal [m.] à imprimante;	**Pr**
Hardkopie-Gerät [n.]	reprographe [m.]	**Pr**
- Hardware [f.] [DIN 44300]	- matériel [m.] [NF Z 61-000];	**H**
" "	matériel [m.] de traitement de l'information [NF Z 61-000]	**H**
- Hardwareinterrupt [m.]	- interruption [f.] matérielle	**S**
- Hardware-Monitor [m.]	- logimètre [m.] câblé;	**H**
" "	moniteur [m.] matériel	**H**
- Hardware-Schnittstelle [f.]	- interface [f.] (de) matériel	**H**
- Hardware-Unterbrechung [f.]	- interruption [f.] matérielle	**S**
- Hartkopie [f.]	- document [m.] sur papier	**Pr**
- Hartkopie-Gerät [n.]	- terminal [m.] à imprimante;	**Pr**
" "	reprographe [m.]	**Pr**
- Hartplatte [f.] [-∞]	- disque [m.] dur	**Mm**
- Hash-Algorithmus [m.]	- algorithme [m.] de randomisation	
- Hash-Code [m.]	≈ adressage [m.] dispersé;	
" "	≈ randomisation [f.]	
- Hash-Verfahren [n.]	- randomisation [f.]	
- Hash-Verfahren [n.] (nach dem ... ordnen)	- randomiser	
- Haube [f.]	- capot [m.]	**H**
- Hauptbereich [m.]	- zone [f.] principale (d'enregistrement) Diskette	**Di**
- Hauptdatei [f.]	- fichier [m.] principal [NF Z 61-000]	
- Hauptgruppe [f.]	- groupe [m.] principal Windows	
- Hauptkanal [m.] [DIN 44302]	- voie [f.] d'aller	**C**
- Hauptkonsole [f.]	- console [f.] de commande [NF Z 61-000]	**H**

Deutsch	Français	Remarque	Domaine
- **Hauptmenü [n.]**	- menu [m.] général;		
" "	menu [m.] principal		
- **Hauptplatine [f.]**	- carte [f.] mère		H
- **Hauptprogramm [n.]**	- programme [m.] principal		S
- **Hauptrechner [m.]**	- ordinateur [m.] maître		H
- **Hauptsatz [m.] [DIN 66257]**	- bloc [m.] de reprise [NF Z 61-000]		NC
- **Hauptsatzzeichen [n.] [DIN 66257]**	- caractère [m.] fonction subdivision de programme [NF Z 61-000]		NC
- **Hauptspeicher [m.] [DIN 44300]**	- mémoire [f.] centrale [NF Z 61-000];		Mm
	mémoire [f.] principale [NF Z 61-000]		Mm
- **Haupttaktgeber [m.]**	- horloge [f.] mère [NF Z 61-000];		E
" "	horloge [f.] principale [NF Z 61-000]		E
- **Haupttext [m.]**	- texte [m.] courant		T
- **Hauptverzeichnis [n.]**	- répertoire [m.] principal;		
" "	répertoire [m.] racine		
- **Header-Datei [f.]**	- fichier [m.] en-tête		S
- **Heftrand [m.]**	≈ marge [f.] de reliure		T
- **Heimbankverkehr [m.]**	- banque [f.] à domicile		C
- **Heimcomputer [m.]**	- ordinateur [m.] familial		H
- **hell dargestellt**	- apparaissant en surbrillance;	Anzeige	
" "	en surbrillance	" "	
- **Herkules-Karte [f.]**	- carte [f.] Hercules		
- **Hersteller [m.]**	- constructeur [m.]		
- **Hertz [n.]**	- hertz [m.]	Hz	E
- **Hervorhebung [f.]**	- mise [f.] en valeur	Textverarbeitung z.B.	T
- **heterogen**	- hétérogène		
- **Heuristik [f.]**	- heuristique [f.];		
" "	méthode [f.] heuristique [NF Z 61-000]		
- **heuristisch**	- heuristique		
- **Hexade [f.]**	- hexet [m.]	6 bits	
- **hexadezimal**	- hexadécimal [NF Z 61-000]		M
- **hexadezimale Darstellung [f.]**	- notation [f.] hexadécimale		
- **hexadezimales Zahlensystem [n.];**	- système [m.] hexadécimal		M
Hexadezimalsystem [n.]	" "		M
- **HF-Ausgang [m.]**	- sortie [f.] HF;		E
" "	sortie [f.] haute fréquence		E
- **HF-Eingang [m.]**	- entrée [f.] HF;		E
" "	entrée [f.] haute fréquence		E
- **Hierarchie [f.]**	- hiérarchie [f.]		

herunterladen télécharger

- **hierarchische Datenbank [f.]**	- banque [f.] de données hiérarchique;		**Db**
" "	banque [f.] de données de type hiérarchique		**Db**
- **hierarchisches Daten(bank)modell [n.]**	- modèle [m.] de données hiérarchique;		**Db**
" "	modèle [m.] hiérarchique		**Db**
- **hierarchisches Netz [n.] [DIN 44331]**	- réseau [m.] hiérarchisé;		**C**
" "	réseau [m.] hiérarchique		**C**
- **High-Level-Funktion [f.]**	- fonction [f.] de haut niveau		**S**
- **High Memory [f.]**	- mémoire [f.] haute	DOS | (HMA)	**Mm**
- **Hilfe [f.]**	- aide [f.]; assistance [f.]		
- **Hilfe [f.], kontextabhängige;**	- aide [f.] dépendant du contexte		**S**
Hilfe [f.], kontextsensitive	" "		**S**
- **Hilfesystem [n.]**	- système [m.] d'aide;		
" "	système [m.] d'assistance		
- **Hilfetext [m.]**	- message [m.] d'aide;		
" "	message [m.] d'assistance		
- **Hilfsdatei [f.]**	> fichier [m.] de manoeuvre;	meistens verdeckt	
" "	> fichier [m.] de travail	" "	
- **Hilfsfunktion [f.]**	- fonction [f.] auxiliaire		
- **Hilfskanal [m.] [DIN 44302]**	- voie [f.] de retour		**C**
- **Hilfsleitung [f.]**	- circuit [m.] auxiliaire		**C**
- **Hilfsprogramm [n.]**	- programme [m.] utilitaire	Dienstprogramm	**S**
" "	[NF Z 61-000]; utilitaire [m.]	" "	**S**
- **Hilfsspannung [f.]**	- tension [f.] auxiliaire		**E**
- **Hilfsspeicher [m.]**	- mémoire [f.] auxiliaire [NF Z 61-000];		**Mm**
" "	mémoire [f.] secondaire		**Mm**
- **Hilfsstromkreis [m.]**	- circuit [m.] auxiliaire		**E**
- **Hintergrund [m.]**	- arrière-plan [m.]		
- **Hintergrundaufgabe [f.]**	- tâche [f.] d'arrière-plan		
- **hintergrundbeleuchtet**	- rétro-éclairé	Bildschirm	**H**
- **Hintergrundbild [n.]**	- papier [m.] peint	Windows	
- **Hintergrunddrucken [n.]**	≈ impression [f.] différée		**Pr**
- **Hintergrundfarbe [f.]**	- couleur [f.] du fond		
- **Hintergrundpriorität [f.]**	- priorité [f.] d'arrière-plan	Windows z.B.	
- **Hintergrundprogramm [n.]**	- programme [m.] s'exécutant à l'arrière-plan		**S**
- **Hintergrundspeicher [m.]**	- mémoire [f.] annexe		**Mm**
- **Hinterkante [f.]**	- bord [m.] arrière		**Me**
- **Histogramm [n.]**	- histogramme [m.]		
- **Hobby-Computer [m.]**	- ordinateur [m.] de jeux		**H**
- **hochauflösend**	- à haute résolution [f.]	Bildschirm z.B.	**H**

- Hochfahren [n.]	- établissement [m.]; amorçage [m.];		
" "	mise [f.] en fonctionnement		
- hochgestellt	≈ écriture [f.] en exposant	Schrift	**T**
" "	≈ écriture [f.] surélevée	" "	**T**
- Hochintegration [f.]	- intégration [f.] à grande échelle	LSI (100...500 G/Chip)	**E**
- hochintegriert	- à haut niveau d'intégration		**E**
- Hochkomma [n.]	- apostrophe [f.];	ASCII 39 ['] []	
" "	simple quote [f.]	ASCII 39 ['] []	
- Hochkommata [n.p.], doppelte	- doubles quotes [f.p.]	ASCII 34 ["] []	
- Hochlaufen [n.]	- établissement [m.]; amorçage [m.];		
" "	mise [f.] en fonctionnement		
- Hochlaufverhalten [n.]	- comportement [m.] à la mise en fonctionnement		
- Hochlaufzeit [f.]	- temps [m.] d'établissement	Rechner z.B.	
- Hochleistungs-...	- de haut de gamme		
- Hochleistungsrechner [m.]	- ordinateur [m.] de grande		**H**
" "	puissance; ordinateur [m.] de		**H**
" "	haut de gamme; machine [f.] haut de gamme		**H**
- höchstwertig	- de plus fort poids;		**M**
" "	le plus significatif		
- höchstwertige Zahl [f.]	- chiffre [m.] le plus significatif		**M**
- höchstwertiges Bit [n.]	- bit [m.] de plus fort poids	MSB	
- hohe Auflösung [f.]	- haute résolution [f.]		
- höhere Programmiersprache [f.]	- langage [m.] de haut niveau;		**S**
" "	langage [m.] évolué [NF Z 61-000]		**S**
- höherwertige Zahl [f.]	- chiffre [m.] de poids fort		**M**
- homogen	- homogène		
- hörbar	- audible		
- hörbare Frequenz [f.]	- fréquence [f.] audible		**E**
- Hörer [m.]	- combiné [m.]	Telefon	**C**

Allo ...

- horizontaler Keil [m.]	- filet [m.] horizontal	DTP/PAO	**T**
- Horizontal-Tabulator [m.]	- caractère [m.] de tabulation horizontale [NF Z 61-000];	ASCII 9 [] [HT]	**T**
" "	tabulation [f.] horizontale	ASCII 9 [] [HT]	**T**
- HSI [f.] (High Scale Integration)	- HSI [f.]	HSI	**E**
☞ ***Siehe auch "Hochintegration"***			
- Hürde [f.]	- transition [f.]	Petri-Netz	
- Hurenkind [n.]	- ligne [f.] veuve; veuve [f.]	DTP/PAO	**T**

- **HW [f.] (Hardware)**	- matériel [m.] (de traitement de l'information) [NF Z 61-000]	**H**
- **HW-Schnittstelle [f.]**	- interface [f.] de matériel	**H**
- **Hybridrechner [m.]**	- calculateur [m.] hybride	**H**
- **Hybridschaltung [f.]**	- circuit [m.] hybride	**E**
- **Hybridstation [f.] [DIN 44302]**	- station [f.] mixte	**C**
- **Hypertext [m.]**	- hypertexte [m.]	**T**
- **Hypertext-Verbindung [f.]**	- lien [m.] hypertexte	**T**
- **Hystereseschleife [f.]**	- cycle [m.] d'hystérésis	**E**

I

Deutsch	Français	Kontext	Gebiet
- Icon [n.]	- icône [m.];		S
" "	pictogramme [m.]		S
- Identifizierung [f.]	≈ identificateur [m.]		
- implementieren	- mettre en oeuvre; réaliser		
- Implementierung [f.]	- mise [f.] en oeuvre;		
" "	réalisation [f.];		
" "	installation [f.]		
- Implikation [f.] [DIN 44300-5]	- implication [f.] [NF Z 61-000];	IF-THEN	Lo
" "	inclusion [f.] [NF Z 61-000]	IF-THEN	Lo
- implizit	- implicite; par défaut		
- implizite Adressierung [f.]	- adressage [m.] implicite [NF Z 61-000]		Mm
- implizite Konvertierung [f.]	- conversion [f.] implicite		S
- Impuls [m.]	- impulsion [f.] [NF Z 61-000]		E
- Impulsfolge [f.]	- train [m.] d'impulsions;		E
" "	série [f.] d'impulsions [NF Z 61-000]		E
- Impulsgeber [m.];	- générateur [m.] d'impulsions		E
Impulsgenerator [m.]	" "		E
- Impulszähler [m.]	- compteur [m.] d'impulsions		E
- inaktivieren	- inactiver		
- Inband-Signalisierung [f.]	- signalisation [f.] dans la bande		C
- Inbetriebnahme [f.]	- mise [f.] en service		
- Include-Datei [f.]	- fichier [m.] à inclure;	C-Sprache	S
" "	fichier [m.] include	" "	S
- Index [DIN 44300-3]	- index [m.] [NF Z 61-000]		
- Index [m.], kontrollierender	- index [m.] maître		Db
- Indexdatei [f.]	- fichier [m.] index		Db
- indexieren	- indexer		Db
- indexiert	- indexé		
- Indexierung [f.]	- indexation [f.]		
- Indexloch [n.]	- trou [m.] d'index	Diskette	Di
- Indexregister [n.] [DIN 44300-6]	- registre [m.] d'index [NF Z 61-000]		
- Indexschlüssel [m.]	- clé [f.] d'index		Db
- index-sequentielle Datei [f.]	- fichier [m.] séquentiel indexé		Db
- Index-Subscript [m.]	- index [m.]	Array	S
- Indextabelle [f.]	- table [f.] des index		
- Indexwort [n.]	- mot [m.] d'index [NF Z 61-000]		

- **indirekte Adresse [f.]**	- adresse [f.] indirecte [NF Z 61-000]		**Mm**
- **indirekte Adressierung [f.]**	- adressage [m.] indirect [NF Z 61-000]		**Mm**
- **indirekter Befehl [m.]**	- instruction [f.] à adresse indirecte [NF Z 61-000]		**S**
- **indizierte Adresse [f.]**	- adresse [f.] indexée		**Mm**
- **indizierte Adressierung [f.]**	- adressage [m.] indexé		**Mm**
- **indizierte Datei [f.]**	- fichier [m.] indexé		
- **induktiver Näherungsschalter [m.]**	- détecteur [m.] inductif de proximité		**E**
" "	(DIP); détecteur [m.] de proximité inductif		**E**
- **industrielle Datenverarbeitung [f.]**	- informatique [f.] industrielle		
- **Industrierechner [m.]**	- ordinateur [m.] industriel		**H**
- **Industrieroboter [m.]**	- robot [m.] industriel		**R**
- **Inferenzmaschine [f.]; Inferenzsystem [n.]**	- machine [f.] d'inférence " "		
- **Infixdarstellung [f.]; Infixnotation [f.]**	- notation [f.] infixée [NF Z 61-000] " "		
- **Informatik [f.]**	- informatique [f.]		
- **Informatik [f.], angewandte**	- informatique [f.] appliquée		
- **Informatik [f.], medizinische**	- informatique [f.] médicale		
- **Informatiker [m.]**	- informaticien [m.]		
- **Information [f.]**	- information [f.]		
- **Informationsanbieter [m.]**	- fournisseur [m.] d'information		**C**
- **Informationsbearbeitung [f.]**	- traitement [m.] de l'information [NF Z 61-000]		
- **Informationsbelag [m.], mittlerer [DIN 44301]**	- entropie [f.] moyenne (par caractère) [NF Z 61-000]	Informationstheorie	
- **Informationsbit [n.]**	- bit [m.] d'information [CCITT]		**C**
- **Informationseinheit [f.]**	- unité [f.] d'information	Informationstheorie	
- **Informationsfluß [m.], mittlerer [DIN 44301]**	- entropie [f.] moyenne (par unité de temps) [NF Z 61-000]	" "	
- **Informationsgehalt [m.] [DIN 44301]**	- quantité [f.] d'information [NF Z 61-000]	" "	
- **Informationsgehalt [m.], bedingter [DIN 44301]**	- quantité [f.] d'information conditionnelle [NF Z 61-000]	" "	
- **Informationsgehalt [m.], wechselseitiger [DIN 44301]**	- information [f.] mutuelle [NF Z 61-000];	" "	
" "	quantité [f.] d'information mutuelle [NF Z 61-000];	" "	
" "	transinformation [f.] [NF Z 61-000]	" "	
- **Informationsschritt [m.]**	- moment [m.]		**C**
- **Informationsseite [f.]**	- page [f.] d'information;	vidéotext	**C**
" "	page [f.] document	" "	**C**

- **Informationsspeicher [m.]**	- mémoire [f.] de données	PCM 30 z.B.	**C**
- **Informationssystem [n.]**	- système [m.] d'information		
- **Informationstheorie [f.] [DIN 44301]**	- théorie [f.] de l'information [NF Z 61-000]		
- **Informationstrennzeichen [n.] [DIN 44300-2]**	- caractère [m.] séparateur (d'informations) [NF Z 61-000]		
- **Informationswiederfindung [f.]; Informationswiedergewinnung [f.]**	- recherche [f.] de l'information [NF Z 61-000]		
- **Informatisierung [f.]**	- informatisation [f.]		
- **Ingenieurwesen [n.], rechner-unterstütztes (CAE)**	- ingénierie [f.] assistée par ordinateur (IAO)	CAE	
- **inhaltsadressierbarer Speicher [m.] [DIN 44476]**	- mémoire [f.] adressable par le contenu [CEI 147-OE]	CAM	**Mm**
- **inhaltsorientierte Adressierung [f.]**	- adressage [m.] par le contenu;		**Mm**
" "	adressage [m.] associatif		**Mm**
- **inhaltsorientierter Speicher [m.]**	- mémoire [f.] associative [NF Z 61-000]		**Mm**
- **inherente Adressierung [f.]**	- adressage [m.] inhérent		
- **Inhibition [f.] [DIN 44300-5]**	- circuit [m.] d'exclusion [NF Z 61-000];	NOT-IF-THEN	**Lo**
" "	exclusion [f.] [NF Z 61-000];	NOT-IF-THEN	**Lo**
" "	porte [f.] d'exclusion [NF Z 61-000]	NOT-IF-THEN	**Lo**
- **Initial [m.]**	- lettrine [f.]		**T**
- **initialisieren**	- initialiser; mettre à l'état initial		
- **Initialisierung [f.]**	- initialisation [f.];		
" "	initialisation [f.] [NF Z 61-000];		**NC**
" "	mise [f.] à l'état initial		
- **inklusive ODER-Schaltung [f.]; inklusives ODER [n.]**	- OU [m.] inclusif [NF Z 61-000];	OR	**Lo**
	circuit [m.] OU [NF Z 61-000];	OR	**Lo**
[DIN 44300-5]	opération [f.] OU [NF Z 61-000];	OR	**Lo**
" "	opération [f.] OU inclusif [NF Z 61-000];	OR	**Lo**
" "	OU [m.] [NF Z 61-000];	OR	**Lo**
" "	porte [f.] OU [NF Z 61-000];	OR	**Lo**
" "	réunion [f.] [NF Z 61-000]	OR	**Lo**
- **inkompatibel**	- incompatible		
- **Inkrement [n.]**	- incrément [m.]		
- **Inkrementalcompiler [m.];**	- compilateur [m.] incrémentiel		**S**
inkrementeller Compiler [m.];	" "		**S**
inkrementeller Übersetzer [m.]	" "		**S**
- **inkrementieren**	- incrémenter		
- **Inkrementieren [n.]**	- incrémentation [f.]		
- **Inkrementoperator [m.]**	- opérateur [m.] d'incrémentation		**S**

Deutsch	Français	Bemerkung	
- Innovation [f.]	- innovation [f.]		
- In-Slot-Signalisierung [f.]	- signalisation [f.] dans le créneau temporel		**C**
- Installation [f.] [MS]	- installation [f.]		
- Installationshandbuch [n.]	- manuel [m.] d'installation		
- instand setzen	- remettre en état;		
" "	reconditionner [☒]		
- Instandsetzen [n.]; Instandsetzung [f.]	- remise [f.] en état " "		
- Instanz [f.]	- entité [f.]		**C**
- Instruktion [f.]	- instruction [f.] [NF Z 61-000]		**S**
- Integer [m.]	- entier [m.]; nombre [m.] entier		**S**
- Integration [f.]	- intégration [f.]		
- Integration [f.], mittlere	- intégration [f.] à moyenne échelle	MSI (100...500 G/Chip)	**E**
- Integrationsstufe [f.]	- densité [f.] d'intégration		**E**
- Integrieranlage [f.]	- analyseur [m.] différentiel [NF Z 61-000];		**E**
" "	calculateur [m.] analogique différentiel [NF Z 61-000]		
- integrieren	- intégrer		
- Integrierer [m.]; Integrierglied [n.]	- intégrateur [m.] " "		**E**
- integriert	- intégré		
- integrierte Schaltung [f.]	- circuit [m.] intégré;	IC	**E**
" "	microcircuit [m.] [-∞]	IC	**E**
- integrierte Software [f.]	- logiciel [m.] intégré		**S**
- integrierte Speicherschaltung [f.] [DIN 44 476]	- mémoire [f.] à circuit intégré [CEI 147-OE]		**Mm**
- integrierter Schaltkreis [m.]	- circuit [m.] intégré;	IC	**E**
" "	microcircuit [m.] [-∞]	IC	**E**
- intelligentes Terminal [n.]	- terminal [m.] intelligent;		**H**
" "	ordinateur [m.] terminal		**H**
- Intelligenz [f.]	- intelligence [f.]		
- Intelligenz [f.], künstliche (KI)	- intelligence [f.] artificielle		
- Intelligenz [f.], verteilte	- fonction [f.] répartie		
- Intensität [f.] (mit stärkerer ...)	- en surbrillance [f.]	Anzeige	
- Interaktion [f.]	- interaction [f.];		
" "	transaction [f.]		
- interaktive Verarbeitung [f.] [DIN 44300-9]	- mode [m.] interactif; mode [m.] dialogue [NF Z 61-000];		
" "	mode [m.] conversationnel		
- Interface [n.]	- interface [f.]		
- Intermodulationsgeräusch [n.]	- bruit [m.] d'intermodulation		**C**
- interne Unterbrechung [f.]	- interruption [f.] interne		**S**
- interner Speicher [m.]	- mémoire [f.] interne [NF Z 61-000]		**Mm**

- internes Schema [n.]	- schéma [m.] interne	Datenbank	**Db**
- Internspeicher [m.]	- mémoire [f.] interne [NF Z 61-000]		**Mm**
- Interpolation [f.]	- interpolation [f.] [NF Z 61-000];		
" "	interpolation [f.] [NF Z 61-000]		**NC**
- Interpolation [f.], lineare	- interpolation [f.] linéaire		
- Interpolationsparameter [m.] [DIN 66257]	- paramètre [m.] d'interpolation [NF Z 61-000]		**NC**
- Interpolator [m.] [DIN 66257]	- ordinateur-interpolateur [m.] [NF Z 61-000]		**NC**
- Interpreter [m.]	- interprète [m.] [NF Z 61-000];		**S**
" "	interpréteur [m.] [☒] [NF Z 61-000]		**S**

"Interprète"
Programme de traduction transformant un programme source en un programme directement exécutable dont il provoque l'exécution immédiate. Il s'oppose donc aux programmes de compilation ou d'assemblage qui créent un programme objet dont l'exécution est différée et peut être déclenchée à tout moment en l'absence du programme de traduction. Par ailleurs, le programme interprété sera beaucoup plus lent que le même programme en version compilée, les instructions devant être traduites une à une en langage machine avant leur exécution et à chaque lancement du programme.

- Interpreterprogramm [n.]	- programme [m.] interprété		**S**
- Interpretersprache [f.]	- langage [m.] interprété		**S**
- interpretierend	- interprétatif	Sprache, Programm	**S**
- Interpretierer [m.] [DIN 44300-4]	- interprète [m.] [NF Z 61-000];		**S**
" "	interpréteur [m.] [☒] [NF Z 61-000]		**S**
- Interrupt [m.] [MS]	- interruption [f.] [NF Z 61-000]		**S**
- Interrupt-Controller [m.]	- contrôleur [m.] d'interruptions		**S**
- Interruptvektor [m.]	- vecteur [m.] des interruptions		**S**
- invers erscheinen ...	- apparaître en vidéo [f.] inverse		
- Invers-Darstellung [f.]	- vidéo [f.] inverse		
- inverser Schrägstrich [m.]	- barre [f.] de fraction inversée;	ASCII 92 [\] []	
" "	barre [f.] oblique inversée;	ASCII 92 [\] []	
" "	antislash [m.]	ASCII 92 [\] []	
- Inverter [m.]	- inverseur [m.];	Analogrechner	**E**
" "	changeur [m.] de signe;	" "	**E**
- invertiert	- inversé		
- invertiert dargestellt werden <	- apparaître en vidéo inverse		

INVERTIERT

- invertierte Datei [f.]	- fichier [m.] inversé		
- invertierte Liste [f.]	- liste [f.] inversée [NF Z 61-000];		
" "	liste [f.] refoulée [NF Z 61-000]		
- irrationale Zahl [f.]	- nombre [m.] irrationnel [NF Z 61-000]		**M**
- Irrelevanz [f.]	- altération [f.] [NF Z 61-000]	Informationstheorie	
- ISDN (Integrated Services Digital Network)	- RNIS [m.] (**R**éseau **N**umérique à **I**ntégration des **S**ervices)	ISDN	**C**

- **ISO-7Bit-Code [m.]**	- code [m.] ISO (à 7 bits)	
- **isochron**	- isochrone	**C**
- **isochrones Signal [n.]**	- signal [m.] isochrone	**C**
- **ISO-Code [m.]**	- code [m.] ISO (à 7 bits)	
- **Iteration [f.]**	- itération [f.]	**S**
- **Iterationsschleife [f.]**	- boucle [f.] [NF Z 61-000];	**S**
" "	itération [f.]	**S**
- **iteriert-indirekte Adressierung [f.]**	- adressage [m.] différé [NF Z 61-000]	**Mm**

J

- Jitter	- gigue [f.]	**C**

Gigue (Jitter, Wander)
Variation rapide, faible et irrégulière d'une caractéristique d'un signal, telle sa position dans le temps, sa durée, sa grandeur par rapport à la valeur idéale.

- JK-Flipflop [n.]	- bascule [f.] bistable JK		**E**
- Job [m.] [DIN 44300-9]	- travail [m.] [NF Z 61-000]		
- Joker; Jokerzeichen [n.]	- caractère [m.] de substitution;	[*,?]	
" "	caractère [m.] de remplacement;	[*,?]	
" "	caractère [m.] collectif; joker [m.];	[*,?]	
" "	caractère [m.] collectif de	[*,?]	
" "	substitution, de remplacement;	[*,?]	
" "	caractère [m.] générique de	[*,?]	
	substitution, de remplacement		
- Joystick [m.]	- manette [f.] de jeux; manette [f.];		**H**
" "	levier [m.] de commande		**H**

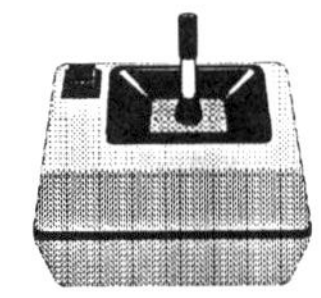

K

- Kabel [n.]	- câble [m.]		**E**
- Kabelbaum [m.]	- faisceau [m.] de câbles		**E**
- Kabelfernsehen [n.]	- télévision [f.] câblée;		**C**
" "	- télédistribution [f.]		**C**
- Kabelhalter [m.]	- support [m.] de câble		**E**
- Kachel [f.]	- cadre [m.] de page [NF Z 61-000];	Speicher	**Mm**
" "	mosaïque [f.]	Windowsbildschirm	
- Kalender [m.]	- agenda [m.]	Windowsprogramm	
- Kaltstart [m.]	- démarrage [m.] à froid;		
" "	redémarrage [m.] à froid		
- Kanal [m.] [DIN 44301]	- voie [f.] [NF Z 61-000];	Informationstheorie	
" "	voie [f.] [NF Z 61-000]; canal [m.];	Kommunikation	**C**
" "	voie [f.]; canal [m.]	Lochband	**Me**
- Kanal [m.], logischer	- voie [f.] logique		**C**
- kanalgebundene Signalisierung [f.]	- signalisation [f.] voie par voie	PCM 30 p. ex.	**C**
- Kanalkapazität [f.] [DIN 44301]	- capacité [f.] d'une voie [NF Z 61-000]		
- Kanal-Zeitschlitz [m.]	- créneau [m.] temporel de voie		**C**
- Kante [f.]	- arête [f.]	z.B. Graph	
- Kanten [f.p.], verdeckte	- lignes [f.p.] cachées	Bilddarstellung	
- Kapazität [f.]	- capacité [f.]		
- Kapitälchen [n.]	- petite capitale [f.]	**A**	**T**
- Kapitel [n.]	- chapitre [m.]		**T**
- Kapselung [f.]	- encapsulation [f.]	OOP	**S**
- Karnaugh-Diagramm [n.]	- diagramme [m.] de Karnaugh		**E**
- Karte [f.]	- carte [f.]		
- Kartei [f.]	- fichier [m.];	fiches carton	
" "	répertoire [m.]	Windowsprogramm	
- Karteikarte [f.]	- fiche [f.]		
- Karteikasten [m.]	- cartothèque [f.]		
- Kartenablage [f.]	- magasin [m.] de réception de cartes [NF Z 61-000];	Lochkarten	**Me**
" "	récepteur [m.] de cartes [NF Z 61-000]	" "	**Me**
- Kartenbahn [f.]	- chemin [m.] de cartes [NF Z 61-000]		**Me**
- Kartendoppler [m.]	- reproductrice [f.] de cartes [NF Z 61-000]		**Me**

Deutsch	Français	Remarque	Domaine
- **kartesische Koordinaten [f.p.]**	- coordonnées [f.p.] cartésiennes;		M
" "	coordonnées [f.p.] rectangulaires;		M
" "	repère [m.] cartésien		M
- **kaskadiert**	- relié en cascade; en cascade		
- **Kassenterminal [n.]**	- terminal [m.] point de vente		H
- **Kassette [f.]**	- cassette [f.]		H
- **Katalogspeicher [m.]**	- mémoire [f.] associative [NF Z 61-000]		Mm
- **Kathodenstrahl [m.]**	- rayon [m.] cathodique		E
- **Kathodenstrahlbildschirm [m.]**	- écran [m.] cathodique		H
- **Kathodenstrahlröhre [f.]**	- tube [m.] à rayons cathodiques;		E
" "	tube [m.] cathodique		E
- **kaufmännisches Und-Zeichen [n.]**	- et [m.] commercial;	ASCII 38 [&] []	
" "	esperluète [m.];	ASCII 38 [&] []	
" "	perluète [m.]	ASCII 38 [&] []	
- **Kbyte [n.]**	- Koctet [m.]		
- **Keil [m.]**	- filet [m.]	Typo, PAO/DTP	T
- **Keil [m.], horizontaler**	- filet [m.] horizontal	PAO/DTP	T

Filet (Keil)
Ligne horizontale (ou verticale) utilisée pour séparer des textes et/ou images des autres parties d'une page.

Deutsch	Français	Remarque	Domaine
- **Keller [m.]**	- mémoire [f.] à liste inversée [NF Z 61-000];		Mm
" "	pile [f.] [NF Z 61-000]	Stack	Mm
- **Kellerautomat [m.]**	- automate [m.] à pile	Automatentheorie	
- **Kellermaschine [f.]**	- machine [f.] à pile		H
- **Kellersegment [n.]**	- segment [m.] de la pile		S
- **Kellerspeicher [m.] [DIN 44300-6]**	- mémoire [f.] à liste inversée [NF Z 61-000];		Mm
" "	pile [f.] [NF Z 61-000]		Mm
- **Kellerumschalten [n.];**	- commutation [f.] de pile		S
Kellerumschaltung [f.]	" "		S
- **Kellerzähler [m.]**	≈ pointeur [m.] de pile [NF Z 61-000]		S
- **Kellerzeiger [m.]**	- pointeur [m.] de pile		S
- **Kennsatz [m.]**	- immatriculation [f.]	Datenträger	Mm
- **Kennung [f.] [MS]**	- identificateur [m.]		
- **Kennwort [n.]**	- mot [m.] de passe		
- **Kennziffer [f.]**	- indicateur [m.]		
- **Kerbe [f.]**	- encoche [f.]		
- **Kerbe [f.] für Schreibschutz**	- encoche [f.] de protection d'écriture	Diskette	Di
- **Kerblochkarte [f.]**	- carte [f.] encochée		Me

- Kern [m.]	- noyau [m.] [NF Z 61-000];	Betriebssystem	**S**
" "	programme [m.] de commande résident [NF Z 61-000];	" "	**S**
" "	programme [m.] de contrôle résident [NF Z 61-000];	" "	**S**
" "	tore [m.] [NF Z 61-000]	Kernpeicher	**Mm**
- Kerning [n.]	- crénage [m.]		**T**

Crénage (Kerning, Unterschneidung)
Réduction de l'espace qui sépare deux lettres. Procédé utilisé en PAO pour rapprocher certaines lettres.

- Kernspeicher [m.]	- mémoire [f.] à ferrites [NF Z 61-000];		**Mm**
" "	mémoire [f.] à tores [NF Z 61-000];		**Mm**
" "	mémoire [f.] à tores magnétiques [NF Z 61-000];		**Mm**
" "	mémoire [f.] à tores de ferrite		**Mm**
- Kette [f.]	- chaîne [f.]		
- Kettendrucker [m.]	- imprimante [f.] à chaîne [NF Z 61-000]		**Pr**
- Kettung [f.]	- chaînage [m.]; concaténation [f.]		
- KI [f.] (künstliche Intelligenz)	- intelligence [f.] artificielle		
- Kippschaltung [f.]	- bascule [f.]		**E**
- Kippschaltung [f.], astabile	- bascule [f.] astable		**E**
- Kippschaltung [f.], bistabile	- bascule [f.] bistable		**E**
- Kippschaltung [f.], monostabile	- bascule [f.] monostable		**E**
- Kiviatgraph [m.]	- graphe [m.] de Kiviat		
- Klammer [f.]	- parenthèse [f.]	ASCII 40+41 [(,)] []	
- Klammer [f.], eckige	- crochet [m.]	ASCII 91+93 [[,]] []	
- Klammer [f.], geschweifte	- accolade [f.]	ASCII 123+125 [{,}] []	
- Klammer [f.], runde	- parenthèse [f.]	ASCII 40+41 [(,)] []	
- Klammeraffe [m.] [○]	- a [m.] commercial;	ASCII 64 [@] []	
" "	"escargot" [m.] [○]	ASCII 64 [@] []	
- klammerfreie Notation [f.]; klammerfreie Schreibweise [f.]	- notation [f.] de Lucasiewicz; notation [f.] polonaise [NF Z 61-000]		
- Klartext [m.]	- message [m.] en clair;	Meldung	
" "	texte [m.] en clair		
- Klartext (im ...)	- en clair		
- Klasse [f.] von Rechnern	- classe [f.] de machines		**H**
- Kleinbuchstabe [m.]	- minuscule [f.];	terme général	**T**
" "	bas [m.] de case (bdc)	typographie	**T**
- Kleinintegration [f.]	- intégration [f.] à petite échelle	SSI (0..12 G/Chip)	**E**
- Kleinschreibung [f.]	- motion [f.] basse	Tastatur	**H**
- Klemme [f.]	- borne [f.]		**E**
- Klemmenkasten [m.];	- boîte [f.] à bornes		**E**
Klemmkasten [m.]	" "		**E**

- Klemmleiste [f.]	- bornier [m.]		**E**
- Klicken [n.]	- clic [m.]	Maus	
- klicken	- cliquer	" "	
- Klingel [f.]; Klingelzeichen [n.]	- appel [m.] [NF Z 61-000];	ASCII 7 [] [BEL]	
" "	caractère [m.] appel [NF Z 61-000];	ASCII 7 [] [BEL]	
" "	sonnerie [f.] [NF Z 61-000];	ASCII 7 [] [BEL]	
" "	caractère [m.] sonnerie [NF Z 61-000];	ASCII 7 [] [BEL]	
" "	avertissement [m.] sonore	ASCII 7 [] [BEL]	
- Klon [m.]	- clone [m.]		**S**
- Kluft [f.]	- espace [m.] arrêt-marche	Magnetband	**Mb**
- Klumpen [m.] [-∞]	- grappe [f.]	Cluster	**Mm**
- knacken (einen Code ...)	- percer un code		
- Knackgeräusch [n.]	- claquement [m.]		
- Knickarm [m.]	- bras [m.] articulé	Roboter	**R**
- Knoten [m.]	- noeud [m.];	Netz z.B.	
" "	sommet [m.]	Graph	
- Knotenamt [n.]	- central [m.] nodal		**C**
- Knotennetz [n.]	- réseau [m.] en étoile;		**C**
" "	réseau [m.] étoilé		**C**
- Know-how [n.]	- savoir-faire [m.]		
- koaxial	- coaxial		
- Koaxialkabel [n.]	- câble [m.] coaxial		**C**
- Kodierung [f.]	- codage [m.]		
- kodirektional	- codirectionnel		**C**
- Kohlemikrophon [n.]	- microphone [m.] à charbon		**C**
- Kollektor [m.]	- collecteur [m.]	Transistor	**E**
- Kollision [f.]	- collision [f.]		
- Kombination [f.]	- combinaison [f.]		
- Kombinatorik [f.]	- combinatoire [f.]		**M**
- kombinatorisches Schaltwerk [n.]	- circuit [m.] combinatoire		**E**
- kombinierte Speisung [f.]	- alimentation [f.] combinée		**E**
- Komma [n.]	- virgule [f.]	ASCII 44 [,] []	
- Kommando [n.] [DIN 44300-4]	- ordre [m.] [NF Z 61-000]		**NC**
- Kommandomodus [m.] [DIN 44300-4]	- mode [m.] de commande [NF Z 61-000]		**NC**
- Kommandoprozessor [m.]	- interpréteur [m.] de commandes	DOS z.B.	**S**
- Kommandosprache [f.]	- langage [m.] de commande		**S**
- Kommandozeile [f.]	- ligne [f.] de commande		**S**
- Kommandozeilen-Parameter [m.]	- argument [m.] de la ligne de commande		**S**
- Kommaoperator [m.]	- opérateur [m.] virgule	C-Sprache	**S**
- Kommentar [m.]	- commentaire [m.] [NF Z 61-000]		
- kommerzielle Datenverarbeitung [f.]	< informatique [f.] de gestion [NF Z 61-000]		

German	French	Note	Code
- kommerzielles a-Zeichen [n.]	- a [m.] commercial	ASCII 64 [@] []	
- kommerzielles Und-Zeichen [n.]	- et [m.] commercial;	ASCII 38 [&] []	
" "	perluète [m.];	ASCII 38 [&] []	
" "	esperluète [m.]	ASCII 38 [&] []	
- Kommunikation [f.]	- communication [f.]		C
- Kommunikationsfluß [m.]	- flux [m.] de données		C
- Kommunikationsnetz [n.];	- réseau [m.] de communication		C
Kommunikationsnetzwerk [n.]	" "		C
- Kommunikationsprotokoll [n.]	- procédure [f.] de liaison		C
- Kommunikationsrechner [m.]	- processeur [m.] frontal		H
- Kommunikationssteuerungs-schicht [f.]	- couche [f.] session	OSI-Modell (5)	C
- Kompaktifizierung [f.]	- compactage [m.]; compression [f.]		
- Komparator [m.]	- comparateur [m.] [NF Z 61-000]		E
- kompatibel	- compatible		
- Kompatibilität [f.]	- compatibilité [f.]		
- kompilieren	- compiler [NF Z 61-000]		S
- Kompilieren [n.]	- compilation [f.]		S
- Kompilierer [m.] [DIN 44300-4]	- compilateur [m.] [NF Z 61-000]		S
☞ ***Siehe auch "Compiler"***			
- Komplement [n.]	- complément [m.] [NF Z 61-000]		
- Komplement [n.] zur um 1	- complément [m.] restreint		
verminderten Basis	[NF Z 61-000]; complément [m.] à		M
	la base moins un		M
- Komplement [n.] zur vollen Basis	- complément [m.] à la base		M
	[NF Z 61-000]; complément [m.] vrai		M
- Komplementärfarbe [f.]	- couleur [f.] complémentaire		
- Komplementierer [m.]	- complémenteur [m.] [NF Z 61-000]		E
- Komplementierung [f.]	- fonction [f.] complément	NOT	Lo
- Komplementierwerk [n.]	- complémenteur [m.] [NF Z 61-000]		E
- Komplexität [f.]	- complexité [f.]		
- Komprimieren [n.]	- compactage [m.];	Datenverdichtung	
" "	compression [f.];	" "	
" "	condensation [f.]	" "	
- komprimieren	- compresser; compacter	" "	
- komprimierte Datei [f.]	- fichier [m.] compacté	" "	
- Komprimierung [f.]	- compaction [f.]	" "	
- Komprimierungsprogramm [n.]	- compresseur [m.] de fichiers;		S
" "	compacteur [m.] de fichiers		
- Kondensator [m.]	- condensateur [m.]	┤├	E
- Konfiguration [f.]	- configuration [f.]		
- konfigurieren	- configurer		
- Konflikt [m.]	- conflit [m.]		
- Königsberger Brückenproblem [n.]	- problème [m.] des sept ponts de Königsberg		

- Konjunktion [f.] [DIN 44300-5]	- conjonction [f.];	AND	**Lo**
" "	ET [m.] [NF Z 61-000];	AND	**Lo**
" "	intersection [f.] [NF Z 61-000];	AND	**Lo**
" "	multiplication [f.] logique [NF Z 61-000];	AND	**Lo**
" "	circuit [m.] ET [NF Z 61-000];	AND	**Lo**
" "	opération [f.] ET [NF Z 61-000];	AND	**Lo**
" "	porte [f.] ET [NF Z 61-000]	AND	**Lo**
- Konkatenation [f.]	- concaténation [f.]		
- Konkurrenzbetrieb [m.]	- fonctionnement [m.] concurrent [NF Z 61-000];		
" "	fonctionnement [m.] en concurrence [NF Z 61-000];		
" "	mode [m.] contention		**C**
" "	≈ contention [f.];		**C**
" "	≈ simultanéité [f.]		
- konkurrierend	- concurrent [NF Z 61-000]		
- Konnektor [m.]	- renvoi [m.] d'organigramme [NF Z 61-000]	Ablaufplan	**S**
- Konsistenzprüfung [f.]	- contrôle [m.] de vraisemblance		
- Konsolbediener [m.]	- pupitreur [m.]		
- Konsole [f.]	- pupitre [m.]; console [f.]		**H**
- Konstante [f.]	- constante [f.]		**S**
- Konstante [f.], selbstdefinierende	- constante [f.] figurative [NF Z 61-000]		**S**
- Konstruktion [f.], rechnerunterstützte	- conception [f.] assistée par ordinateur (CAO)	CAD	
- Kontaktbelegung [f.]	- occupation [f.] des contacts		**E**
- Kontaktbürste [f.]	- balai [m.] de lecture		**Me**
- Kontext [m.]	- contexte [m.]		
- kontextabhängige Hilfe [f.]	- aide [f.] dépendant du contexte		**S**
- kontextfreie Grammatik [f.]	- grammaire [f.] acontextuelle;		
" "	grammaire [f.] hors contexte		
- kontextfreie Sprache [f.]	- langage [m.] indépendant du contexte		
- kontextsensitive Grammatik [f.]	- grammaire [f.] contextuelle;		
" "	grammaire [f.] dépendant du contexte		
- kontextsensitive Hilfe [f.]	- aide [f.] dépendant du contexte		**S**
- kontextsensitive Sprache [f.]	- langage [m.] dépendant du contexte		
- kontextunabhängige Grammatik [f.]	- grammaire [f.] acontextuelle		
- kontinuierliche Funktion [f.]	- fonction [f.] continue		**M**
- kontinuierlicher Prozeß [m.]	- processus [m.] continu		
- kontinuierliches Signal [n.] [-∞]	- signal [m.] analogique		**C**
- kontradirektional	- contradirectionnel		**C**
- Kontrollanweisung [f.]	- instruction [f.] de contrôle		**S**

- kontrollierender Index [m.]	- index [m.] maître		**Db**
- Kontrollpunkt [m.]	- point [m.] de contrôle		
- Kontrollstruktur [f.]	- structure [f.] de contrôle		**S**
- Kontrollsumme [f.]	- total [m.] de contrôle;		
" "	somme [f.] de contrôle		
- konventioneller Speicher [m.]	- mémoire [f.] conventionnelle	DOS	**Mm**
- Konvertierung [f.]	- conversion [f.]		
- Konvertierung [f.], explizite	- conversion [f.] explicite		**S**
- Konvertierung [f.], implizite	- conversion [f.] implicite		**S**
- Konzentration [f.]	- concentration [f.]		
- Konzentrator [m.] [DIN 44331]	- concentrateur [m.]		**C**
- konzeptionelle Datensicht [f.];	- schéma [m.] conceptuel		**Db**
konzeptionelles Schema [n.]	" "		**Db**
- konzeptuale Datenbankschicht [f.]	- dictionnaire [m.] de données		**Db**
- Koordinate [f.]	- coordonnée [f.]		
- Koordinaten [f.p.], kartesische	- coordonnées [f.p.] cartésiennes;		**M**
" "	coordonnées [f.p.] rectangulaires;		**M**
" "	repère [m.] cartésien		**M**
- Koordinaten [f.p.], normalisierte	- coordonnées [f.p.] normalisées		
- Koordinaten [f.p.], rechtwinklige	- coordonnées [f.p.] rectangulaires		**M**
- Koordinatennetz [n.]	- grille [f.]	coordonnées	
- Koordinatenschreiber [m.]	- traceur [m.] de courbes		**Pr**
- Koordinatensystem [n.]	- système [m.] de coordonnées		
- Kopf [m.] [DIN 44302]	- en-tête [m.];		**C**
" "	tête [f.];		**S**
" "	sommet [m.]	Schleife z.B	
- Kopffenster [n.]	- fenêtre [f.] d'accès	Diskette	**Di**
- kopfgesteuert	- avec test de condition à	Schleife	**S**
" "	l'entrée ; avec test de condition au début	" "	**S**
- Kopfzeiger [m.]	- pointeur [m.] de tête (de tampon)	Tastaturpuffer	**S**
- Kopfzeile [f.]	- en-tête [m.] de page;		**T**
" "	en-tête [m.];		**T**
	haut [m.] de page;		**T**
" "	titre [m.] courant		**T**
- Kopfzeilenbeginn [m.]	- début [m.] d'en-tête	ASCII 1 [] [SOH]	
- kopieren [DIN 44300-8]	- copier [NF Z 61-000]; dupliquer		
- Kopiergerät [n.]	- photocopieur [m.]; photocopieuse [f.]		

- kopiergeschützt	- protégé contre la duplication		**S**
- Koppeldiode [f.]	- diode [f.] de couplage		**E**
- Koppler [m.], akustischer [DIN 44302]	- coupleur [m.] acoustique		**C**
- Koppler [m.], optischer	- optocoupleur [m.]		**E**
- Koprozessor [m.], arithmetischer	- coprocesseur [m.] de calcul		**E**
- koresident	- corésident		**S**
- Korrektur [f.]	- correction [f.]		
- Korrekturtaste [f.]	- touche [f.] corrective	Schreibmaschine	
- Korrekturzeichen [n.]	- deleatur [m.]	Typographie	**T**
- Korrespondenzqualität [f.]	- qualité [f.] courrier;		**Pr**
" "	qualité [f.] correspondance		**Pr**
- korrigieren	- corriger		
- korrupt	- altéré(es); dégradé(es)	Daten	
- Kostenplanung und -überwachung [f.]	- gestion [f.] des coûts	PERT z.B.	
- Kreditkarte [f.]	- carte [f.] de crédit		
- Kreisbogen [m.] im Gegenuhr-zeigersinn [DIN 66257]	- arc [m.] dans le sens inverse d'horloge [NF Z 61-000]		**NC**
- Kreisbogen [m.] im Uhrzeigersinn [DIN 66257]	- arc [m.] dans le sens d'horloge [NF Z 61-000]		**NC**
- kreisförmige Spur [f.]	- piste [f.] circulaire		
- kritischer Weg [m.]	- chemin [m.] critique		
- Kritischer-Weg-Verfahren [n.]	- méthode [f.] du chemin critique		
- Kryogenik [f.]	- cryogénie [f.]		**E**
- kryogenischer Speicher [m.];	- mémoire [f.] à supraconducteur;		**Mm**
Kryogenspeicher [m.]	mémoire [f.] cryogénique [☒]		**Mm**
- Kryptoalgorithmus [m.]	- clé [f.] de chiffrement		
- Kryptographie [f.]	- cryptographie [f.]		
- Kubikwurzel [f.]	- racine [f.] cubique		**M**
- Kugelkopf [m.]	- boule [f.]; sphère [f.] (d'impression)		**Pr**
- Kugelkopfdrucker [m.]	- imprimante [f.] à boule;		**Pr**
" "	imprimante [f.] à sphère		**Pr**
- künstliche Intelligenz [f.] (KI)	- intelligence [f.] artificielle		
- künstliche Sprache [f.]	- langage [m.] artificiel [NF Z 61-000]		**S**
- Kupferseite [f.]	- côté [m.] cuivre		**E**
- Kurvenschreiber [m.]	- traceur [m.] de courbes		**Pr**
- Kurzmenü [n.]	- menu [m.] réduit		**S**
- Kurzwahl [f.] [DIN 44331]	- numérotation [f.] abrégée		**C**
- Kybernetik [f.]	- cybernétique [f.]		

L

- Label [m.]	- label [m.]	Kennsatz	
- ladbare Schrift [f.]	- police [f.] téléchargée		**Pr**
- ladefähig	- chargeable		**S**
- Lademodul [n.]	- module [m.] chargeable		**S**
- laden [DIN 44300]	- charger		**S**
- Laden [n.]	- chargement [m.]	Programm, Datei	**S**
- Laden [n.] und Ausführen [n.]	- chargement-lancement [m.]	LOAD-AND-GO	**S**
- Ladeprogramm [n.]; Lader [m.]	- programme [m.] de chargement		**S**
- ladungsgekoppelter Halbleiter-baustein [m.]	- dispositif [m.] à couplage de charge	CCD	**E**
- Lage [f.]	- position [f.]		
- Lageregler [m.]	- régulateur [m.] de position		**E**
- Lagerung [f.]	- stockage [m.]	Waren	
- Lagerverwaltung [f.]	- gestion [f.] des stocks		
- LAN (Local Area Network)	- LAN [m.]; réseau [m.] local	LAN	**C**
- Längsparität [f.]	- parité [f.] longitudinale		
- Längsparitätszeichen [n.]	- clé [f.] longitudinale		
- Längsparity	- parité [f.] longitudinale		
- Längssummenkontrolle [f.]	- contrôle [m.] de redondance longitudinale		
- Laptop [m.]	- ordinateur [m.] portable;		**H**
" "	portable [m.]	ordinateur	**H**
- Laserdrucker [m.]	- imprimante [f.] laser;		**Pr**
" "	imprimante [f.] à laser [-∞]		**Pr**
- Lastenheft [n.]	- cahier [m.] des charges		
- Latenzzeit [f.] [DIN 44300-7]	- temps [m.] d'attente [NF Z 61-000]		
- laufen	- tourner	Programm	**S**
- lauffähig	- exécutable	" "	**S**
- lauffähiges Programm [n.]	- programme [m.] exécutable		**S**

- Laufwerk [n.]	- lecteur [m.] de disquettes	Diskettenlaufwerk	**Di**
- Laufwerk [n.], virtuelles	- disque [m.] virtuel		**Mm**
- Laufzeit [f.]	- pendant l'exécution [f.] du		**S**
(zur ... des Programmes)	programme		
- Laufzeitfehler [m.]	- erreur [f.] en cours d'exécution (du programme)		**S**
- Laufzeitrechner [m.]	- machine [f.] d'exécution;		**H**
" "	ordinateur [m.] d'exécution		**H**
- Lauthöreinrichtung [f.]	≈ écoute [f.] amplifiée	Telefon	**C**
- Lauthören [n.]	- écoute [f.] amplifiée	" "	**C**
- Layer	- couche [f.]	OSI	**C**
- Layout [n.]	- mise [f.] en page; layout [m.];	DTP	**T**
" "	format [m.]	DTP	**T**
- Layoutprogramm [n.]	- logiciel [m.] de mise en page		**T**
- Layout-Vorlage [f.]	- feuille [f.] de style		**T**
- LBA [m.] (Linear Beschränkter Automat)	- automate [m.] linéaire borné	Automatentheorie	
- Lebensdauer [f.]	- durée [f.] de vie	auch Variablen	**S**
- Lebenszyklus [m.]	- cycle [m.] de vie	Software	**S**
- LED [f.]	- diode [f.] électroluminescente;	LED | Leuchtdiode	**E**
" "	(DEL) (LED)		
- leer	- vierge;	noch nicht benutzt	**Mm**
" "	vide	ohne Daten	**Mm**
- Leeranweisung [f.]	- instruction [f.] factice;		**S**
" "	instruction [f.] vide		**S**
- leere Diskette [f.]	- disquette [f.] vierge;	noch nicht benutzt	**Di**
" "	disquette [f.] vide	ohne Daten	**Di**
- leeren	- vider		
- leerer Datenträger [m.]	- support [m.] vide [NF Z 61-000];	ohne Daten	**Mm**
" "	support [m.] vierge [NF Z 61-000]	noch nicht benutzt	**Mm**
- Leerschritt [m.]	- espace [m.]	ASCII 32 [ ] []	**T**
- Leertaste [f.]	- barre [f.] d'espacement	Tastatur	**H**
- Leerzeichen [n.]	- caractère [m.] espace [NF Z 61-000];	ASCII 32 [ ] []	
[DIN 44 300-2]	caractère [m.] blanc [NF Z 61-000];	ASCII 32 [ ] []	
" "	espace [m.]	ASCII 32 [ ] []	
- Leerzeichen [n.], geschütztes	- espace [m.] insécable		**T**
- Leistung [f.]	- performance(s) [f.p.];	Leistungsfähigkeit	
" "	puissance [f.]	W/t	**E**

Formelzeichen: P
SI-Einheit: W **(Watt)**
Quotient aus Arbeit W **und Zeit** t
$P = W/t$.
Elektrische Leistung ⇨ $P = U \cdot I$
U = *Spannung* I = *Strom*

- Leistungsaufnahme [f.]	- consommation [f.];		**E**
" "	puissance [f.] absorbée		**E**

- Leistungsausgang [m.]	- sortie [f.] de puissance		
- leistungsfähig	- performant		
- Leistungsmessung [f.]	- mesure [f.] des performances		
- Leistungsmessung [f.] eines Computers	≈ évaluation [f.] des performances d'un ordinateur		
- Leiterplatte [f.]	- carte [f.]; plaque [f.];		**E**
" "	platine [f.]		**E**
- Leiterplatte [f.], bestückte	- carte [f.] équipée;		**E**
" "	plaque [f.] équipée		**E**
- Leiterplatte [f.], gedruckte	- circuit [m.] imprimé		**E**
- Leitrechner [m.]	- ordinateur [m.] maître		**H**
- Leitstation [f.] [DIN 44302]	- station [f.] de commande		**C**
- Leitsteuerung [f.] [DIN 44302]	≈ fonction [f.] primaire		**C**
- Leitung [f.]	- ligne [f.]	transmissions	**C**
- Leitung [f.], beschaltete	- ligne [f.] commutée		**C**
- Leitungsabschluß [m.]	- terminaison [f.] de ligne		**C**
- Leitungsbündel [n.]	- faisceau [m.] de lignes		**C**
- Leitungseinrichtung [f.]	- équipement [m.] de ligne		**C**
- Leitungs-Endeinrichtung [f.]	- équipement [m.] terminal de ligne		**C**
- Leitungsschicht [f.]	- couche [f.] liaison de données	OSI-Modell (2)	**C**
- Leitungsvermittlung [f.] [DIN 44302]	- commutation [f.] de circuits		**C**
- Leitungszeichen [n.] [DIN 44331]	- signal [m.] de ligne		**C**
- Leitweglenkung [f.]	- acheminement [m.]; routage [m.];		**C**
[DIN 44331]	acheminement [m.] de messages;	messagerie électronique	**C**
" "	routage [m.] de messages	" "	**C**
- Leitwerk [n.]	- unité [f.] de commande [NF Z 61-000];		**E**
" "	unité [f.] de contrôle		**E**
- Leporellofalzung [f.]	- pliage [m.] accordéon;	Endlospapier	**Pr**
" "	pliage [m.] paravent	" "	**Pr**

- Leporelloformular [m.]	- papier [m.] à pliage accordéon;	" "	**Pr**
" "	papier [m.] à pliage paravent	" "	**Pr**
- Lernen [n.]	- apprentissage [m.]		
- Lernen [n.], rechnerunterstütztes	- enseignement [m.] assisté par ordinateur (EAO);	CAI/CAT/CBE	
" "	enseignement [m.] automatisé	CAI/CAT/CBE	
- Lernprogramm [n.]	- didacticiel [m.]		**S**
- Lesbarkeit [f.]	- lisibilité [f.]	Progr. z.B.	**S**
- Lese-/Schreibzyklus [m.] [DIN 44776-2]	- cycle [m.] de lecture-écriture		**Mm**
- Lese-/Schreib-Zykluszeit [f.] [DIN 44476-2]	- temps [m.] de cycle de lecture-écriture		**Mm**
- Lesedraht [m.]	- fil [m.] de lecture		**Mm**
- Lese-Erholzeit [f.] [DIN 44476-2]	- temps [m.] de recouvrement de lecture		**Mm**
- Lesegeschwindigkeit [f.]	- vitesse [f.] de lecture		**Mm**
- Lesekopf [m.]	- tête [f.] de lecture [NF Z 61-000]		**Mm**
- lesen [DIN 44300-8]	- lire [NF Z 61-000]		**Mm**
- Lesen [n.]	- lecture [f.] [NF Z 61-000]		**Mm**
- Lesen [n.], löschendes	- lecture [f.] destructive		**Mm**
- Lesen [n.], magnetisches	- lecture [f.] magnétique;		**Mm**
" "	magnéto-lecture [f.]		**Mm**
- Lesen [n.], nichtlöschendes	- lecture [f.] sans effacement;		**Mm**
" "	lecture [f.] non destructive		**Mm**
- Lesen [n.], optisches	- lecture [f.] optique; photolecture [f.]		
- Leser [m.]	- lecteur [m.]		**H**
- Leser [m.], optischer	- lecteur [m.] optique		**H**
- Lesestation [f.]	- poste [m.] de lecture [NF Z 61-000]		**H**
- Lesetelegramm [n.]	- télégramme [m.] de lecture		**C**
- Lesezeit [f.] [DIN 44476-2]	- temps [m.] de lecture		**Mm**
- Lesezyklus [m.] [DIN 44476-2]	- cycle [m.] de lecture		**Mm**
- Lese-Zykluszeit [f.] [DIN 44476-2]	- temps [m.] de cycle de lecture		**Mm**
- Letter Quality	- qualité [f.] courrier;		**Pr**
" "	qualité [f.] correspondance		**Pr**
- Leuchtbalken [m.]	- barre [f.] de sélection		**S**
- Leuchtdiode [f.]	- diode [f.] électroluminescente	LED	**E**
" "	(DEL) (LED)		

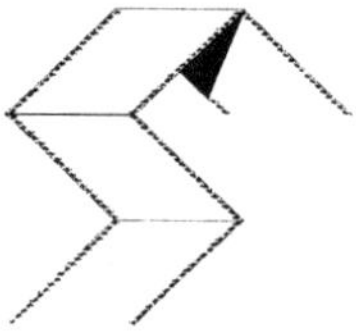

Deutsch	Français	Bemerkung	
- Leuchtschirm [m.]	- écran [m.] luminescent		**H**
- lexikalische Analyse [f.]	- analyse [f.] lexicographique		**S**
- lichtelektrisch	- photo-électrique		**E**
- Lichtgriffel [m.] <—	- crayon [m.] électronique;		**H**
" "	crayon [m.] lumineux;		**H**
" "	photostyle [m.]; stylophote [m.]		**H**
- Lichtleiter [m.]	- conducteur [m.] optique		**E**
- Lichtmarke [f.] [-∞]	- curseur [m.]		**S**
- Lichtsetzanlage [f.]	- photocomposeuse [f.]		**T**
- Lichtsignal [n.]	- signal [m.] lumineux		
- Lichtstift [m.] ...—	- crayon [m.] électronique		**H**
- Lichtwellenleiter [m.]	- conducteur [m.] optique		**E**
- Lieferumfang [m.]	- composition [f.] de la fourniture		
- LIFO (Last In, First Out)	- dernier entré, dernier sorti; LIFO	Stack z.B.	**Mm**
- LIFO-Speicher [m.]	- mémoire [f.] LIFO	" "	**Mm**
- Line Feed	- interligne [m.]; saut [m.] de ligne	ASCII 10 [] [LF]	
- Lineal [n.]	- règle [f.]	Windows z.B.	
- linear	- linéaire		
- linear beschränkter Automat [m.] (LBA)	- automate [m.] linéaire borné	Automatentheorie	
- lineare Interpolation [f.]	- interpolation [f.] linéaire		
- lineare Programmierung [f.]	- programmation [f.] linéaire		**S**
- linearer Code [m.]	- code [m.] linéaire		
- Linearfahrt [f.]	- trajet [m.] linéaire		**R**
- linguistische Datenverarbeitung [f.]	- informatique [f.] linguistique		
- linke geschweifte Klammer [f.]	- accolade [f.] ouvrante	ASCII 123 [{] []	
- linken	- éditer les liens;	éditeur de liens	**S**
" "	enchaîner; lier	" "	**S**
- Linken [n.]	- édition [f.] de liens;	" "	**S**
" "	traitement [m.] par l'éditeur de liens	" "	**S**
- Linker [m.]	- éditeur [m.] de liens [NF Z 61-000];		**S**
" "	relieur [m.] [-∞]		**S**
- linker Rand [m.]	- marge [f.] gauche	Textverarbeitung, DTP	**T**
- links ausrichten	- cadrer à gauche [NF Z 61-000];		**E/T**
" "	justifier à gauche [NF Z 61-000]		**T**
- linksbündig	- justifié à gauche;		**T**
" "	cadré à gauche;		**E/T**
" "	aligné à gauche		**T**
- linksbündige Ausrichtung [f.]	- justification [f.] à gauche;		**T**
" "	cadrage [m.] à gauche;		**E/T**
" "	cadrage "en drapeau" à gauche		**T**

- Linksrundschieben [n.]	- décalage [m.] à gauche circulaire	Register	
- Linksschieben [n.];	- décalage [m.] à gauche	" "	
Linksverschiebung [f.]	" "	" "	
- Liste [f.]	- liste [f.] [NF Z 61-000]		
- Liste [f.], getrennte	- listing [m.] éclaté		
- Liste [f.], invertierte	- liste [f.] inversée [NF Z 61-000];		
" "	liste [f.] refoulée [NF Z 61-000]		
- Liste [f.], verkettete	- liste [f.] chaînée [NF Z 61-000]		
- Listenbild [n.]	≈ structure [f.] de liste		
- Listenfuß [m.]	- queue [f.] de (la) liste		
- Listenkopf [m.]	- tête [f.] de (la) liste		
- Listentrennzeichen [n.]	- séparateur [m.] de listes	Windows z.B.	
- Listenverarbeitung [f.]	- traitement [m.] de liste [NF Z 61-000]		
- Literal [n.] [DIN 44300-4]	- libellé [m.] [NF Z 61-000];		
" "	symbole [m.] littéral [NF Z 61-000]		
- Lizenz [f.]	- licence [f.]		**S**
- LK [f.] (Lochkarte)	- carte [f.] perforée		**Me**
- Local Area Network (LAN)	- réseau [m.] local (LAN)	LAN	**C**
- Local-Bus [m.]	- bus [m.] local		
- Loch [n.]	- perforation [f.]		**Me**
- Lochband [n.]	- bande [f.] perforée;		**Me**
" "	ruban [m.] perforé [-∞]		**Me**
- Lochbandleser [m.]	- lecteur [m.] de bande (perforée);		**Me**
" "	lecteur [m.] de ruban (perforé) [-∞]		**Me**
- Lochbandstanzer [m.]	- perforateur [m.] de bande [NF Z 61-000];		**Me**
" "	perforateur [m.] de ruban [-∞]		**Me**
- Lochcode [m.]	- code [m.] de perforation	Lochkarten	**Me**
- lochen	- perforer		**Me**
- Lochen [n.]	- perforation [f.]		
- Locher [m.]	- perforateur [m.]	Person	**Me**
- Locherin [f.]	- perforatrice [f.]	" "	**Me**
- Lochkarte [f.] (LK)	- carte [f.] perforée [NF Z 61-000];	punched card	**Me**
" "	carte [f.] à perforer [NF Z 61-000]	punch card	**Me**
- Lochkartenbahn [f.]	- chemin [m.] de cartes [NF Z 61-000]		**Me**
- Lochkartencode [m.]	- code [m.] de cartes		**Me**
- Lochkartendeck [n.]	- paquet [m.] de cartes		**Me**
- Lochkartendoppler [m.]	- reproductrice [f.] de cartes [NF Z 61-000]		**Me**
- Lochkartenleser [m.]	- lecteur [m.] de cartes (perforées)		**Me**
- Lochkartenlesestanzer [m.]	- lecteur-perforateur [m.] de cartes		**Me**
- Lochkartenmischer [m.]	- interclasseuse [f.] [NF Z 61-000]		**Me**
- Lochkartenstanzer [m.]	- perforateur [m.] de cartes		**Me**
" "	[NF Z 61-000]; perforatrice [f.]		**Me**

- **Lochkartenstapel [m.]**	- paquet [m.] de cartes		**Me**
- **Lochkartenverarbeitung [f.]; Lochkartenverfahren [n.]**	- mécanographie [f.] (à cartes perforées)		**Me**
- **Lochkombination [f.]**	- configuration [f.] de trous [NF Z 61-000]		**Me**
- **Lochsaal [m.]**	- atelier [m.] de perforation		**Me**
- **Lochschrift [f.]**	- code [m.] de perforation	Lochkarten	**Me**
- **Lochschriftübersetzer [m.]**	- traductrice [f.] [NF Z 61-000]	" "	**Me**
- **Lochspalte [f.]**	- colonne [f.] (de carte) [NF Z 61-000]	" "	**Me**
- **Lochstelle [f.]**	- perforation [f.];	" "	**Me**
" "	position [f.] de perforation [NF Z 61-000]	" "	**Me**
- **Lochstreifen [m.]**	- bande [f.] perforée [NF Z 61-000];	punched tape	**Me**
" "	bande [f.] à perforer [NF Z 61-000];	punch tape	**Me**
" "	ruban [m.] perforé [-∞]	punched tape	**Me**
- **Lochstreifenkanal [m.]**	- canal [m.] de bande perforée		**Me**
- **Lochstreifenleser [m.]**	- lecteur [m.] de bande perforée [NF Z 61-000];		**Me**
" "	lecteur [m.] de ruban perforé [-∞]		**Me**
- **Lochstreifenstanzer [m.]**	- perforateur [m.] de bande [NF Z 61-000]		**Me**
- **Lochung [f.]**	- perforation [f.]		**Me**
- **Lochung [f.] in der Normallochzone**	- perforation [f.] numérique	Lochkarten	**Me**
- **Logbuch [n.]**	- journal [m.] de bord;		
" "	journal [m.] de marche		
- **Logik [f.]**	- logique [f.]		**Lo**
- **Logik [f.], emittergekoppelte**	- système [m.] à émetteurs couplés	ECL	**E**
- **Logik [f.], formale**	- logique [f.] formelle [NF Z 61-000]		**Lo**
- **Logik [f.], symbolische**	- logique [f.] symbolique [NF Z 61-000]		**Lo**
- **Logikschaltung [f.]**	- circuit [m.] logique		**Lo**
- **Login**	- ouverture [f.] de session	Anmeldung	
- **logische Addition [f.]**	- addition [f.] logique		**Lo**
- **logische Algebra [f.]**	- algèbre [f.] de Boole		**Lo**
- **logische Datensicht [f.]**	- schéma [m.] conceptuel;		**Db**
" "	base [f.] logique		**Db**
- **logische Felder [n.p.], programmierbare**	- réseau [m.] logique programmable	PLA	**E**
- **logische Folgerung [f.]**	- inférence [f.] logique		
- **logische Funktion [f.]**	- fonction [f.] logique		**Lo**
- **logische Nummer [f.]**	- numéro [m.] logique		**Lo**
- **logische ODER-Schaltung [f.]**	- OU [m.] inclusif	OR	**Lo**
- **logische Schaltung [f.]**	- circuit [m.] logique		**Lo**
- **logische Summe [f.]**	- somme [f.] booléenne;	OR	**Lo**
" "	somme [f.] logique	OR	**Lo**

- logische Systemnummer [f.]	- numéro [m.] logique de système		
- logische Variable [f.]	- variable [f.] booléenne		**S**
- logische Verknüpfung [f.]	- fonction [f.] logique		**Lo**
- logischer Ausdruck [m.]	- expression [f.] logique		**Lo**
- logischer Befehl [m.]	- instruction [f.] logique [NF Z 61-000]		**S**
- logischer Datensatz [m.]	- enregistrement [m.] logique		**Db**
- logischer Fehler [m.]	- erreur [f.] logique		
- logischer Kanal [m.]	- voie [f.] logique		**C**
- logischer Operator [m.]	- opérateur [m.] logique		**S**
- logischer Pegel [m.]	- niveau [m.] logique		**Lo**
- logischer Satz [m.]	- enregistrement [m.] logique		**Db**
- logisches Produkt [n.]	- produit [m.] booléen;	AND	**Lo**
" "	produit [m.] logique	AND	**Lo**
- logisches Schieben [n.]	- décalage [m.] logique [NF Z 61-000]	Register	
- logisches Symbol [n.]	- symbole [m.] logique [NF Z 61-000]		**Lo**
- logisches Verknüpfungszeichen [n.]	- opérateur [m.] booléen [NF Z 61-000]		**Lo**
- logisches Verschieben [n.]	- décalage [m.] logique [NF Z 61-000]	Register	
- LOGO	- LOGO	Programmiersprache	**S**
- Logout	- fermeture [f.] de session	Abmeldung	
- lokal	- local(e)	Variable z.B.	**S**
- lokale Variable [f.]	- variable [f.] locale		**S**
- lokales Echo [n.]	- écho [m.] local	Windows z.B.	
- lokales Netzwerk [n.]	- réseau [m.] local		**C**
- löschbar	- effaçable	Speicher	**Mm**
- löschbar, elektrisch	- effaçable électriquement	" "	**Mm**
- löschbarer Speicher [m.]	- mémoire [f.] effaçable [NF Z 61-000]		**Mm**
- Löschen [n.]	- effacement [m.]; oblitération [f.]	ASCII 127 [▒] [DEL]	
- löschen [DIN 44300-8]	- effacer [NF Z 61-000]; éliminer;		
" "	supprimer; annuler		
- löschen (eine Datei ...)	- supprimer un fichier;		
" "	effacer un fichier		
DEL [Dateiname]			
- löschendes Lesen [n.]	- lecture [f.] destructive [NF Z 61-000]		**Mm**
- Löschkopf [m.]	- tête [f.] d'effacement		
- Löschtaste [f.]	- touche [f.] d'effacement		
- Löschzeichen [n.] [DIN 66257]	- caractère [m.] d'oblitération [NF Z 61-000]		**NC**
- Lötöse [f.]	- cosse [f.] à souder		**E**
- Low-Level-Funktion [f.]	- fonction [f.] de bas niveau		**S**

- **LSB [n.] (Least Significant Bit)**	- bit [m.] de plus faible poids	LSB	
- **LSI [f.] (Large Scale Integration)**	- LSI [f.]	LSI (100...500 G/Chip)	**E**
- **Luftpost [f.]** 	- courrier [m.] aérien		**C**
- **Lupe [f.]**	- loupe [f.]	Zeichenpr./Textv.	

M

- Magazin [n.]	- magasin [m.]	Lochkartenleser z.B.	**Me**
- Magnetband [n.]	- bande [f.] magnétique [NF Z 61-000];		**Mb**
" "	ruban [m.] magnétique		**Mb**
- Magnetbandarchiv [n.]	- bandothèque [f.];		**Mb**
" "	bibliothèque [f.] de bandes (magnétiques)		**Mb**
- Magnetbandeinheit [f.]; Magnetbandgerät [n.] <	- unité [f.] de bande magnétique;		**Mb**
	lecteur [m.] de bandes magnétiques;		**Mb**
" "	dérouleur [m.] de bande magnétique [NF Z 61-000];		**Mb**
" "	mécanisme [m.] d'entraînement de bande magnétique		**Mb**
- Magnetbandkassette [f.]	- cassette [f.] de bande magnétique [NF Z 61-000];	cassette	**Mb**
" "	cartouche [f.] de bande magnétique	cartridge	**Mb**
- Magnetbandspeicher [m.]	- mémoire [f.] sur bande magnétique [NF Z 61-000]		**Mb**
- Magnetbandstation [f.] ...	- lecteur [m.] de bandes magnétiques		**Mb**
- Magnetblase [f.]	- bulle [f.] magnétique		**Mm**
- Magnetblasenspeicher [m.]	- mémoire [f.] à bulles magnétiques		**Mm**
- Magnetdiskette [f.] [-∞]	- disquette [f.] [NF Z 61-000];		**Di**
" "	disque [m.] souple [-∞] [NF Z 61-000];		**Di**
" "	minidisque [m.] [-∞] [NF Z 61-000]		**Di**
- Magnetdiskettenstation [f.]	- unité [f.] de disques magnétiques [NF Z 61-000]	disquettes	**Di**
- Magnetdrahtspeicher [m.]	- mémoire [f.] à fil magnétique [NF Z 61-000]		**Mm**
- Magnetfeld [n.]	- champ [m.] magnétique		**E**
- magnetisch	- magnétique		**E**
- magnetische Aufzeichnung [f.]	- enregistrement [m.] magnétique [NF Z 61-000]		
- magnetische Zeichenerkennung [f.]	- reconnaissance [f.] de caractères magnétiques		

- magnetischer Datenträger [m.]	- support [m.] magnétique;		**Mm**
" "	support [m.] d'information magnétique		**Mm**
- magnetischer Speicher [m.]	- mémoire [f.] magnétique [NF Z 61-000]		**Mm**
- magnetisches Feld [n.]	- champ [m.] magnétique;		**E**
" "	domaine [m.] magnétique		**E**
- magnetisches Lesen [n.]	- lecture [f.] magnétique;		**Mm**
" "	magnéto-lecture [f.]		**Mm**
- magnetisierbar	- magnétisable		**E**
- Magnetisierung [f.]	- magnétisation [f.]		**E**
- Magnetismus [m.]	- magnétisme [m.]		**E**
- Magnetkarte [f.]	- carte [f.] magnétique [NF Z 61-000]		**Mm**
- Magnetkartenspeicher [m.]	- mémoire [f.] à cartes magnétiques [NF Z 61-000];		**Mm**
" "	mémoire [f.] à feuillets magnétiques		**Mm**
- Magnetkassette [f.]	- cassette [f.] de bande magnétique [NF Z 61-000];	cassette	**Mb**
" "	cartouche [f.] de bande magnétique [NF Z 61-000]	cartridge	**Mb**
- Magnetkernspeicher [m.]	- mémoire [f.] à tores (de ferrite)		**Mm**
- Magnetkopf [m.]	- tête [f.] magnétique [NF Z 61-000]		**Mm**
- Magnetostriktion [f.];	- magnétostriction [f.]		**E**
magnetostriktiver Effekt [m.]	" "		**E**
- Magnetpartikeln [f.p.]	- particules [f.p.] de matériau magnétique		**E**
- Magnetplatte [f.]	- disque [m.] magnétique [NF Z 61-000]		**Mm**
- Magnetplatte [f.], auswechselbare	- disque [m.] (magnétique) amovible		**Mm**
- Magnetplattengerät [n.]	- unité [f.] de disques magnétiques		**Mm**
- Magnetplattenkassette [f.]	- cartouche [f.] de disque(s) magnétique(s)		**Mm**
- Magnetplattenlaufwerk [n.] <—	- unité [f.] de disques magnétiques;		**Mm**
" "	mécanisme [m.] d'entraînement de disques [NF Z 61-000]		**Mm**
- Magnetplattenspeicher [m.]	- mémoire [f.] à disque magnétique [NF Z 61-000]		**Mm**
- Magnetplattenstation [f.] ...—	- unité [f.] de disques magnétiques		**Mm**
- Magnetring [m.]	- tore [m.] de ferrite [NF Z 61-000]		**Mm**
- Magnetschicht [f.]	- couche [f.] magnétique		**Mm**
- Magnetschrift [f.]	≈ caractère [m.] magnétique		**Mm**

- Magnetspeicher [m.]	- mémoire [f.] magnétique [NF Z 61-000]		**Mm**
- Magnetstreifen [m.]	- feuillet [m.] magnétique		**Mm**
- Magnettinte [f.]	- encre [f.] contenant des particules de matériau magnétique		**Mm**
- Magnettrommel [f.]	- tambour [m.] magnétique [NF Z 61-000]		**Mm**
- Magnettrommelspeicher [m.]	- mémoire [f.] à tambour magnétique [NF Z 61-000]		**Mm**
- Mailbox [f.] 	- boîte [f.] aux lettres (BAL)		**C**
- Mailing [n.]	- mailing [m.]; publipostage [m.]		**T**
- Mainframe	- gros ordinateur [m.];		**T**
" "	main frame [m.]		**T**
- Makro	- macro [f.]		
- Makroassembler [m.]	- macro-assembleur [m.]		**S**
- Makrobefehl [m.]	- macro-instruction [f.] [NF Z 61-000];		**S**
" "	superinstruction [f.]		**S**
- Manipulationssprache [f.]	- langage [m.] de manipulation	base de données	**Db**
- Mantisse [f.]	- mantisse [f.] [NF Z 61-000]		**M**
- manuelle Entzerrung [f.]	- égalisation [f.] manuelle		**C**
- manuelle Sperrung [f.]	- blocage [m.] manuel		
- manueller Betrieb [m.] [DIN 66257]	- commande [f.] manuelle [NF Z 61-000]		**NC**
- Marke [f.] [DIN 44300]	- étiquette [f.]	Label	
" "	label [m.]; marque [f.];	" "	
" "	jeton [m.]	Petri-Netz z.B.	
- Markierbelegleser [m.]	- lecteur [m.] optique de marques		**H**
- Markieren [n.]	- marquage [m.]		
- markieren	- sélectionner	Textverarb.	**T**
- markieren (zum Löschen ...)	- marquer pour l'effacement		**Db**
- Maschennetz [n.] [DIN 44302]	- réseau [m.] maillé		**C**
- Maschine [f.]	- machine [f.]		**H**
- Maschine [f.], virtuelle	- machine [f.] virtuelle		**H**
- maschinelles Übersetzen [n.]	- traduction [f.] automatique;		
" "	traduction [f.] automatisée		
- Maschinenausrüstung [f.]	- matériel [m.] (de traitement de l'information) [NF Z 61-000]		**H**
- maschinenbedingte Ausfallzeit [f.]	- temps [m.] d'arrêt [NF Z 61-000]		
- Maschinenbefehl [m.]	- instruction [f.] machine [NF Z 61-000]		**S**
- Maschinenlauf [m.]	- passage [m.] machine		**S**
- Maschinennullpunkt [m.] [DIN 66257]	- origine [f.] machine [NF Z 61-000]		**NC**

- **maschinenorientierte Programmiersprache [f.];**	- langage [m.] orienté vers la machine;		**S**
maschinenorientierte Sprache [f.] [DIN 44300-4]	langage [m.] lié à l'ordinateur [NF Z 61-000]		**S**
- **Maschinenprogramm [n.] [DIN 44300-4]**	- programme [m.] machine [NF Z 61-000];		**S**
" "	programme [m.] objet [NF Z 61-000];		**S**
" "	programme [m.] résultant [NF Z 61-000]		**S**
- **Maschinensprache [f.] [DIN 44300-4]**	- langage [m.] machine [NF Z 61-000]; langage [m.] binaire		**S**
- **Maschinenteil [m.]**	- division [f.] environnement informatique	COBOL	**S**
- **Maschinenwort [n.] [DIN 44300-4]**	- mot-machine [m.] [NF Z 61-000]		**S**
- **Maschinenzyklus [m.]**	- cycle [m.] de machine		
- **Maske [f.] [DIN 44300-2]**	- masque [m.] [NF Z 61-000]		
- **maskenprogrammierter Festwertspeicher [m.] [DIN 44476-1]**	- mémoire [f.] à lecture seule programmable par masque [CEI 147-OE]		**Mm**
- **Maskieren [n.]**	- masquage [m.]		
- **maskieren [DIN 44300-8]**	- masquer [NF Z 61-000]	Interrupt z.B.	**S**
- **Massendatenträger [m.]**	- mémoire [f.] de masse		**Mm**
- **Massenspeicher [m.]**	- mémoire de masse [NF Z 61-000];		**Mm**
	mémoire [f.] de grande capacité		**Mm**
- **Maßstab [m.]**	- échelle [f.];	Größenverhältnis	
" "	étalon [m.]; mesure [f.]	Richtlinie	
- **Maßstab [m.] 1:1**	- échelle 1 [f.];		
" "	grandeur [f.] nature		
- **Master [m.]**	- maître [m.]		**C**
- **Masterband [n.]**	- bande [f.] pilote		**Mb**
- **Masterindex [m.]**	- index [m.] maître		**Db**
- **Masterkonsole [f.]**	- console [f.] de commande [NF Z 61-000]		**H**
- **Mastermode [m.]**	- mode [m.] maître		
- **Materialflußrechner [m.] (MFR)**	- gestionnaire [m.] de flux de matière		**H**
- **Mathematik [f.]**	- mathématiques [p.]		**M**
- **mathematisch**	- mathématique		**M**
- **Matrix [f.]**	- matrice [f.] [NF Z 61-000];	Zahlenkörper	
" "	trame [f.]	Punktraster	
- **Matrixdrucken [n.]**	- impression [f.] matricielle		**Pr**

Deutsch	Français	Bemerkung	
- **Matrixdrucker [m.]**	- imprimante [f.] matricielle;		**Pr**
" "	imprimante [f.] par points [-∞]		**Pr**
- **Maus [f.]**	- souris [f.]		**H**
- **Maustaste [f.]**	- bouton [m.] de souris		**H**
- **Maustreiber [m.]**	- pilote [m.] de souris		**S**
- **MC** (Microcontroller)	- microcontrôleur [m.]	MC	**E**
- **mechanische Rechenmaschine [f.]**	- machine [f.] à calculer mécanique		**H**
- **mechanischer Drucker [m.]**	- imprimante [f.] à impact;		**Pr**
" "	imprimante [f.] à percussion		**Pr**
- **Mechanisierung [f.]**	- mécanisation [f.]		
- **medizinische Informatik [f.]**	- informatique [f.] médicale		
- **Mehradreßbefehl [m.]**	- instruction [f.] à plusieurs adresses [NF Z 61-000]		**S**
- **Mehrbenutzersystem [n.]**	- système [m.] multiposte		
- **Mehrdeutigkeit [f.]**	- ambiguïté [f.]		
- **mehrdimensional**	- multidimensionnel		
- **mehrdimensionales Array [n.]**	- tableau [m.] multidimensionnel		**S**
- **mehrfach programmierbarer Festwertspeicher [m.] [DIN 44476-1]**	- mémoire [f.] à lecture seule reprogrammable [CEI 147-OE]		**Mm**
- **Mehrfachkopie [f.];**	- impression [f.] de liasses		**Pr**
Mehrfachnutzen [m.]	" "		**Pr**
- **Mehrfachrahmen [m.]**	- multitrame [f.]	PCM 30 z.B.	**C**
- **Mehrfachsteckdose [f.]**	- multiprise [f.]		**E**
- **Mehrlagenpapier [n.];**	- liasse [f.]	Endlospapier	**Pr**
mehrlagiges Papier [n.]	" "	" "	**Pr**
- **Mehrplatzrechner [m.]**	- machine [f.] multiposte		**H**
- **Mehrplatzsystem [n.]**	- système [m.] multiposte		
- **Mehrprogrammbetrieb [m.] [DIN 44300-9];**	- multiprogrammation [f.] [NF Z 61-000]		**S**
Mehrprogrammverarbeitung [f.];	" "		
Mehrprozeßbetrieb [m.] ☞ *Siehe auch "Multitasking"*			
- **Mehrprozessor(system) [n.] [DIN 44300-5]**	- multiprocesseur [m.] [NF Z 61-000]		**E**

- Mehrpunkt-...	- multipoint		
- Mehrpunktverbindung [f.] [DIN 44302]	- connexion [f.] multipoint;	CCITT	**C**
	liaison [f.] multipoint		**C**
- Mehrzweckregister [n.]	- registre [m.] banalisé [NF Z 61-000]		**E**
- Meldeleitung [f.]	- circuit [m.] de signalisation		**C**
- Meldewort [n.]	- signal [m.] d'information	PCM 30 z.B.	**C**
- Meldezeile [f.]	- ligne [f.] de message	Bildschirm	
- Meldung [f.]	- message [m.]		
- Memofeld [n.]	- champ [m.] mémo	Datenbank	**Db**
- Memory Decoder [m.]	- décodeur [m.] de mémoires		**E**
- Memory-Manager [m.]	- gestionnaire [m.] de mémoire		**Mm**
- Menge [f.]	- ensemble [m.];	Mathem.	**M**
" "	quantité [f.]	allgemein	
- Mengenlehre [f.];	- théorie [f.] des ensembles		**M**
Mengentheorie [f.]	" "		**M**
- Mensch-Maschine-Kommunikation [f.]	- communication [f.] homme-machine		
- Menü [n.] [MS]	- menu [m.]; liste [f.] d'options [-∞]		**S**
- menügeführt <	- assisté par menu;		**S**
" "	guidé par menu;		**S**
" "	commandé par menu		**S**
- Menü-Generator [m.]	- générateur [m.] de menus		**S**
- menügesteuert ...	- assisté par menu		**S**
- Menüleiste [f.] [MS]	- barre [f.] de menu		**S**
- Menüpunkt [m.]	- option [f.]		**S**
- Menüzeile [f.]	- barre [f.] de menu		**S**
- Merkmal [n.]	- caractéristique [f.]	particularité	
- Meßausgang [m.]	- sortie [f.] de mesure		**E**
- Meßbuchse [f.]	- prise [f.] de mesure		**E**
- Meßpunkt [m.]	- point [m.] de mesure		**E**
- Meßpunkt [m.], entkoppelter	- point [m.] de mesure découplé		**E**
- Meßschnur [f.]	- cordon [m.] de mesure		**E**
- Meßstecker [m.]	- fiche [f.] de mesure		**E**
- Meßtechnik [f.]	- métrologie [f.]		**E**
- Meßwert [m.]	- valeur [f.] mesurée		**E**
- Meßwertgeber [m.] [DIN 66257]	- capteur [m.] [NF Z 61-000]		**NC**
- Meßwertzähler [m.]	- compteur [m.] de mesure		**E**
- Metasprache [f.]	- métalangage [m.] [NF Z 61-000]		**S**
- Methode [f.]	- méthode [f.]		
- methodisches Programmieren [n.]	- programmation [f.] structurée		**S**
- MFR [m.] (Materialflußrechner)	- gestionnaire [m.] de flux de matière		**H**
- Microcontroller [m.] (MC)	- microcontrôleur [m.]	MC	**E**

- Mietleitung [f.]	- liaison [f.] louée;		C
" "	ligne [f.] louée;		C
" "	ligne [f.] concédée		C
- Mikrobefehl [m.]	- micro-instruction [f.] [NF Z 61-000]		S
- Mikrocode [m.]	≈ microlangage [m.]		S
- Mikrocomputer [m.]	- microcalculateur [m.];		H
" "	micro-ordinateur [m.]		H
- Mikroelektronik [f.]	- micro-électronique [f.]		E
- Mikrofilm [m.]	- microfilm [m.]		
- Mikrofilmausgabe [f.]	- sortie [f.] d'ordinateur sur microfilm		
- Mikrophon [n.]	- microphone [m.]		C
- Mikroprogramm [n.] [DIN 44300-4]	- microprogramme [m.] [NF Z 61-000]		S
- mikroprogrammiert	- microprogrammé		S
- Mikroprogrammierung [f.]	- microprogrammation [f.] [NF Z 61-000]		S
- Mikroprozessor [m.]	- microprocesseur [m.]		E
- Mikrorechner [m.]	- microcalculateur [m.];		H
" "	micro-ordinateur [m.]		H
- MIMD-Architektur [f.] (Multiple Instruction, Multiple Data)	- architecture [f.] à flot multiple d'instructions , flot multiple de données	MIMD	H
- Miniaturisierung [f.]	- miniaturisation [f.]		E
- Minicomputer [m.];	- mini-ordinateur [m.];		H
Minirechner [m.]	miniordinateur [m.]		H
- Mini-Tower-Gehäuse [n.]	- boîtier [m.] minitour		H
- Minuend [m.]	- diminuende [m.]		M
- Minuszeichen [n.]	- signe moins [m.]; signe [m.] -		M
- Mischbauart [f.]	≈ circuit [m.] hybride		E
- Mischen [n.]	- fusion [f.]	Datenelemente	
- mischen [DIN 44300-8]	- fusionner [NF Z 61-000]	" "	
- mitbenutzbar [-∞] *☞ Siehe auch "reentrant"*	- réentrant; rentrant [NF Z 61-000]	Programm	S
- Mitkopplung [f.]	- réaction [f.];		E
" "	rétroaction [f.] positive		E
- Mitteilung [f.]	- message [m.]	Mailbox z.B.	C
- mittelbarer Benutzer [m.]	- utilisateur [m.] intermédiaire		
- Mittelwert [m.]	- moyenne [f.]		M
- mittlere Integration [f.]	- intégration [f.] à moyenne échelle	MSI (100...500 G/Chip)	E
- mittlere Reparaturzeit [f.]	- temps [m.] moyen de dépannage [NF Z 61-000]		

- mittlerer Ausfallabstand [m.]	- moyenne [f.] des temps de bon fonctionnement [NF Z 61-000];	MTBF	
" "	temps [m.] moyen entre pannes [NF Z 61-000];	MTBF	
" "	MTBF [m.] [NF Z 61-000]		
- mittlerer Informationsbelag [m.] [DIN 44301]	- entropie [f.] moyenne (par caractère) [NF Z 61-000]	Informationstheorie	
- mittlerer Informationsfluß [m.] [DIN 44301]	- entropie [f.] moyenne (par unité de temps) [NF Z 61-000]	" "	
- mittlerer Transinformationsbelag [m.] [DIN 44301]	- information [f.] mutuelle moyenne [NF Z 61-000];	" "	
" "	quantité [f.] d'information mutuelle moyenne [NF Z 61-000];	" "	
" "	< transinformation [f.] moyenne [NF Z 61-000]	" "	
- mittlerer Transinformationsfluß [m.] [DIN 44301]	- débit [m.] moyen de transinformation [NF Z 61-000];	" "	
" "	transinformation [f.] moyenne (par unité de temps);	" "	
" "	< transinformation [f.] moyenne [NF Z 61-000]	" "	
- Mix [n.]	- mélange [m.]; mix [m.]		S
- mnemonisch	- mnémonique		
- mnemonischer Code [m.]	- code [m.] mnémonique		
- mnemonisches Symbol [n.]	- symbole [m.] mnémonique		
- Modell [n.]	- modèle [m.]		
- Modellbildung [f.];	- modélisation [f.]		
Modellierung [f.]	" "		
- Modem [n.] [DIN 44302]	- modem [m.]		C
- Modul [n.]	- module [m.]		C
- MODULA	- MODULA	Programmiersprache	S
- modular	- modulaire		
- Modularaufbau [m.];	- construction [f.] modulaire		
modulare Bauweise [f.]	" "		
- modulare Programmierung [f.]	- programmation [f.] modulaire		S
- modulares System [n.]	- système [m.] modulaire		
- Modularität [f.]	- modularité [f.]		
- Modulation [f.]	- modulation [f.]		C
- Modulator [m.]	- modulateur [m.]		C
- Modulbauweise [f.]	- construction [f.] modulaire		
- modulo	- modulo		M

- Modulo-N-Zähler [m.] [DIN 44300-5]	- compteur [m.] modulo-N [NF Z 61-000]		**E**
- Modus [m.], grafischer	- mode [m.] graphique		**S**
- monadisch	- monadique		
- monadischer Operator [m.]	- opérateur [m.] monadique		**S**
- Monitor [m.]	❶ écran [m.] de visualisation;	Bildschirm	**H**
" "	moniteur [m.]	" "	**H**
" "	❷ appareil [m.] de surveillance [NF Z 61-000]	Überwachungsgerät	**H**
" "	❸ logimètre [m.]; moniteur [m.]	Leistungsmessung	
- monochrom	- monochrome		
- Monochrombildschirm [m.]	- écran [m.] monochrome		**H**
- monolithisch	- monolithique; état solide		**E**
- monolitischer Schaltkreis [m.]	- circuit [m.] monolithique		**E**
- Monomodenfaser [f.]	- fibre [f.] monomode	Glasfaser	**E**
- monostabil	- monostable		**E**
- monostabile Kippschaltung [f.]	- bascule [f.] monostable [NF Z 61-000]		**E**
- Monte-Carlo-Methode [f.]	- méthode [f.] de Monte-Carlo [NF Z 61-000]		
- Morphologie [f.]	- morphologie [f.]		
- MOS (Metal-Oxide-Semiconductor)	- MOS		**E**
- MOS-Schaltung [f.]	- circuit [m.] MOS		**E**
- MOS-Transistor [m.]	- transistor [m.] MOS		**E**
- Mosaikdrucker [m.]	- imprimante [f.] matricielle;		**Pr**
" "	imprimante [f.] par points [-∞] [NF Z 61-000]		**Pr**
- Motherboard	- carte [f.] mère		**H**
- MS (Microsoft)	- MS (Microsoft)		
- MS-DOS (**M**icrosoft-**D**isk **O**perating **S**ystem)	- MS-DOS	MS-DOS	**S**
- MSB [n.] (**M**ost **S**ignificant **B**it)	- bit [m.] de plus fort poids	MSB	**C**
- MSI [f.] (**M**edium **S**cale **I**ntegration)	- MSI	MSI (12...100 G/Chip)	**E**
- MTBF (**M**ean **T**ime **B**etween **F**ailures) ☞ *Siehe auch "mittlerer Ausfallabstand"*	- MTBF	MTBF	
- Multimediasystem [n.]	- système [m.] multimédias		
- Multimeter [n.]	- multimètre [m.]		**E**
- Multimodenfaser [f.]	- fibre [f.] multimodes	Glasfaser	**E**
- multiplex	- multiplexe		**C**
- Multiplexbetrieb [m.];	- multiplexage [m.]		**C**
Multiplexen [n.]	" "		**C**

- **Multiplexer [m.] (MX) [DIN 44300]**	- multiplexeur [m.]	C
- **Multiplexieren [n.]**	- multiplexage [m.]	C
- **Multiplexkanal [m.]**	- canal [m.] multiplexé	C

"Multiplexage" (Multiplexbetrieb)
Procédé permettant de combiner des signaux indépendants provenant de plusieurs voies affluentes pour les transmettre dans un même sens sur une voie commune.
(Définition CCITT)

- **Multiplikand [m.]**	- multiplicande [m.]	M
- **Multiplikationswerk [n.]**	- circuit [m.] multiplicateur	E
- **Multiplikator [m.]**	- multiplicateur [m.]	M
- **multiplizieren**	- multiplier	M
- **Multiplizierwerk [n.]**	- circuit [m.] multiplicateur	E
- **Multipoint**	- point [m.] multiple	C
- **Multipoint-Schnittstelle [f.]**	- interface [f.] multipoint	C
- **Multiprocessing**	- multitraitement [m.] [NF Z 61-000]	
- **Multiprogrammbearbeitung [f.]; Multiprogrammbetrieb [m.]; Multiprogramming [n.]; Multiprogrammverarbeitung [f.]** ☞ *Siehe auch "Multitasking"*	- multiprogrammation [f.] [NF Z 61-000]	
- **Multiprozessor [m.]**	- multiprocesseur [m.] [NF Z 61-000]	E
- **Multiprozessorbetrieb [m.]**	- multitraitement [m.] [NF Z 61-000]	
- **Multitask**	- multitâche	
- **Multitaskbetrieb [m.]; Multitasking [n.]**	- fonctionnement [m.] multitâches [NF Z 61-000];	
" "	mode [m.] multitâche;	
" "	multitâche [m.]	

"Multiprogrammation" (Multiprogrammverarbeitung, Multiprogrammbetrieb, Multiprogrammbearbeitung, Mehrprozeßbetrieb)
Procédé d'exploitation d'un ordinateur dans lequel plusieurs programmes cohabitent en mémoire en vue d'une exécution entrelacée par un seul processeur.

"Fonctionnement multitâche", "Mode multitâche" (Multitasking, Multitaskbetrieb)
Mode de fonctionnement permettant l'exécution imbriquée de plusieurs tâches. Concorde bien souvent avec la notion de "Multiprogrammation".

"Multitraitement" (Multiprozessorbetrieb, Multiprocessing)
Mode d'exploitation permettant le traitement en parallèle sur plusieurs processeurs d'un multiprocesseur.

- **Multivibrator [m.]**	- bascule [f.]; multivibrateur [m.]		**E**
- **Münzfernsprecher [m.]**	- poste [m.] téléphonique à pièces;		**C**
" "	taxiphone [m.]	®	**C**
- **Musikkassette [f.]**	- cassette [f.] musicale		
- **Muster [n.]**	- forme [f.]		
- **Mustererkennung [f.]**	- reconnaissance [f.] de formes		
[DIN 44300-8]	[NF Z 61-000];		
" "	reconnaissance [f.] de structure		
- **Muttersprache [f.]**	- langue [f.] maternelle		
- **MX [m.]** (Multiplexer)	- multiplexeur [m.]		**C**

☞ ***Siehe auch "Multiplexbetrieb"***

N

Deutsch	Français	Bemerkung	Gebiet
- Nachbearbeitung [f.]	- façonnage [m.]	Endlosformulare usw.	**Pr**
- Nachbearbeitungsmaschinen [f.p.]	- matériel [m.] de façonnage		**Pr**
- Nachführung [f.] der Uhrzeit	- pilotage [m.] de l'heure		
- Nachleuchtzeit [f.]	- persistance [f.]	luminophore	
- Nachrechner [m.]	- ordinateur [m.] dorsal		**H**
- Nachricht [f.] [DIN 44301]	- message [m.] [NF Z 61-000]	Informationstheorie	
- Nachrichtennetz [n.]	- réseau [m.] de communication		**C**
- Nachrichtenquelle [f.] [DIN 44301]	- source [f.] d'information [NF Z 61-000];	Informationstheorie	
" "	source [f.] de messages [NF Z 61-000]	" "	
- Nachrichtenrahmen [m.]	- trame [f.]		**C**
- Nachrichtensenke [f.] [DIN Z 61-000]	- collecteur [m.] de messages [NF Z 61-000]		**C**
- Nachrichtentechnik [f.]	- télécommunications [f.p] (technique des ...)		**C**
- Nachrichtenvermittlung [f.]	- commutation [f.] de messages;		**C**
" "	transmission [f.] de messages		**C**
- nachrüsten	- mettre à l'indice;	Geräte	
" "	mettre à niveau	" "	
- Nach-unten-Taste [f.]	- touche [f.] basse		
- Nadeldrucker [m.]	< imprimante [f.] matricielle;	aiguilles	**Pr**
" "	imprimante [f.] à aiguilles [-∞]		**Pr**
- Näherungsschalter [m.]	- détecteur [m.] de proximité;		**E**
" "	capteur [m.] de proximité [-∞]		**E**
- Näherungsschalter [m.], induktiver	- détecteur [m.] inductif de proximité (DIP);		**E**
" "	détecteur [m.] de proximité inductif		**E**
- NAK	- accusé [m.] de réception négatif [NF Z 61-000];	ASCII 21 [§] [NAK]	
" "	caractère [m.] accusé de réception négatif	ASCII 21 [§] [NAK]	
- Name [m.], symbolischer	- nom [m.] symbolique		
- Namensfeld [n.]	- champ [m.] d'étiquettes;	Assembler	
" "	champ [m.] étiquette	" "	

- **NAND**	- NON-ET [m.] [NF Z 61-000]	NAND	**Lo**
- **NAND-Funktion [f.]**	- fonction [f.] ET complémenté	NAND	**Lo**
- **NAND-Verknüpfung [f.]**	- NON-ET [m.] [NF Z 61-000];	NAND	**Lo**
[DIN 44300-5] " "	opération [f.] NON-ET [NF Z 61-000];	NAND	**Lo**
" "	porte [f.] NON-ET [NF Z 61-000];	NAND	**Lo**
" "	incompatibilité [f.] (logique) [NF Z 61-000]	NAND	**Lo**
- **Nanosekunde [f.]**	- nanoseconde [f.]		
- **natürliche Sprache [f.]**	- langage [m.] naturel [NF Z 61-000];		
" "	langue [f.] naturelle		
- **natürliche Zahl [f.]**	- entier [m.] naturel [NF Z 61-000]		**M**
- **navigierende Sprache [f.]**	- langage [m.] navigationnel	Datenbanksprache	**Db**
- **NC-Maschine [f.]**	- machine [f.] à commande numérique		**NC**
- **NC-Postprozessor [m.] [DIN 66257]**	- programme [m.] d'adaptation [NF Z 61-000]		**NC**
- **NC-Prozessor [m.] [DIN 66257]**	- programme [m.] général [NF Z 61-000]		**NC**
- **Nebeneffekt [m.]**	- effet [m.] de bord		
- **nebenläufig**	- concurrent		
- **Nebenläufigkeit [f.]**	- concurrence [f.]		
- **Nebenprodukt [n.]**	- sous-produit [m.]		
- **Nebensprechen [n.]**	- diaphonie [f.]; cross-talk [m.] [☒]		**C**
- **Nebenwirkung [f.]**	- effet [m.] de bord		
- **Negation [f.] [DIN 44300-5]**	- négation [f.] [NF Z 61-000];	NOT	**Lo**
" "	circuit [m.] NON [NF Z 61-000];	NOT	**Lo**
" "	NON [m.] [NF Z 61-000];	NOT	**Lo**
" "	inversion [f.] logique [NF Z 61-000];	NOT	**Lo**
" "	opération [f.] NON [NF Z 61-000];	NOT	**Lo**
" "	porte [f.] NON] [NF Z 61-000];	NOT	**Lo**
" "	fonction [f.] complément	NOT	**Lo**
- **negative Quittung [f.]; negative Rückmeldung [f.]**	- accusé [m.] de réception négatif [NF Z 61-000]	ASCII 21 [§] [NAK]	
- **negative Zahl [f.]**	- nombre [m.] négatif		**M**
- **negativer Einzug [m.]**	- renfoncement [m.] négatif;		**T**
" "	rentré [m.] négatif		**T**
- **negativer Schrägstrich [m.]**	- barre [f.] de fraction inversée;	ASCII 92 [\] []	
" "	barre [f.] oblique inversée;	ASCII 92 [\] []	
" "	barre [f.] inverse;	ASCII 92 [\] []	
" "	antislash [m.]	ASCII 92 [\] []	
- **Negativquittung [f.]; Negativ-Quittung [f.]**	- accusé [m.] de réception négatif [NF Z 61-000]	ASCII 21 [§] [NAK]	
- **negiert**	- inverse	inversion logique	**Lo**
- **Nennbetrieb [m.]**	- régime [m.] nominal		**E**

- Nenndurchsatz [m.]	- débit [m.] nominal		
- Nenner [m.]	- dénominateur [m.]		**M**
- Nenner [m.], gemeinsamer	- dénominateur [m.] commun		**M**
- Nennleistung [f.]	- puissance [f.] nominale		**E**
- Nennspannung [f.]	- tension [f.] nominale		**E**
- Nennstrom [m.]	- courant [m.] nominal		**E**
- Netz [n.] [DIN 44331]	- réseau [m.];	Kommunik.	**C**
" "	réseau [m.] (d'électricité);	Stromnetz	**E**
" "	secteur [m.]	" "	**E**
- Netz [n.], dienstintegrierendes	- réseau [m.] à intégration de services		**C**
- Netz [n.], digitales	- réseau [m.] numérique		**C**
- Netz [n.], hierarchisches	- réseau [m.] hiérarchisé;		**C**
[DIN 44331]	réseau [m.] hiérarchique		**C**
- Netz [n.], öffentliches	- réseau [m.] public		**C**
- Netz [n.], privates	- réseau [m.] privé		**C**
- Netz [n.], sternförmiges	- réseau [m.] en étoile;		**C**
" "	réseau [m.] étoilé		**C**
- Netz [n.], vermaschtes	- réseau [m.] maillé		**C**
- Netzadresse [f.]	- adresse [f.] de réseau		**C**
- Netzarchitektur [f.]	- architecture [f.] de réseau		**C**
- Netzeinheit [f.], adressierbare	- unité [f.] adressable du réseau	NAU	**C**
- Netzgerät [n.]	- alimentation [f.]	appareil	**E**
- Netzgleichrichter [m.]	- redresseur [m.] de réseau		**C**
- Netzgruppe [f.]	- groupe [m.] de réseau		**C**
- Netzkabel [n.]	- cordon [m.] de branchement		**E**
- Netzspannung [f.]	- tension [f.] (de) réseau		**E**
- Netzstecker herausziehen (den ...)	≈ débrancher; déconnecter		**E**
- Netzstruktur [f.]	- structure [f.] de réseau		**C**
- Netzteil [n.]	- alimentation [f.]	appareil	**E**
- Netztopologie [f.]	- topologie [f.] de réseau		**C**
- Netzübertragungsrechner [m.]	- passerelle [f.]		**C**
- Netzverbindung [f.]	- connexion [f.] de réseau		**C**
- Netzverbindungsrechner [m.]	- passerelle [f.]		**C**
- Netzwerk [n.] [DIN 44331]	- réseau [m.]		**C**
- Netzwerkbetrieb [m.]	- travail [m.] en réseau		**C**
- Netzwerkdatenmodell [n.]	- modèle [m.] réseau	Datenbank	**Db**
- Netzwerkkarte [f.]	- carte [f.] réseau		
- Netzwerkschicht [f.]	- couche [f.] réseau	OSI-Modell (3)	**C**
- neu starten	- redémarrer		
- Neuerfassung [f.]	- ressaisie [f.]	Daten	
- Neuinitialisierung [f.]	- réinitialisation [f.]		
- Neunerkomplement [n.]	- complément [m.] à neuf [NF Z 61-000]		**M**
- neuronal	- neuronal; neuromimétique		

- Neustart [m.]	- redémarrage [m.];		
" "	reprise [f.];		
" "	relance [f.]		
☞ *Siehe "Wiederanlauf"*			
- NF-Ausgang [m.]	- sortie [f.] BF		**C**
- NICHT	- négation [f.]; NON [m.]	NOT	**Lo**
- NICHT-Funktion [f.]	- fonction [f.] NON; négation [f.];	NOT	**Lo**
" "	fonction [f.] complément	NOT	**Lo**
- nicht adressierbares Register [n.]	- registre [m.] à adressage implicite;		**E**
" "	registre [m.] non adressable		**E**
- nichtbehebbarer Fehler [m.]	- erreur [f.] non récupérable		
- nichtflüchtig	- non volatile		**Mm**
- nichtflüchtiger Speicher [m.]	- mémoire [f.] non volatile;		**Mm**
	mémoire [f.] rémanente [NF Z 61-000]		**Mm**
☞ *Siehe auch "flüchtiger Speicher"*			
- nichtlineare Programmierung [f.]	- programmation [f.] non linéaire		**S**
- nichtlöschbar	- inaltérable	Speicher	**Mm**
- nichtlöschbarer Speicher [m.]	- mémoire [f.] inaltérable		**Mm**
- nichtlöschendes Lesen [n.]	- lecture [f.] non destructive [NF Z 61-000];		**Mm**
" "	lecture [f.] sans effacement		**Mm**
- nichtnumerisch	- non numérique		
- Nichtterminalsymbol [n.]	- élément [m.] non-terminal	Grammatik	
- Nicod-Funktion [f.]	- NON-OU [m.] [NF Z 61-000]	NOR	**Lo**
- niedere Programmiersprache [f.]	- langage [m.] de bas niveau		**S**
- niederwertige Zahl [f.]	- chiffre [m.] de poids faible		**M**
- niedrige Auflösung [f.]	- basse résolution [f.]		
- niedrigstwertig	- de plus faible poids;		**M**
" "	le moins significatif		**M**
- niedrigstwertige Zahl [f.]	- chiffre [m.] le moins significatif		**M**
- niedrigstwertiges Bit [n.]	- bit [m.] de plus faible poids	LSB	
- Nil	- caractère [m.] nul [NF Z 61-000]	ASCII 0 [] [NUL]	
- n-MOS	- MOS [m.] à canal n		**E**
- Non-Windows-Anwendung [f.]	- application [f.] non-Windows	Windows	
- NOR-Funktion [f.]	- fonction [f.] NI;	NOR	**Lo**
" "	fonction [f.] NOR;	NOR	**Lo**
" "	fonction [f.] OU complémenté	NOR	**Lo**
- normaler Datentransfer [m.]	- échange [m.] de données normal		**C**
- normalisieren [DIN 44399]	- normaliser [NF Z 61-000]	Gleitpunktschreibweise	
- normalisierte Koordinaten [f.p.]	- coordonnées [f.p.] normalisées		
- Normalisierung [f.]	- normalisation [f.]	Gleitpunktschreibweise	**M**
- Normung [f.]	- normalisation [f.];		
" "	standardisation [f.]		

- NOR-Verknüpfung [f.]	- circuit [m.] NI [NF Z 61-000];	NOR	**Lo**
[DIN 44300-5]	circuit [m.] NON-OU [NF Z 61-000];	NOR	**Lo**
" "	NI [m.] [NF Z 61-000];	NOR	**Lo**
" "	NON-OU [m.] [NF Z 61-000];	NOR	**Lo**
" "	opération [f.] NI [NF Z 61-000];	NOR	**Lo**
" "	opération [f.] NON-OU [NF Z 61-000];	NOR	**Lo**
" "	porte [f.] NI [NF Z 61-000];	NOR	**Lo**
" "	porte [f.] NON-OU [NF Z 61-000]	NOR	**Lo**
- NOS (Network Out of Service)	- réseau [m.] hors de service	NOS	**C**
- Notation [f.]	- notation [f.] [NF Z 61-000]		
- Notation [f.], klammerfreie; Notation [f.], polnische	- notation [f.] polonaise [NF Z 61-000]; notation [f.] de Lucasiewicz		
- Notebook	- notebook [m.]		**H**
- NOT-Funktion [f.]	- fonction [f.] NON; négation [f.];	NOT	**Lo**
" "	fonction [f.] complément	NOT	**Lo**
- Notierung [f.]	- notation [f.] [NF Z 61-000]	Schreibweise	
- Notizblock [m.]	- calepin [m.];		
" "	mémoire [f.] bloc-notes	Speicher	**Mm**
- Notleitung [f.]	- ligne [f.] de secours		**C**
- NPN-Transistor [m.]	- transistor [m.] NPN		**E**
- Nukleus [m.]	- noyau [m.] [NF Z 61-000];	Betriebsystem	**S**
" "	programme [m.] de commande résident [NF Z 61-000];	" "	**S**
" "	programme [m.] de contrôle résident [NF Z 61-000]	" "	**S**
- Null [f.]	- caractère [m.] nul [NF Z 61-000];	ASCII 0 [] [NUL]	
" "	zéro [m.] [NF Z 61-000]	ASCII 48 [0] []	**M**
- Null [f.], führende	- zéro [m.] à gauche		
- Nullanweisung [f.]	- instruction [f.] factice;		**S**
" "	instruction [f.] vide		**S**
- Null-Byte [n.];	- caractère [m.] nul [NF Z 61-000];	ASCII 0 [] [NUL]	**S**
Nullcharacter [m.]	caractère [m.] NUL	ASCII 0 [] [NUL]	**S**
- Nulleliminierung [f.]; Nullenunterdrückung [f.]	- suppression [f.] des zéros [NF Z 61-000]		
- Null-Flagge [f.]	- indicateur [m.] z (zéro)	z	**S**
- Nullmodem [n.]	- modem [m.] eliminator;		**C**
" "	null-modem [m.]		**C**
- Nullpunkt [m.]	- zéro [m.] [NF Z 61-000]		
- Nullpunktverschiebung [f.] [DIN 66257]	- décalage [m.] d'origine [NF Z 61-000]		**NC**
- Nullsummenspiel [n.]	- jeu [m.] à somme nulle	Spieltheorie	
- nullterminierter String [m.]	- chaîne [f.] se terminant par un caractère nul		**S**

- **Nullzeichen [n.]**	- caractère [m.] nul [NF Z 61-000];	ASCII 0 [] [NUL]	
" "	caractère [m.] NUL	ASCII 0 [] [NUL]	
- **Numeral [n.] [DIN 44300-2]**	- forme [f.] (de nombre) [NF Z 61-000];		
" "	numéral [m.] [NF Z 61-000]		
- **numerieren**	- numéroter	attribuer des nos	
- **Numerierung [f.]**	- numérotation [f.]		
- **Numerik-Tastenblock [m.]**	- pavé [m.] numérique	Tastatur	**H**
- **numerisch [DIN 44300]**	- numérique [NF Z 61-000]		
- **numerische Darstellung [f.]**	- représentation [f.] numérique [NF Z 61-000]		
- **numerische Daten [p.]**	- données [f.p.] numériques [NF Z 61-000]		
- **numerische Steuerung [f.]**	- commande [f.] numérique [NF Z 61-000];		**NC**
" "	commande [f.] symbolique [NF Z 61-000]		**NC**
- **numerische Steuerung [f.], rechnerunterstützte**	- commande [f.] numérique avec ordinateur [NF Z 61-000]	CNC	**NC**
- **numerische Steuerung [f.] von Werkzeugmaschinen**	- commande [f.] numérique de machines-outils (CNMO)		**NC**
- **numerische Tastatur [f.]**	- clavier [m.] numérique;		**H**
" "	pavé [m.] numérique		**H**
- **numerischer Code [m.]**	- code [m.] numérique		
- **Nummer [f.], logische**	- numéro [m.] logique		
- **Nummer [f.], physische**	- numéro [m.] physique		
- **Nummernzeichen [n.]**	- dièse [m.]	ASCII 35 [#] []	
- **Nur-Lese-Speicher [m.]**	- mémoire [f.] fixe;	ROM	**Mm**
" "	mémoire [f.] morte [NF Z 61-000]	ROM	**Mm**
- **Nutz-...**	- utile		
- **Nutzdaten [p.]**	- données [f.p.] utiles		
- **Nutzen [m.]**	- lit [m.]	Endlospapier	**Pr**

Nutzen (lit).
Bezeichnung für das einzelne Exemplar eines Mehrlagenformulars (liasse), das von einem Drucker gedruckt wird.

- **Nutzsignal [n.]**	- signal [m.] utile		
- **Nutzsignal-Störsignal-Verhältnis [n.]**	- rapport [m.] S/N;	S/N	**C**
	rapport [m.] signal sur bruit	S/N	**C**
- **nutzungsinvariant [-∞] [DIN 44300-4]**	- réutilisable [NF Z 61-000]		**S**

- Oberarm [m.]	- bras [m.] de commande;	Roboter	**R**
" "	bras-maître [m.]	" . "	**R**
- obere Leistungsklasse [f.]	- haut [m.] de gamme		
- oberer Rand [m.]	- marge [f.] du haut	Textverarbeitung	**T**
- oberer Speicherbereich [m.]	- mémoire [f.] haute		**Mm**
- Objekt [n.]	- objet [m.]	programmation p.ex.	**S**
- Objektcode [m.]	- programme [m.] objet [NF Z 61-000]		**S**
- Objekte [n.p.], erweiterte	- objets dérivés [m.p.]	Daten	**S**
- Objektklasse [f.]	- classe [f.] d'objets		**S**
- Objektmodul [n.]	- module [m.] objet		**S**
- objektorientiert	- orienté objet		**S**
- objektorientierte Programmierung [f.] (OOP)	- programmation [f.] orientée objet	OOP	**S**
- Objektprogramm [n.]	- programme [m.] objet [NF Z 61-000];		**S**
" "	programme [m.] résultant [NF Z 61-000]		**S**
- Objektsprache [f.]	- langage-objet [m.] [NF Z 61-000];		**S**
" "	langage [m.] objet;		**S**
" "	langage [m.] résultant [NF Z 61-000]		**S**
- OCR (Optical **C**haracter **R**ecognition**)**	- OCR	OCR	
- Odd Parity	- imparité [f.];parité [f.] impaire		
- ODER [n.]	- OU [m.]	OR	**Lo**
- ODER [n.], ausschließliches; ODER [n.], exklusives [DIN 44300-5]	- OU [m.] exclusif;	XOR	**Lo**
	circuit [m.] de disjonction [NF Z 61-000];	XOR	**Lo**
" "	porte [f.] de disjonction [NF Z 61-000]	XOR	**Lo**
- ODER [n.], inklusives [DIN 44300-5]	- circuit [m.] OU [NF Z 61-000];	OR	**Lo**
	opération [f.] OU [NF Z 61-000];	OR	**Lo**
" "	opération [f.] OU inclusif [NF Z 61-000];	OR	**Lo**
" "	porte [f.] OU [NF Z 61-000];	OR	**Lo**
" "	réunion [f.] [NF Z 61-000]	OR	**Lo**

- ODER-Funktion [f.]	- fonction [f.] OU; OU [m.]	OR	**Lo**
- ODER-Gatter [n.]	- circuit [m.] OU [NF Z 61-000]		**Lo**
- ODER-Schaltung [f.], inklusive;	- OU [m.] inclusif	OR	**Lo**
ODER-Schaltung [f.], logische	" "	OR	**Lo**
- ODER-Tor [n.];	- circuit [m.] OU [NF Z 61-000];		**Lo**
ODER-Verknüpfung [f.]	porte [f.] OU [NF Z 61-000];		**Lo**
[DIN 44300-5]	opération [f.] OU [NF Z 61-000];	OR	**Lo**
" "	opération [f.] OU inclusif	OR	
" "	[NF Z 61-000]; OU [m.] [NF Z 61-000];		**Lo**
" "	OU [m.] inclusif [NF Z 61-000];	OR	**Lo**
" "	réunion [f.] [NF Z 61-000]	OR	**Lo**
- offener Rechenzentrums-betrieb [m.]	≈ portes [f.p.] ouvertes	centre de calcul	
- offenes System [n.]	- système [m.] ouvert		**C**
- öffentliche Bibliothek [f.]	- bibliothèque [f.] publique		**S**
- öffentliche Datei [f.]	- fichier [m.] public		**S**
- öffentliches Netz [n.]	- réseau [m.] public		**C**
- Off-line-... [DIN 44300-9]	- autonome [NF Z 61-000];		
" "	hors ligne [NF Z 61-000];		
" "	en non connecté [NF Z 61-000];		
" "	off-line		
- Off-line-Betrieb [m.]	- mode [m.] autonome;		
" "	mode [m.] hors ligne;		
	mode [m.] non connecté		
- öffnend	- ouvrant(e)	Klammer	
- öffnende geschweifte Klammer [f.]	- accolade [f.] ouvrante	ASCII 125 [{] []	
- Öffnung [f.] für Lese-Schreibkopf	- ouverture [f.] pour lecture-écriture	Diskette	**Di**
- Offset [n.]	- déplacement [m.]		**Mm**
- Offset-Binary-Code [m.]	- code [m.] binaire pur		
- Ohm [n.]	- ohm [m.]	[Ω]	**E**
- Ohmsches Gesetz [n.]	- loi [f.] d'Ohm		**E**

U = R x I
U = Spannung in Volt
R = Widerstand in Ohm
I = Strom in Ampere

- Oktade [f.] [-∞]	- octet [m.]	8 bits	
- oktal	- octal [NF Z 61-000]		**M**
- oktale Darstellung [f.]	- notation [f.] octale		
- oktales Zahlensystem [n.];	- système [m.] octal		**M**
Oktalsystem [n.];	" "		**M**
Oktalzahlensystem [n.]	" "		**M**
- Oktett [-∞] [DIN 44300]	- octet [m.] [NF Z 61-000]	8 bits	

- On-line-... [DIN 44300-9]	- en ligne [NF Z 61-000];		
" "	en connecté [NF Z 61-000];		
" "	on-line		
- On-line-Betrieb [m.]	- mode [m.] en ligne;		
" "	mode [m.] connecté		
- On-line Datenbank(en) (Anbieter [m.] von...)	≈ serveur [m.] de données		**Db**
- OOP (Objekt Orientierte Programmierung)	- OOP (Programmation Orientée Objet)		**S**
- Opcode [m.] [DIN 44300-4]; OP-Code [m.]	- code [m.] d'opérations [NF Z 61-000];		**S**
" "	code [m.] opération		**S**
- Operand [m.]	- opérande [m.] [NF Z 61-000]		**M**
- Operandenfeld [n.]	- champ [m.] d'opérandes;	Assembler z.B.	
" "	champ [m.] opérande	" "	
- Operandenteil [m.] [DIN 44300]	- opérande [m.] [NF Z 61-000]		**M**
- Operating System [n.] [-∞]	- système [m.] d'exploitation [NF Z 61-000]	OS	**S**
- Operation [f.]	- opération [f.] [NF Z 61-000]		**M**
- Operation [f.], boolesche	- opération [f.] booléenne [NF Z 61-000];		**Lo**
" "	opération [f.] binaire [☒] [NF Z 61-000]		**Lo**
- Operation System [n.] [-∞]	- système [m.] d'exploitation [NF Z 61-000]	OS	
- Operations Research	- recherche [f.] opérationnelle [NF Z 61-000]		
- Operationscode [m.] [DIN 44300-4]	- code [m.] d'opérations [NF Z 61-000];		**S**
" "	code [m.] opération		**S**
- Operationsfeld [n.]	- champ [m.] d'opérations;	Assembler z.B.	
" "	champ [m.] opération	" "	
- Operationsforschung [f.]	- recherche [f.] opérationnelle [NF Z 61-000]		
- Operationsschlüssel [m.]	- code [m.] d'opération		**S**
- Operationsteil [m.] [DIN 44300-4]	- partie [f.] opérateur [NF Z 61-000];		**S**
	partie [f.] type d'opération [NF Z 61-000]		**S**
- Operationsverstärker [m.]	- amplificateur [m.] opérationnel		**E**
- Operator [m.]	- opérateur [m.] [NF Z 61-000];	Mathem. /Program.	**M**
" "	opérateur [m.]	Person	
- Operator [m.], arithmetischer	- opérateur [m.] arithmétique		**S**
- Operator [m.], binärer	- opérateur [m.] binaire		**S**
- Operator [m.], bitorientierter	- opérateur [m.] de manipulation de bits		**S**

- Operator [m.], boolescher	- opérateur [m.] booléen [NF Z 61-000]	**S**
- Operator [m.], dyadischer	- opérateur [m.] dyadique	**S**
- Operator [m.], logischer	- opérateur [m.] logique	**S**
- Operator [m.], monadischer	- opérateur [m.] monadique	**S**
- Operator [m.], relationaler	- opérateur [m.] relationnel	**S**
- Operator [m.], ternärer	- opérateur [m.] ternaire	**S**
- Operator [m.], unärer;	- opérateur [m.] unaire	**S**
Operator [m.], unitärer [-∞]	" "	**S**

<table>
<tr><th colspan="5">Les opérateurs en "C"</th></tr>
<tr><th>Opérateurs unaires</th><th colspan="3">Opérateurs binaires</th><th>Opérateurs ternaires</th></tr>
<tr><td>-</td><td></td><td>==</td><td>=</td><td>?:</td></tr>
<tr><td>*</td><td>+</td><td>!=</td><td>+=</td><td></td></tr>
<tr><td>&</td><td>-</td><td>></td><td>-=</td><td></td></tr>
<tr><td>!</td><td>*</td><td>>=</td><td>*=</td><td></td></tr>
<tr><td>~</td><td>/</td><td><</td><td>/=</td><td></td></tr>
<tr><td>++</td><td>%</td><td><=</td><td>%=</td><td></td></tr>
<tr><td>--</td><td>|</td><td>||</td><td>|=</td><td></td></tr>
<tr><td>(type)</td><td>&</td><td>&&</td><td>&=</td><td></td></tr>
<tr><td>sizeof</td><td>^</td><td></td><td>^=</td><td></td></tr>
<tr><td></td><td>>></td><td></td><td>>>=</td><td></td></tr>
<tr><td></td><td><<</td><td></td><td><<=</td><td></td></tr>
<tr><td></td><td>.</td><td>-></td><td></td><td></td></tr>
</table>

- Optik [f.]	- optique [f.]		
- optimieren	- optimiser		
- Optimierung [f.]	- optimisation [f.]		
- Option [f.]	- option [f.]		
- optisch	- optique		
- optische Abtastung [f.]	- lecture [f.] optique		
- optische Speicherplatte [f.]	- disque [m.] optique numérique (DON)		**Mm**
- optische Zeichenabfühlung [f.]	- lecture [f.] optique de marques [NF Z 61-000]		
- optische Zeichenerkennung [f.]	- reconnaissance [f.] optique de caractères (ROC)	ORC	

- optischer Abtaster [m.]	- explorateur [m.] optique [NF Z 61-000]		
- optischer Koppler [m.]	- optocoupleur [m.]		**E**
- optischer Leser [m.]	- lecteur [m.] optique		
- optischer Speicher [m.]	- mémoire [f.] optique		**Mm**
- optisches Lesen [n.]	- lecture [f.] optique;		
" "	photolecture [f.]		
- optisches Signal [n.]	- signal [m.] optique		
- Opto-Koppler [m.]	- optocoupleur [m.]		**E**
- OP-Verstärker [m.]	- amplificateur [m.] opérationnel		**E**
- OR-Funktion [f.]	- fonction [f.] OU	OR	**Lo**
- Ordinalzahl [f.]	- nombre [m.] ordinal [NF Z 61-000];		**M**
" "	ordinal [m.] [NF Z 61-000];		**M**
" "	numéro [m.] d'ordre [-∞]		**M**
- Ordinate [f.]	- ordonnée [f.]		
- Ordnen [n.]	- rangement [m.] [NF Z 61-000]		
- ordnen	- ranger [NF Z 61-000]		
- Ordnung [f.]	- ordre [m.]	classement	
- Ordnungszahl [f.]	- nombre [m.] ordinal [NF Z 61-000];		**M**
" "	ordinal [m.] [NF Z 61-000];		**M**
" "	numéro [m.] d'ordre [-∞]		**M**
- orientiert	- orienté		
- Orientierung [f.]	- orientation [f.]		
- Ort [m.] (vor...)	- sur le site [m.]		
- Ortsamt [n.]	- central [m.] local		**C**
- Ortsnetz [n.] [DIN 44302]	- réseau [m.] local		**C**
- OS/2	- OS/2	IBM Betriebssystem	**S**
- OSI-Modell [n.]	- modèle [m.] OSI		**C**
- Oszillator [m.]	- oscillateur [m.]		**E**
- Oszillatoreinheit [f.]	- unité [f.] d'oscillateur		**E**
- Oszilloskop [m.]	- oscilloscope [m.]		**E**
- Overflow-Flag [n.]	- indicateur [m.] de débordement;	o	**S**
" "	indicateur [m.] de dépassement	o	**S**

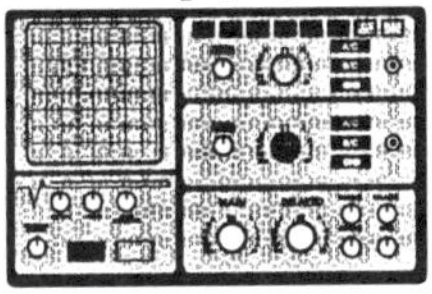

- **Overheadprojektor [m.]**	- rétroprojecteur [m.]	**H**
- **Overlay [n.]**	- recouvrement [m.] de segments;	**S**
" "	overlay [m.] [☒]	**S**
- **Overlaystruktur [f.]**	- structure [f.] de recouvrement	**S**

P

- Packen [n.]	- condensation [f.]; compression [f.]	Daten	
- packen	- condenser; comprimer	" "	
- Packungsdichte [f.]	- densité [f.] d'intégration;		**E**
" "	niveau [m.] d'intégration		**E**
- Paging-Verfahren [n.]	- pagination [f.] [NF Z 61-000]		**Mm**
- Paket [n.]	- paquet [m.]		**C**
- Paketier-Depaketier-Einrichtung [f.]	- assembleur/désassembleur [m.]		**C**
Paketiereinrichtung [f.]	de paquets;		
" "	concentrateur [m.] de paquets		**C**
- Paketieren [n.]	- assemblage [m.] de paquets		**C**
- Paketvermittlung [f.]	- commutation [f.] de paquets;		**C**
" "	commutation [f.] par paquets		**C**
- Paketvermittlungsnetz [n.]	- réseau [m.] à commutation par paquets		**C**
- Papier [n.], mehrlagiges	- liasse [f.]	Endlospapier	**Pr**
- Papier [n.], temperatur-empfindliches	- papier [m.] thermosensible		**Pr**
- Papierablage [f.]	- récepteur [m.] de papier		**Pr**
- Papierende [n.]	- absence [f.] de papier		**Pr**
- Papierkorb [m.]	- corbeille [f.]		**T**
- Papierlösehebel [m.]	- levier [m.] de dégagement du papier	Schreibmaschine	**Pr**
- Papierschneider [m.]	- coupe-papier [m.]	Faxgerät	**C**
- Papierstapler [m.]	- récepteur [m.] de papier		**Pr**
- Papierstreifen [m.]	- bande [f.] de papier	Rechenmaschine z.B.	
- Papiervorschub [m.]	- avance [f.] du papier;	Drucker, Schreiber	**Pr**
" "	saut [m.] de papier;	" "	**Pr**
" "	transport [m.] du papier;	" "	**Pr**
" "	avancement [m.] du papier	" "	**Pr**
- Paragraph [m.] ☞ ***siehe auch "Absatz"***	- paragraphe [m.]	16 Byte	**S**
- parallel	- parallèle		
- Parallel/Serie-Wandlung [f.]	- conversion [f.] parallèle/série;		**C**
" "	conversion [f.] de parallèle en série		**C**
- Parallel/Seriell-Umsetzung [f.]	- transformation [f.] parallèle-série;		**E**
" "	sérialisation [f.]		**E**
- Parallel/Seriell-Wandler [m.]; Parallel/Serienumsetzer [m.]	- convertisseur [m.] parallèle-série [NF Z 61-000]; sérialiseur [m.]		**E**

- **Parallel/Serie-Umwandlung [f.]**	- transformation [f.] parallèle-série;		**E**
" "	sérialisation [f.]		**E**
- **Paralleladdierer [m.];**	- additionneur [m.] parallèle		**E**
Paralleladdierwerk [n.]	[NF Z 61-000]		
- **Parallelbetrieb [m.]**	- fonctionnement [m.] en parallèle		
[DIN 44300-9]	[NF Z 61-000]		
- **Paralleldrucker [m.]**	- imprimante [f.] parallèle;		**Pr**
" "	imprimante [f.] ligne par ligne		**Pr**
	[NF Z 61-000];		
" "	imprimante-ligne [f.]		**Pr**
- **parallele Addition [f.]**	- addition [f.] parallèle		**E**
	[NF Z 61-000]		
- **paralleles Addierwerk [n.]**	- additionneur [m.] parallèle		**E**
	[NF Z 61-000]		
- **Parallelschaltung [f.]**	- circuit [m.] en parallèle;		**E**
" "	couplage [m.] en parallèle [CEI];		**E**
" "	groupement [m.] en dérivation;		**E**
" "	groupement [m.] en parallèle;		**E**
" "	groupement [m.] en shunt;		**E**
" "	montage [m.] en parallèle;		**E**
" "	association [f.] en parallèle		**E**
- **Parallelschnittstelle [f.]**	- interface [f.] parallèle		**H**
- **Parallelübergabe [f.] [DIN 44302];**	- transmission [f.] en parallèle		**C**
Parallelübertragung [f.]	" "		**C**
- **Parallelverarbeitung [f.]**	- traitement [m.] parallèle		
- **Parallelzugriff [m.]**	- accès [m.] parallèle		**Mm**
- **Parameter [m.]**	- paramètre [m.] [NF Z 61-000]		**S**
- **Parameter [m.], aktueller**	- paramètre [m.] effectif		**S**
- **Parameter [m.], formaler**	- paramètre [m.] formel		**S**
- **Parameterübergabe [f.]**	- passage [m.] de paramètres;		**S**
" "	transmission [f.] de paramètres		**S**
- **Parametrierung [f.]**	- paramétrage [m.]		**S**
- **parametrische Programmierung [f.];**	- paramétrage [m.]	Programmierung	**S**
Parametrisierung [f.]	" "	" "	**S**
- **Parität [f.]**	- parité [f.]	paire ou impaire	
- **Paritätsbit [n.] [DIN 44302]**	- bit [m.] de parité		
- **Paritätsfehler [m.]**	- erreur [f.] de parité		
- **Paritätsprüfung [f.] [DIN 44300]**	- contrôle [m.] de parité		
[DIN 44302]			
- **Paritätszeichen [n.]**	- clé [f.] de parité		
- **Parity Check**	- contrôle [m.] de parité		
- **Paritybit [n.]**	- bit [m.] de parité		
- **Parity-Fehler [m.]**	- erreur [f.] de parité		
- **Parity-Prüfung [f.]**	- contrôle [m.] de parité		

Deutsch	Français	Bereich	
- **Parser [m.]**	- analyseur [m.] syntaxique	Compilierung	**S**
- **Partition [f.]**	- partition [f.]	Speicher	**Mm**
- **PASCAL**	- PASCAL	Programmiersprache	**S**
- **Paß [m.]**	- passage [m.] machine	Durchlauf	**S**
- **passives Bauelement [n.]**	- composant [m.] passif		**E**
- **Paßwort [n.]**	- mot [m.] de passe		
- **Paßwortschutz [m.]**	≈ authentification [f.]		**S**
- **Pause [f.]**	- pause [f.]		
- **PC [m.]** (Personal Computer)	- PC [m.]	PC	**H**
- **PCM [f.]** (Pulscodemodulation)	- MIC (Modulation par Impulsions et Codage)	PCM	**C**
- **PD [f.]** (Public Domain Software)	- freeware;		**S**
" "	logiciel [m.] du domaine public		**S**
- **Pegel [m.]**	- niveau [m.]		
- **Pegel [m.], logischer**	- niveau [m.] logique		**Lo**
- **Pegelpunkt [m.]**	- point [m.] de niveau		**C**
- **Pegelregulierung [f.]**	- régulation [f.] de niveau		**C**
- **Pegelüberwachung [f.]**	- surveillance [f.] de niveau		**C**
- **Perforation [f.]**	- pointillé [m.]	Endlospapier	**Pr**
- **periphere Einheit [f.]** < **[DIN 44300]**	- organe [m.] périphérique [NF Z 61-000];		**H**
" "	unité [f.] périphérique [NF Z 61-000];		**H**
" "	périphérique [m.]		**H**
- **peripherer Speicher [m.]**	- mémoire [f.] périphérique		**Mm**
- **peripheres Gerät [n.]**	- unité [f.] périphérique [NF Z 61-000]		**H**
- **Peripherie [f.]**	- périphérie [f.]		**H**
- **Peripheriegerät [n.]...**	- unité [f.] périphérique [NF Z 61-000]		**H**
- **Peripherie-Speicher [m.]**	- mémoire [f.] périphérique		**Mm**
- **permanenter Speicher [m.]**	- mémoire [f.] permanente [NF Z 61-000]		**Mm**
- **Permutation [f.]**	- permutation [f.]		
- **Personalcomputer [m.] (PC)**	- ordinateur [m.] individuel; ordinateur [m.] personnel; PC [m.]	PC	**H**
- **Personalcomputer [m.] für Aufgaben aus dem Berufsfeld**	- ordinateur [m.] individuel à vocation professionnelle		**H**
- **Personalcomputer [m.] für Aufgaben aus dem Privatbereich**	- ordinateur [m.] individuel à vocation personnelle		**H**

- **Personalverwaltung [f.]**	- gestion [f.] du personnel		
- **personenbezogene Daten [p.]; Personendaten [p.]**	- informations [f.p.] nominatives		
- **persönlicher Computer [m.] (PC)**	- ordinateur [m.] personnel;	PC	H
" "	ordinateur [m.] individuel; PC [m.]	PC	H
- **PERT** (Programm Evaluation and Review Technique)	- PERT	Terminplanungsmethode	
- **Petrinetz [n.]**	- réseau [m.] de Petri		
- **Pfad [m.]**	- chemin [m.] d'accès; chemin [m.]	DOS z.B.	S
- **pfeilförmiger Zeiger [m.]**	- curseur-flèche [m.]	Windows z.B.	
- **Pfeiltaste [f.]**	- touche [f.] fléchée	Tastatur	H
- **Pflichtenheft [n.]**	- cahier [m.] des charges		
- **Phase [f.]**	- phase [f.];	Signal	E
" "	phase [f.]	Allgemein	
- **Phasenmodulation [f.]**	- modulation [f.] de phase		C
- **Phonem [n.]**	- phonème [m.]		
- **Phonetik [f.]**	- phonétique [f.]		
- **photoelektrische Abtastung [f.]**	- lecture [f.] optique		
- **Photokopie [f.]**	- photocopie [f.]		
- **Photokopierer [m.]**	- photocopieuse [f.];		
" "	photocopieur [m.]		
- **Photosatz [m.]**	- photocomposition [f.]		T
- **Photosetzmaschine [f.]**	- photocomposeuse [f.]		T
- **Photo-Transistor [m.]**	- phototransistor [m.]		E
- **Photozelle [f.]**	- cellule [f.] photo-électrique		E
- **physikalisch**	- physique		
- **physikalische Größe [f.]**	- grandeur [f.] physique		
- **physikalische Schicht [f.]**	- couche [f.] physique	OSI-Modell (1)	C
- **physikalischer Datensatz [m.]**	- enregistrement [m.] physique		Db
- **physische Nummer [f.]**	- numéro [m.] physique		
- **physische Verbindung [f.]**	- connexion [f.] physique		C
- **physischer Satz [m.]**	- enregistrement [m.] physique	Datenbank	Db
- **Piep [m.]; Pieps [m.]; Piepser [m.]**	- bip [m.]		
- **Pierce-Funktion [f.] [DIN 44300-5]**	- fonction [f.] de Pierce [NF Z 61-000]	NOR	Lo
- **PIF-Editor [m.]**	- éditeur [m.] de fichiers PIF	Windows	
- **Piktogramm [n.]**	- pictogramme [m.]		
- **Pilotausgang [m.]**	- sortie [f.] de pilote		C
- **Piloteinheit [f.]**	- unité [f.] de pilote		C

- **Pilotempfänger [m.]**	- récepteur [m.] de pilote		**C**
- **Pilotfrequenz [f.]**	- fréquence [f.] pilote		**C**
- **Pilotfrequenzversorgung [f.]**	- alimentation [f.] en fréquence pilote		**C**
- **Pilotgenerator [m.]**	- générateur [m.] de pilote		**C**
- **Pilotregelung [f.]**	- régulation [f.] de pilote		**C**
- **Pilotträger [m.]**	- onde [f.] porteuse de pilote		**C**
- **Ping-Pong**	- ping-pong [m.]	Paketvermittlung	**C**
- **Pinsel [m.]**	- pinceau [m.]	Zeichenprogramm	
- **Pinselform [f.]**	- forme [f.] du pinceau	" "	
- **Pipeline [f.]**	- pipeline [m.]		**E**
- **Pipeline-Konzept [n.]**	- concept [m.] de pipeline		
- **Pipelineverarbeitung [f.]**	- traitement [m.] "pipeline"		
- **Pipelineverfahren [n.]**	- système [m.] de pipeline		
- **Pipette [f.]**	- pipette [f.]	Zeichenprogramm	
- **PIR [n.]** (**P**arallel **I**nput **R**egister)	- registre [m.] d'entrée parallèle	PIR	**C**
- **Pixel [n.]**	- image [f.] élémentaire; pixel [m.]		
- **PL/1**	- PL/1	Programmiersprache	**S**
- **Planspiel [n.]**	- gestion [f.] simulée;		
" "	jeu [m.] d'entreprise		
- **Planzeichengerät [n.]**	- traceur [m.] à plat		**Pr**
- **Plasmabildschirm [m.]**	- écran [m.] à plasma		**H**
- **Platte [f.]**	- disque [m.]		**Mm**
- **Plattenspeicher [m.]**	- mémoire [f.] à disques		**Mm**
- **Plattenstapel [m.]**	- dispac [m.] [NF Z 61-000];		**Mm**
" "	pile [f.] de disques [NF Z 61-000];		**Mm**
" "	disc pack [m.]		**Mm**
- **Platz [m.]**	- emplacement [m.];	Einbauplatz z.B.	
	place [f.]	Petri-Netz z.B.	
- **Platzbedarf [m.]**	- encombrement [m.]		**H**
- **Plausibilität [f.]**	- vraisemblance [f.]		
- **Plausibilitätskontrolle [f.]**	- contrôle [m.] de vraisemblance		
- **Plotter [m.] [DIN 44300-5]**	traceur [m.] [NF Z 61-000];		**Pr**
" "	table [f.] traçante; plotter [m.]		**Pr**
- **Pluszeichen [n.]**	- signe [m.] +		**M**
- **p-MOS**	- MOS [m.] à canal p		**E**
- **PNP-Transistor [m.]**	- transistor [m.] PNP	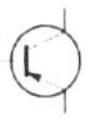	**E**
- **Pointer [m.]**	- pointeur [m.]	Zeiger	**S**
- **Pol [m.]**	- pôle [m.]		**E**

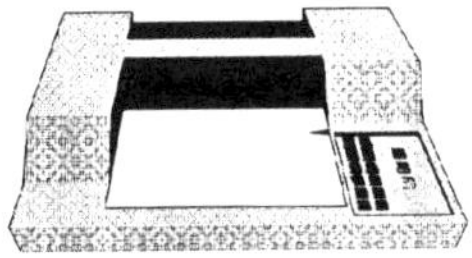

- **Polarität [f.]**	- polarité [f.]		**E**
- **pollen**	- scruter		**C**
- **Polling [n.]**	- invitation [f.] à émettre	polling	**C**
- **Polling-Technik [f.]**	- mode [m.] de transfert par invitation à émettre; polling [m.]	" "	

"Polling" oder "Aufrufbetrieb"
Verfahren der Datenübertragung, bei dem die Leitstation die Trabantenstationen zu bestimmten Zeiten dazu auffordert, ihre Daten zu senden.

☞ Siehe auch "Aufforderungsbetrieb".

- **polnische Notation [f.]; polnische Schreibweise [f.]**	- notation [f.] polonaise [NF Z 61-000]; notation [f.] de Lucasiewicz		
- **Polzahl [f.]**	- nombre [m.] de pôles		
- **POR** (**P**arallel **O**utput **R**egister)	- registre [m.] de sortie parallèle	POR	**E**
- **Port [m.]**	- porte [f.]		**H**
- **portabel**	- portable	Programm	**S**
- **Portabilität [f.]**	- portabilité [f.];		**S**
" "	transportabilité [f.] [-∞]		**S**
- **portables Programm [n.]**	- programme [m.] portable		**S**
- **POS-Abbuchungsautomat [m.]**	- guichet [m.] automatique bancaire (GAB); automate [m.] bancaire	ATM	
- **Position [f.]**	- position [f.]		
- **positionieren**	- positionner		
- **Positionierzeit [f.] [DIN 44300-7]**	- temps [m.] de positionnement [NF Z 61-000]		**Mm**
- **positive Quittung [f.]**	- accusé [m.] de réception (positif) [NF Z 61-000]	ASCII 6 [] [ACK]	
- **positive Quittungsmeldung [f.]**	- message [m.] d'acceptation;		**C**
" "	accusé [m.] de réception (positif)		**C**
- **positive Rückmeldung [f.]**	- accusé [m.] de réception (positif) [NF Z 61-000]	ASCII 6 [] [ACK]	
- **positive Zahl [f.]**	- nombre [m.] positif		**M**
- **positiver Einzug [m.]**	- renfoncement [m.] positif;		**T**
" "	rentré [m.] positif		**T**
- **positives Quittungszeichen [n.]**	- caractère [m.] accusé de réception positif	ASCII 6 [] [ACK]	
- **Post [f.], elektronische**	- courrier [m.] électronique		**C**
- **Postambel [DIN 66010]**	- synchroniseur [m.] final [NF Z 61-000]	Magnetband	**Mb**
- **Postfixnotation [f.]**	- notation [f.] postfixée		
- **Postprozessor [m.]**	- postprocesseur [m.] [NF Z 61-000]		**E**
- **potenzieren**	- calculer la puissance (d'un nombre)		**M**
- **Präambel [DIN 66010]**	- synchroniseur [m.] initial [NF Z 61-000]	Magnetband	**Mb**
- **Prädikat [n.]**	- prédicat [m.]		

- **Prädikatenlogik [f.]**	- logique [f.] des prédicats		
- **Präfix [n.]**	- préfixe [m.]		
- **Präfixdarstellung [f.]; Präfixnotation [f.]**	- notation [f.] préfixée [NF Z 61-000] " "		
- **Pragmatik [f.]**	- pragmatique [f.] [NF Z 61-000]		
- **Präprozessor [m.];**	- préprocesseur [m.] [NF Z 61-000]		E
Preprozessor [m.]	" "		E
- **Primärdatei [f.]**	- fichier [m.] primaire		
- **Primärgruppe [f.]**	- groupe [m.] primaire		C
- **Primärprogramm [n.]**	- programme [m.] d'origine [NF Z 61-000];		S
" "	programme [m.] source [NF Z 61-000]; source [m.] [O]		S
- **Primärsprache [f.]**	- langage [m.] d'origine [NF Z 61-000];		S
" "	langage [m.] source [NF Z 61-000]		S
- **Primzahl [f.]**	- nombre [m.] premier		M
- **Print [m.]**	- plaquette [f.]; carte [f.]		E
- **Priorität [f.]**	- priorité [f.]		
- **private Bibliothek [f.]**	- bibliothèque [f.] privée		S
- **private Datei [f.]**	- fichier [m.] privé		
- **privates Netz [n.]**	- réseau [m.] privé		C
- **privilegierter Befehl [m.]**	- instruction [f.] privilégiée [NF Z 61-000]		S
- **Problembeschreibung [f.]; Problemdefinition [f.]**	- énoncé [m.] du problème; ≈ dossier [m.] d'application [NF Z 61-000]		S
- **problemorientiert**	- orienté vers les problèmes		S
- **problemorientierte Programmiersprache [f.]**	- langage [m.] adapté aux problèmes [NF Z 61-000];		S
" "	langage [m.] orienté vers les problèmes;		S
" "	langage [m.] d'application		S
- **Produkt [n.], logisches**	- produit [m.] booléen;	AND	Lo
" "	produit [m.] logique	AND	Lo
- **Produktion [f.], rechnerunterstützte**	- production [f.] assistée par ordinateur (PAO)		
- **Produktionsregel [f.]**	- règle [f.] de production	Grammatik	
- **Produktionsverwaltung [f.]**	- gestion [f.] de production		
- **Produktreihe [f.]**	- gamme [f.] (de produits)		
- **Programm [n.] [DIN 44300-4]**	- programme [m.] [NF Z 61-000]		S
- **Programm [n.], gespeichertes**	- programme [m.] enregistré		S
- **Programm [n.], lauffähiges**	- programme [m.] exécutable		S

- **Programm [n.], portables**	- programme [m.] portable		S
- **Programm [n.], residentes**	- programme [m.] résident		S
- **Programm [n.], verschiebliches**	- programme [m.] translatable [NF Z 61-000]		S
- **Programm [n.]** (ein ... an die Anforderungen des Benutzers anpassen)	- personnaliser un programme		S
- **Programmabbruch [m.]**	≈ fin [f.] anormale;		S
" "	arrêt [m.] prématuré; abandon [m.]		S
- **Programmablauf [m.] [DIN 44300]**	- déroulement [m.] du programme;		S
	exécution [f.] du programme		S
- **Programmablaufplan [m.]**	- organigramme [m.] de programmation [NF Z 61-000];		S
" "	ordinogramme [m.] de programmation		S
- **Programmabsturz [m.]**	- plantage [m.] (de programme) [○]		S
- **Programmaufruf [m.]**	- appel [m.] (de) (du) programme		S
- **Programmbaustein [m.] [DIN 44300]**	- module [m.] de programme		S
- **Programmbibliothek [f.]**	- bibliothèque [f.] de programmes [NF Z 61-000];		S
" "	programmathèque [f.] [NF Z 61-000]		S
- **Programmblatt [n.]**	- feuille [f.] de programmation		S
- **Programmdatei [f.]**	- fichier [m.] exécutable;		S
" "	fichier [m.] programme		S
- **Programmdiagnostik [f.]**	- diagnostic [m.]		S
- **Programmeditor [m.]**	- éditeur [m.] de programme		S
- **Programmende [n.] [DIN 66257]**	- fin [f.] de programme [NF Z 61-000]	NC z.B.	S
- **Programmentwickler [m.]**	- développeur [m.] d'applications	Anwendungen	S
- **Programmfehler [m.]**	- erreur [f.] de programmation;		S
" "	bogue [f.] [○]		S
- **Programmgenerator [m.]**	- générateur [m.] de programmes		S
- **programmierbar**	- programmable		S
- **programmierbare logische Felder [n.p.]**	- réseau [m.] logique programmable	PLA	E
- **programmierbarer Festspeicher [m.]**	- mémoire [f.] morte programmable	PROM	Mm
- **programmierbarer Festwertspeicher [m.] [DIN 44476-1]**	- mémoire [f.] programmable à lecture seule [CEI 147-OE]		Mm
- **programmierbarer Speicher [m.]**	- mémoire [f.] programmable		Mm
- **programmieren**	- programmer [NF Z 61-000]		S
- **Programmieren [n.], methodisches;**	- programmation [f.] structurée		S
Programmieren [n.], systematisches	" "		S
- **Programmierer [m.]**	- programmeur [m.]; codeur [m.]		S
- **Programmierer [m.], weiblicher**	- codeuse [f.]		S
- **Programmierfehler [m.]**	- erreur [f.] de programmation;		S
" "	bogue [f.] [○]		S

- Programmiergerät [n.]	- unité [f.] de programmation	**S**
- Programmiermethode [f.]	- méthode [f.] de programmation	**S**
- Programmiersprache [f.] [DIN 44300)]	- langage [m.] de programmation [NF Z 61-000]	**S**
- Programmiersprache [f.], algorithmische	- langage [m.] procédural	**S**
- Programmiersprache [f.], blockorientierte	- langage [m.] à structure de blocs	**S**
- Programmiersprache [f.], graphische	- langage [m.] de programmation graphique	**S**
- Programmiersprache [f.], höhere	- langage [m.] de haut niveau;	**S**
	langage [m.] évolué	**S**
- Programmiersprache [f.], maschinenorientierte	- langage [m.] orienté vers la machine	**S**
- Programmiersprache [f.], niedere	- langage [m.] de bas niveau	**S**
- Programmiersprache [f.], problemorientierte	- langage [m.] adapté aux problèmes [NF Z 61-000];	**S**
" "	langage [m.] orienté vers les problèmes;	**S**
" "	langage [m.] d'application	**S**
- Programmiersprache [f.], prozedurale, prozedurorientierte	- langage [m.] adapté aux procédures [NF Z 61-000];	**S**
	langage [m.] de procédure [NF Z 61-000];	**S**
" "	langage [m.] procédural	**S**
- Programmiersprache [f.] höherer Stufe	- langage [m.] de haut niveau; langage [m.] évolué	**S**
- Programmiersystem [n.] [DIN 44300]	- système [m.] de programmation [NF Z 61-000]	**S**
- programmierte Unterweisung [f.]	- enseignement [m.] programmé	
- programmierter Halt [m.] [DIN 66257]	- arrêt [m.] de programme [NF Z 61-000]	**NC**
- Programmierung [f.]	- programmation [f.] [NF Z 61-000]	**S**
- Programmierung [f.], absolute	- programmation [f.] absolue	**S**
- Programmierung [f.], dynamische	- programmation [f.] dynamique	**S**
- Programmierung [f.], lineare	- programmation [f.] linéaire	**S**
- Programmierung [f.], modulare	- programmation [f.] modulaire	**S**
- Programmierung [f.], nichtlineare	- programmation [f.] non linéaire	**S**
- Programmierung [f.], objektorientierte	- programmation [f.] orientée objet OOP	**S**
- Programmierung [f.], parametrische	- paramétrage [m.]	**S**
- Programmierung [f.], strukturierte	- programmation [f.] structurée	**S**
- Programmierung [f.], symbolische	- programmation [f.] symbolique	**S**
- Programmkopf [m.]	- en-tête [m.] (du) (de) programme	**S**

- **Programmlauf [m.]**	- passage [m.] machine		**S**
- **Programm-Manager [m.]**	- gestionnaire [m.] de programmes		**S**
- **Programmodul [n.]**	- module [m.] de programme		**S**
- **Programmpaket [n.]**	- progiciel [m.]; package [m.] [⊠]		**S**
- **Programmrumpf [m.]**	- corps [m.] du programme		**S**
- **Programmschalter [m.]**	- aiguillage [m.] [NF Z 61-000]		**S**
- **Programmschleife [f.]**	- boucle [f.] (de programme)		**S**
" "	[NF Z 61-000]; itération [f.]		
- **Programmsegment [n.]**	- segment [m.] de programme;		**S**
" "	segment [m.] de recouvrement [NF Z 61-000]		**S**
- **Programmsegmentierung [f.]**	- segmentation [f.] d'un programme		**S**
- **Programm-Segment-Prefix [n.] (PSP); Programmsegment-Vorspann [m.]**	- préfixe [m.] de segment de programme (PSP)	PSP	**S**
	" "		**S**
- **Programmstart [m.]**	- lancement [m.] d'un programme		**S**
- **Programmstruktur [f.]**	- structure [f.] de programme		**S**
- **Programmsystem [n.]**	- progiciel [m.]		**S**
- **Programmtrommel [f.]**	- tambour-programme [m.]	Lochkarten	**Me**
- **Programmübersetzung [f.];**	- conversion [f.] de programme	> Kompilierung	**S**
Programmumwandlung [f.]	" "	> Kompilierung	**S**
- **Programmunterteilung [f.]**	- segmentation [f.] d'un programme		**S**
- **Programmverknüpfer [m.] [-∞]**	- éditeur [m.] de liens [NF Z 61-000]		**S**
- **Programmweiche [f.]**	- aiguillage [m.] [NF Z 61-000]	programme	**S**
- **Programmwerk [n.]**	- programmateur [m.]		**E**
- **Programmzeitpunkt [m.]**	- pas [m.] de programme		**S**
- **Projekt [n.]**	- projet [m.]		
- **Projektbearbeitung [f.]**	- étude [f.] de projet		
- **Projektleiter [m.]**	- chef [m.] de projet		
- **Projektplanung [f.]**	- étude [f.] de projet		
- **Projektverwaltung [f.]**	- gestion [f.] de projet(s)		
- **PROLOG**	- PROLOG	Programmiersprache	**S**
- **PROM** (**P**rogrammable **R**ead **O**nly **M**emory)	- PROM [f.]	PROM	**Mm**
- **Prompt**	- indicatif [m.];	DOS z.B.	**S**
" "	signal [m.] d'attente;	" "	**S**
" "	message [m.] d'attente	" "	**S**
- **Proportionalschrift [f.]**	- écriture [f.] à espacement proportionnel	DTP	**T**
- **Protokoll [n.]**	- procédure [f.] de liaison;		**C**
" "	protocole [m.]		**C**
- **Protokolldatei [f.]**	- fichier [m.] d'audit	Verdichtungsprogr. z.B.	
- **Protokollwandler [m.]**	- convertisseur [m.] de protocole		
- **Prozedur [f.] [DIN 44300]**	- procédure [f.] [NF Z 61-000];	Programm	**S**
" "	procédure [f.]	Allgemein, Funktion	

- prozedurale Programmiersprache [f.]; prozeduralorientierte Programmiersprache	- langage [m.] adapté aux procédures [NF Z 61-000]; langage [m.] de procédure [NF Z 61-000]; langage [m.] procédural		S S S
- Prozeduraufruf [m.]	- appel [m.] de procédure		S
- Prozedurdatei [f.]	- fichier [m.] procédure	Programmierung	S
- Prozedurkopf [m.]	- début [m.] de procédure		S
- Prozedurrumpf [m.]	- corps [m.] de procédure		S
- Prozedurteil [m.]	- division [f.] algorithmes	COBOL	S
- Prozeß [m.] [DIN 44300-1]	- processus [m.] [NF Z 61-000]		
- Prozeß [m.], kontinuierlicher	- processus [m.] continu		
- Prozeßanschluß [m.]	- connexion [f.] au processus		
- Prozessor [m.]	- processeur [m.] [NF Z 61-000]		E
- Prozessor [m.], arithmetischer	- processeur [m.] arithmétique		E
- Prozessor-Status-Register [n.]	- registre [m.] d'état; registre [m.] d'indicateurs;		
" "	registre [m.] d'indicateurs de test		
- Prozeßrechner [m.]	- calculateur [m.] industriel		H
- Prozeßrechnersprache [f.]	- langage [m.] temps réel		S
- Prüfbit [n.]	- bit [m.] de contrôle		
- Prüfenveloppe [f.]	- enveloppe [f.] d'essai		C
- Prüferin [f.]	- vérificatrice [f.]		Me
- Prüfprogramm [n.]	- programme [m.] de test		S
- Prüfschlaufe [f.]	- boucle [f.] d'essai		C
- Prüfsumme [f.]	- total [m.] de contrôle;		
" "	somme [f.] de contrôle		
- Prüfung [f.]	- essai [m.]; contrôle [m.]; test [m.]		
- Prüfvorschrift [f.]	- consignes [f.p.] de test		C
- Prüfwort [n.]	- mot [m.] d'essai		C
- Prüfzeichen [n.]	- caractère [m.] de contrôle;		
" "	clé [f.] de contrôle;		
" "	caractère [m.] de redondance	Redundanzzeichen	
- Pseudobefehl [m.]	- pseudo-instruction [f.] [NF Z 61-000];		S
" "	directive [f.] [NF Z 61-000]		S
- Pseudocode [m.]	- pseudocode [m.] [NF Z 61-000]		S
- Pseudozufallszahl [f.]	- nombre [m.] pseudo-aléatoire [NF Z 61-000]		M

- Pseudozufallszahlen-Reihe [f.]	- suite [f.] de nombres pseudo-aléatoires [NF Z 61-000]		**M**
- PSP [n.] (Programm-Segment-Prefix)	- PSP [m.] (Préfixe de Segment de Programme)	PSP	**S**
- Public-Domain-Software [f.]	- freeware;		**S**
" "	logiciel [m.] du domaine public		**S**
- publik	- publique	Variable	**S**
- Puffer [m.] [DIN 44300]	- mémoire [f.] tampon [NF Z 61-000];		**Mm**
" "	tampon [m.]		**Mm**
- Pufferbereich [m.]	- zone [f.] tampon		**Mm**
- Pufferregister [n.]	- registre [m.] tampon		**Mm**
- Pufferspeicher [m.]	- mémoire [f.] tampon [NF Z 61-000]		**Mm**
- Pufferung [f.]	- rangement [m.] en mémoire tampon;		**Mm**
" "	tamponnage [m.]		
- Pull-Down Menü [n.]	- menu [m.] à tiroir;		**S**
" "	menu [m.] déroulant		**S**
- Pull-Operation [f.]	- opération [f.] PULL	Stack	**S**
- Puls-Code-Modulation [f.] (PCM)	- modulation [f.] par impulsions codées (MIC);	PCM	**C**
" "	modulation [f.] d'impulsion codée (MIC);	PCM	**C**
" "	modulation [f.] par impulsion et codage (MIC)	PCM	**C**
- Pulsrahmen [m.]	- trame [f.]	PCM 30 z.B.	**C**
- Pulsrahmengleichlauf [m.]	- synchronisation [f.] de trame	PCM 30 z.B.	**C**
- Pult [n.]	- pupitre [m.]; console [f.]		**H**
- Punktmatrix [f.];	- trame [f.]	Bild	
Punktraster [n.]	" "		
- Punktsteuerung [f.] [DIN 66257]	- commande [f.] de mise en position [NF Z 61-000];		**NC**
" "	commande [f.] point-à-point;		**R**
" "	commande [f.] point-par-point;		**R**
" "	commande [f.] programmable point par point		**R**
- Punkt-zu-Punkt	- point à point		**C**
- Punkt-zu-Punkt Verbindung [f.] [DIN 44302]	- connexion [f.] point à point;		**C**
	liaison [f.] point à point		**C**

- **Pupin-Spule [f.]**	- bobine [f.] de Pupin;		C
" "	bobine [f.] de charge		C
- **Push-Operation [f.]**	- opération [f.] PUSH	Stack	S

Q

- **Quadratwurzel [f.]**	- racine [f.] carrée		**M**
- **Quellcode [m.]**	- code [m.] source		**S**
- **Quellcode-Generator [m.]**	- générateur [m.] de source		**S**
- **Quelldatei [f.]**	- fichier [m.] source		**S**
- **Quelldiskette [f.]**	- disquette [f.] source		**Di**
- **Quelle [f.]**	- source [f.]		
- **Quellendatei [f.]**	- fichier [m.] source		**S**
- **Quellenkartei [f.]**	- fichier [m.] source	fiches carton	
- **Quellenprogramm [n.]** <	- programme [m.] source		**S**
" "	[NF Z 61-000]; source [m.] [O];		
" "	programme [m.] d'origine [NF Z 61-000]		**S**
- **Quellensprache [f.]** <	- langage-source [m.];		**S**
" "	langage [m.] d'origine [NF Z 61-000];		**S**
" "	langue [f.] source		**S**
- **Quellprogramm [n.]** ...	- programme [m.] source		**S**
- **Quellsprache [f.]** ...	- langage-source [m.]		**S**
- **Querparität [f.]**	- parité [f.] transversale		
- **Querparitätszeichen [n.]**	- clé [f.] transversale		
- **Querparity**	- parité [f.] transversale		
- **Quersumme [f.]**	- cumul [m.] horizontal; travers [m.]		
- **Querverbindung [f.]**	- interconnexion [f.]		
- **Querverweis [m.]**	- référence [f.] croisée		**S**
- **Querverweisliste [f.]**	- liste [f.] des références croisées		**S**
- **Quickformat [n.]**	- formatage [m.] rapide	Windows z.B.	
- **Quicksort [n.]**	- tri [m.] quick sort		
- **Quittieren [n.]**	- acquittement [m.]	Fehler z.B.	
- **quittieren**	- valider;	" "	
" "	acquitter	" "	
- **Quittung [f.]**	- accusé [m.] de réception [NF Z 61-000];	ASCII 6 [] [ACK]	
" "	acquittement [m.]	ASCII 6 [] [ACK]	

- **Quittung [f.], negative**	- accusé [m.] de réception négatif [NF Z 61-000]	ASCII 21 [§] [NAK]	
- **Quittung [f.], positive**	- accusé [m.] de réception (positif) [NF Z 61-000]	ASCII 6 [] [ACK]	
- **Quittungsbetrieb [m.]**	- transmission [f.] par passage de témoins	Handshaking	**C**
☞ ***Siehe auch "Handshaking"***			
- **Quittungsmeldung [f.], positive**	- message [m.] d'acceptation;		**C**
	accusé [m.] de réception (positif)		**C**
- **Quittungssignal [n.]**	- signal [m.] accusé de réception;		
" "	signal [m.] d'acquittement		
- **Quittungszeichen [n.]**	- caractère [m.] accusé de réception;	ASCII 6 + 21	
" "	signal [m.] d'accusé de réception;	ASCII 6 + 21	**C**
" "	signal [m.] d'acquittement	ASCII 6 + 21	**C**
- **Quotient [m.]**	- quotient [m.]		**M**

R

- Radar [m.]	- radar [m.]		**C**
- radieren	- effacer		
- Radierer [m.]	- gomme [f.] (à effacer)	Zeichenprogramm	
- Radixpunkt [m.]	- séparation [f.] fractionnaire [NF Z 61-000]		
- Radixschreibweise [f.] [DIN 44300-2]	- numération [f.] à base [NF Z 61-000]		
- radizieren	- extraire la racine		**M**
- Rahmen [m.]	- cadre [m.]; pourtour [m.];	Bildschirm z.B.	**S**
" "	trame [f.]	Nachrichtenrahmen	**C**
- Rahmenaufbau [m.]	- structure [f.] de trame		**C**
- Rahmenbeschriftung [f.]	- habillage [m.] de cadre		**T**
- Rahmenbildung [f.]	- composition [f.] de trame		**C**
- Rahmeninhalt [m.]	- contenu [m.] de la trame		**C**
- Rahmenkennungswort [n.]; Rahmenkennwort [n.]	- signal [m.] de verrouillage de trame	PCM 30 z.B.	**C**
- Rahmenprüfzeichen [n.]	- séquence [f.] de contrôle de trame	FCS	**C**
- Rahmenstruktur [f.]	- structure [f.] de trame	PCM 30 z.B.	**C**
- Rahmensynchronisationsverlust [m.]	- perte [f.] de synchronisation de la trame	SYA	**C**
- RAM (Random Access Memory)	- mémoire [f.] à accès sélectif [NF Z 61-000]; RAM [f.]	RAM	**Mm**
- RAM mit Akkupufferung	- RAM [f.] sauvegardée par une		**Mm**
" "	batterie; RAM [f.] secourue par une batterie		**Mm**
- RAM-Floppy	- disque [m.] virtuel		**Mm**
- Rand [m.], linker	- marge [f.] gauche	Textverarbeitung	**T**
- Rand [m.], oberer	- marge [f.] du haut	" "	**T**
- Randbeschrifter [m.]	- traductrice [f.] [NF Z 61-000]	Lochkarten	**Me**
- Randeinheit [f.] ☞ ***Siehe auch "periphere Einheit"***	- unité [f.] périphérique [NF Z 61-000]		**H**
- Randlochkarte [f.]	- carte [f.] à aiguilles [NF Z 61-000];		**Me**
" "	carte [f.] à encoches [NF Z 61-000];		**Me**
" "	carte [f.] à encoches marginales [NF Z 61-000]; fiche [f.] perforée		**Me**

- Randlochung [f.]	- encoches [f.p.] marginales;	Lochkarten	**Me**
" "	perforation [f.] marginale		**Pr/Me**
- Randlöser [m.]	- touche [f.] passe-marge	Schreibmaschine	
- Random Access	- accès [m.] direct; accès [m.] sélectif		**Mm**
- Random Access Memory	- mémoire [f.] à accès sélectif [NF Z 61-000];	RAM	**Mm**
" "	mémoire [f.] à accès direct [NF Z 61-000];	RAM	**Mm**
" "	mémoire [f.] à accès aléatoire [⊠] [NF Z 61-000]	RAM	**Mm**
- Rangfolge [f.]	- priorité [f.]; précédence [f.]		
- Raster [n.]	- trame [f.]	Bildraster	
- Rasterdrucker [m.]	- imprimante [f.] matricielle;		**Pr**
" "	imprimante [f.] par points [-∞] [NF Z 61-000]		**Pr**
- rationale Zahl [f.]	- nombre [m.] rationnel [NF Z 61-000]		**M**
- Rationalisierung [f.]	- rationalisation [f.]		
- Raubkopie [f.]	- copie [f.] frauduleuse;		**S**
" "	logiciel [m.] piraté		**S**
- Raumlagenvielfach	- commutation [f.] par répartition dans l'espace;	PCM 30 z.B.	**C**
" "	commutation [f.] spatiale	" "	**C**
- Rauschabstand [m.]	- rapport [m.] S/N;	S/N	**C**
" "	rapport [m.] signal sur bruit	S/N	**C**
- Rauschen [n.]	- bruit [m.]		**C**
- Rauschen [n.], thermisches	- bruit [m.] thermique		**E**
- Rauschen [n.], weißes	- bruit [m.] blanc		**E**
- Read Only Memory (ROM)	- mémoire [f.] fixe [NF Z 61-000];	ROM	**Mm**
" "	mémoire [f.] morte [NF Z 61-000]	ROM	**Mm**
- Real Time Clock	- horloge [f.] temps réel;		**E**
" "	horloge [f.] temporelle		**E**
- realer Arbeitsspeicher [m.];	- mémoire [f.] réelle [NF Z 61-000]		**Mm**
realer Speicher [m.]	" "		**Mm**
- Realtime; Realzeit [f.]	- temps [m.] réel		
- Realzeitbetrieb [m.]	- traitement [m.] en temps réel		
- Realzeiteingabe [f.]	- saisie [f.] en ligne		
- Realzeituhr [f.]	- horloge [f.] temps réel;		**E**
" "	horloge [f.] temporelle		**E**
- Rechenanlage [f.]	- calculateur [m.] [NF Z 61-000];		**H**
" "	ordinateur [m.]		**H**
- Rechenanlage [f.], digitale [DIN 44300-5]	- calculateur [m.] numérique [NF Z 61-000]		
- Rechenanweisung [f.]	- algorithme [m.] [NF Z 61-000]		**S**
- Rechenblock [m.]	- pavé [m.] numérique	Tastatur	**H**
- Rechenbrett [n.]	- table [f.] à calcul	Abakus	

- **Rechenelement [n.]**	- circuit [m.] de calcul	Analogrechner	**E**
- **Rechenleistung [f.]**	- puissance [f.] de calcul		
- **Rechenlocher [m.]**	- perforatrice [f.] calculatrice		**Me**
- **Rechenmaschine [f.]**	- calculatrice [f.] [NF Z 61-000];		
" "	machine [f.] à calculer		
- **Rechenmaschine [f.], elektronische**	- machine [f.] à calculer électronique		
- **Rechenmaschine [f.], mechanische**	- machine [f.] à calculer mécanique		
- **Rechenregister [n.]**	- registre [m.] arithmétique		**E**
- **Rechenschaltung [f.]**	- circuit [m.] de calcul	Analogrechner	**E**
- **Rechenstanzer [m.]**	- perforatrice [f.] calculatrice [NF Z 61-000]		**Me**
- **Rechensystem [n.]**	- système [m.] de traitement de l'information [NF Z 61-000]		
- **Rechenwerk [n.] [DIN 44300]**	- unité [f.] arithmétique [NF Z 61-000];		**E**
" "	organe [m.] arithmétique [NF Z 61-000];		**E**
" "	unité [f.] arithmétique et logique;		**E**
" "	unité [f.] de calcul		**E**
- **Rechenzeitabrechnung [f.]**	- facturation [f.] des travaux;		
" "	comptabilité [f.] des travaux		
- **Rechenzentrum [n.]**	- centre [m.] de calcul		
- **Rechenzentrumsmanagement [n.] aus dritter Hand**	- gérance [f.] informatique; reprise [f.] de charge		
- **Rechnen [n.]**	- calcul [m.]		
- **rechnen**	- calculer		
- **Rechner [m.]**	- calculateur [m.] [NF Z 61-000];	Computer	**H**
" "	ordinateur [m.];	" "	**H**
" "	calculatrice [f.]	Windowsprogramm	
- **Rechner [m.], wissenschaftlicher**	- ordinateur [m.] scientifique		**H**
- **rechnerabhängig**	- en ligne; on-line		
- **rechnerabhängige Datenerfassung [f.]**	- saisie [f.] en ligne		
- **Rechnerarchitektur [f.]**	- architecture [f.] de machine		**H**
- **rechnergestützt**	- assisté par ordinateur (...AO)		

☞ ***siehe auch "computergestützt", "rechnerunterstützt", "CA..."***

- **rechnergestütztes Übersetzen [n.]**	- traduction assistée par ordinateur (TAO)		
- **Rechnerleistung [f.]**	- puissance [f.] de traitement		
- **Rechnernetz [n.]**	- réseau [m.] de calculateurs		**C**
- **Rechnerraum [m.]**	- salle [f.] d'ordinateur(s);		
" "	salle [f.] des ordinateurs;		
" "	salle [f.] ordinateur		

- rechnerunabhängig	- autonome; déconnecté, hors-ligne;		
" "	off-line		
- rechnerunabhängiger Betrieb [m.]	- mode [m.] autonome;		
" "	mode [m.] déconnecté;		
" "	mode [m.] hors ligne;		
" "	mode [m.] local		
- rechnerunabhängiger Speicher [m.]	- mémoire [f.] autonome		**Mm**
- rechnerunterstützt....	- assisté par ordinateur (...AO)		

☞ ***Siehe auch "computergestützt", "rechnerunterstützt", "CA".***

- rechnerunterstützte Fertigung [f.]	- fabrication [f.] assistée par ordinateur (FAO)	CAP	
- rechnerunterstützte Fertigungswirtschaft [f.]	- production [f.] assistée par ordinateur (PAO)		
- rechnerunterstützte Konstruktion [f.]	- conception [f.] assistée par ordinateur (CAO)	CAD	
- rechnerunterstützte numerische Steuerung [f.]	- commande [f.] numérique avec ordinateur [NF Z 61-000]	CNC	**NC**
- rechnerunterstützte Produktion [f.]	- production [f.] assistée par ordinateur (PAO)		
- rechnerunterstützte Verwaltung [f.]	- gestion [f.] automatisée [NF Z 61-000]		
- rechnerunterstützter Entwurf [m.] (CAD)	- conception [f.] assistée par ordinateur (CAO)	CAD	
- rechnerunterstütztes Ingenieurwesen [n.] (CAE)	- ingénierie [f.] assistée par ordinateur (IAO)	CAE	
- rechnerunterstütztes Lernen [n.]	- enseignement [m.] assisté par ordinateur (EAO);	CAI/CAT/CBE	
" "	enseignement [m.] automatisé	CAI/CAT/CBE	
- Rechnerverbund [m.]	- réseau [m.] de calculateurs		**C**
- rechte geschweifte Klammer [f.]	- accolade [f.] fermante	ASCII 125 [}] []	
- Rechteck [n.]	- onde [f.] carrée	Signal	**E**
- Rechteckschere [f.]	- outil [m.] de découpe rectangulaire	Zeichenprogramm	
- rechts ausrichten	- cadrer à droite [NF Z 61-000];	Register/Textver.	**T/E**
" "	justifier à droite [NF Z 61-000]	Textver.	**T**
- rechtsbündig	- cadré à droite;	Register/Textver.	**T/E**
" "	justifié à droite;	Textverarb.	**T**
" "	aligné à droite	" "	**T**
- rechtsbündige Ausrichtung [f.]	- cadrage [m.] à droite;	Register/Textver.	**T/E**
	justification [f.] à droite;	Textver.	**T**
" "	cadrage [m.] "en drapeau" à droite	" "	**T**
- Rechtschreibhilfe [f.]; Rechtschreibprogramm [n.]	- vérificateur [m.] orthographique;	Textverarb.	**T**
	correcteur [m.] orthographique;	" "	**T**
" "	spell checker [m.] [☒]	" "	**T**
- Rechtschreibprüfung [f.]	- vérification [f.] orthographique	" "	**T**
- Rechtschreibung [f.]	- orthographe [f.]		**T**

- **Rechtschreibungsprogramm [n.]**	- vérificateur [m.] orthographique;	Textverarbeitung	**T**
" "	correcteur [m.] orthographique;	" "	**T**
" "	spell checker [m.] [☒]	" "	**T**
- **Rechtsinformatik [f.]**	- informatique [f.] juridique		
- **Rechtsrundschieben [n.]**	- décalage [m.] à droite circulaire	Register	**E**
- **Rechtsschieben [n.];**	- décalage [m.] (m.) à droite	" "	**E**
Rechtsverschiebung [f.]	" "		**E**
- **rechtwinklige Koordinaten [f.p.]**	- coordonnées [f.p.] rectangulaires		**M**
- **Record [m.]**	- enregistrement [m.]	Datensatz	**Db**
- **Recorder [m.]**	- enregistreur [m.]	Windowsprogramm	
- **Redundanz [f.]**	- redondance [f.];	Allgemein	
" "	redondance [f.] [NF Z 61-000]	Informationstheorie	
- **Redundanz [f.], relative [DIN 44301]**	- redondance [f.] relative [NF Z 61-000]	" "	
- **Redundanzprüfung [f.]**	- contrôle [m.] de redondance		
- **Redundanzprüfung [f.], vertikale**	- contrôle [m.] vertical de redondance	VRC	
- **Redundanzprüfung [f.], zyklische**	- contrôle [m.] de redondance cyclique		
- **Redundanzzeichen [n.]**	- caractère [m.] de redondance		
- **Redundanzzeichen [n.], zyklisches**	- clé [f.] cyclique		
- **reelle Zahl [f.]**	- nombre [m.] réel [NF Z 61-000]		**M**
- **reeller Arbeitsspeicher [m.]**	- mémoire [f.] réelle [NF Z 61-000]		**Mm**
- **Reentrance [f.]**	- réentrance [f.]		**S**
- **reentrant**	- réentrant;	Programm	**S**
" "	rentrant [NF Z 61-000]	" "	**S**

Reentrance, Eintrittsinvarianz (réentrance)

Eigenschaft eines Programmes, die darin besteht, daß ein einziges Exemplar der ablauffähigen Form mehrfach parallel und bei jedem Eintritt in das Programm unter gleichen internen Umständen ausführbar ist (Definition DIN 44300 Teil 4)

Obwohl die Norm DIN 44300 für das Englische "reentrant" das Wort "eintrittsinvariant" benutzt, hat sich dieser Begriff in der Praxis nicht durchsetzen können.

- **Referenz [f.]**	- référence [f.]		
- **Referenzfahrt [f.]**	- course [f.] de référence	Roboter z.B.	**R**
- **Referenzmodell [n.]**	- modèle [m.] de référence	OSI-Modell	**C**
- **Reflektormarke [f.]**	- marque [f.] de fin de bande		**Mb**
- **Regelkreis [m.]**	- boucle [f.] d'asservissement		**E**
- **Regelung [f.]**	- régulation [f.]		**E**
- **Regenerierung [f.]**	- régénération [f.]		
- **Register [n.] [DIN 44300-6]**	- registre [m.] [NF Z 61-000]		**E**
- **Register [n.], adressierbares**	- registre [m.] adressable;		**E**
" "	registre [m.] à adressage explicite		**E**

- **Register [n.], nicht adressierbares**	- registre [m.] non adressable;		**E**
" "	registre [m.] à adressage implicite		**E**
- **Registerformat [n.]**	- format [m.] des registres		
- **Regler [m.]**	- régulateur [m.]		**E**
- **reguläre Grammatik [f.]**	- grammaire [f.] régulière		
- **Reihe [f.]**	- progression [f.];		**M**
" "	rangée [f.]; série [f.]		
- **Reihe [f.], arithmetische**	- progression [f.] arithmétique		**M**
- **Reihe [f.], geometrische**	- progression [f.] géométrique		**M**
- **Reihenschaltung [f.]**	- association [f.] en série;		**E**
" "	circuit [m.] en série;		**E**
" "	couplage [m.] en série [CEI];		**E**
" "	groupement [m.] en série;		**E**
" "	montage [m.] en série		**E**
- **Rekonfiguration [f.]**	- reconfiguration [f.]		
- **Rekursion [f.]**	- récursivité [f.]	Eigenschaft	
- **rekursiv [DIN 44300]**	- récursif [NF Z 61-000]		
- **rekursiver Algorithmus [m.]**	- algorithme [m.] récursif		
- **Relais [n.]**	- relais [m.]		**E**
- **Relation [f.]**	- relation [f.]		
- **relationale Datenbank [f.]**	- banque [f.] de données relationnelle;		**Db**
" "	banque [f.] de données de type relationnel		**Db**
- **relationaler Operator [m.]**	- opérateur [m.] relationnel		**S**
- **relationales Datenmodell [n.]**	- modèle [m.] relationnel	Datenbank	**Db**
- **relative Adresse [f.]**	- adresse [f.] relative [NF Z 61-000]		**Mm**
- **relative Adressierung [f.]**	- adressage [m.] relatif [NF Z 61-000]		**Mm**
- **relative Redundanz [f.] [DIN 44301]**	- redondance [f.] relative [NF Z 61-000]	Informationstheorie	
- **relativer Fehler [m.]**	- erreur [f.] relative [NF Z 61-000]		
- **Relokation [f.]**	- relocation [f.]		**S**
- **Remanenz [f.]**	- rémanence [f.]		
- **Rentabilität [f.]**	- rentabilité [f.]		
- **Reparaturzeit [f.], mittlere**	- temps [m.] moyen de dépannage [NF Z 61-000]		
- **Report Programm Generator [m.] (RPG)**	- générateur [m.] automatique de programmes (GAP)	RPG	**S**
- **REPROM (Re**programmable **R**ead **O**nly Memory)	- REPROM [f.] (Reprogrammable Read Only Memory)	REPROM	**Mm**
- **Reservecomputer [m.]**	- ordinateur [m.] de reprise		**H**
- **reservierter Bereich [m.]**	- zone [f.] réservée		
- **reservierter Speicher [m.]**	- mémoire [f.] spécialisée		**Mm**

Deutsch	Français	Bemerkung	
- reserviertes Schlüsselwort [n.];	- mot [m.] réservé [NF Z 61-000];		S
reserviertes Wort [n.]	mot [m.] clé		S
- Reservierung [f.], automatische	- réservation [f.] automatique		
- Reset	- mise [f.] à 0; remise [f.] à zéro;		
" "	R.A.Z. [f.]; réinitialisation [f.]		
- Reset-Taste [f.]	- touche [f.] de reset		H
- resident	- résident [NF Z 61-000]; corésident		S
- residente Datei [f.]	- fichier [m.] résident		
- residentes Programm [n.]	- programme [m.] résident		S
- Ressource [f.]	- ressource [f.]		
- Ressourcenzuteilung [f.]	- attribution [f.] des ressources [NF Z 61-000]		
- Rest-...	- rémanent	Magnetisierung z.B.	
- Restart [m.]	- redémarrage;		
	reprise [f.] [NF Z 61-000]	Wiederanlauf	
☞ *Siehe auch "Wiederanlauf"*			
- Restaurierung [f.]	- restauration [f.]	Daten	
- Restdämpfung [f.]	- affaiblissement [m.] résiduel		C
- Restmagnetisierung [f.]	- magnétisme [m.] rémanent		E
- retten	- sauvegarder	Variablen, Schirm usw.	S
- Return-Anweisung [f.]	- instruction [f.] de retour de fonction		S
- Return-Taste [f.]	- touche [f.] de retour (à la ligne)		H
- Returnwert [m.]	- valeur [f.] de retour;	Funktion	S
" "	valeur [f.] retournée	" "	S
- Reverse	- vidéo [f.] inverse	Bildschirm	S
REVERSE			
- richten	- régler	Datum, Uhrzeit z.B.	
- Richtigkeit [f.]	- exactitude [f.] [NF Z 61-000]	accuracy	
- Richtungsbetrieb [m.]	- transmission [f.] simplex;		C
[DIN 44302]	transmission [f.] unidirectionnelle;		C
" "	mode [m.] unidirectionnel;		C
	simplex [m.]		C

"Richtungsbetrieb" oder "einseitige Datenübermittlung" (transmission unidirectionnelle, transmission en simplex) Übertragungsmodus, bei dem die Daten immer nur in eine vorbestimmte Richtung übertragen werden können.

Deutsch	Français	Bemerkung	
- Richtungstaste [f.]	- touche [f.] de direction		H
- Richtungswechsel [m.]	- changement [m.] de direction	Roboter z.B.	R
- Ring [m.]	- anneau [m.]; boucle [f.]		
- Ringkern [m.]	- tore [m.] de ferrite [NF Z 61-000]		Mm
- Ringnetz [n.]	- réseau [m.] en boucle		C
- Ringpuffer [m.]	- tampon [m.] circulaire		Mm

- Ringschieben [n.]	- décalage [m.] circulaire [NF Z 61-000];	Register	
" "	permutation [f.] circulaire	" "	
- Roboter [m.]	- robot [m.]		**R**
- Robotertechnik [f.];	- robotique [f.]		**R**
Robotik [f.]	" "		**R**
- rödeln [O]	- mouliner [O]		
- Röhre [f.], Braunsche	- tube [m.] cathodique;		**E**
" "	tube [m.] à rayons cathodiques		**E**
- Röhrenkolben [m.]	- canon [m.] de tube	Kathodenstrahlröhre	**E**
- Rollbalken [m.]	- barre [f.] de défilement	Bildschirm	**S**
- Rollen [n.] des Bildschirms	- défilement [m.] de l'écran		**S**
- Rollenantrieb [m.]	≈ cabestan [m.]	Magnetband	**Mb**
- Rollenzeichengerät [n.]	- traceur [m.] à rouleaux		**Pr**
- ROM (**R**ead **O**nly **M**emory)	- ROM [f.]	ROM	**Mm**
- Röntgenbild [n.]	- radiographie [f.]		
- Root-Directory	- racine [f.]; répertoire [m.] principal		**S**
- Rotation [f.]	- rotation [f.]	Bewegung	
- Router [m.]	- routeur [m.]		**C**
- Routine [f.]	- routine [f.] [NF Z 61-000]		**S**
- RPG [m.] (**R**eport **P**rogramm **G**enerator)	- GAP [m.] (**G**énérateur **A**utomatique de **P**rogrammes)	RPG	**S**
- RS-Flipflop [n.]	- bascule [f.] bistable RS		**E**
- RTL [f.] (**R**esistors **T**ransistors **L**ogic)	- RTL	RTL	**E**
- Rückführtaste [f.]	- touche [f.] de retour (à la ligne)	Schreibwerk	
- Rückgabe [f.]	- retour [m.]		**S**
- Rückgabewert [m.]	- valeur [f.] de retour;	Funktion	**S**
" "	valeur [f.] retournée	" "	**S**
- Rückkanal [m.]	- voie [f.] de retour		**C**
- Rückkehr [f.] von Unterbrechung	- retour [m.] d'interruption	IRET	**S**
- Rückkehr [f.] zur Grundmagnetisierung	≈ enregistrement [m.] avec retour à un niveau de référence	Aufzeichnung	
- Rückkehradresse [f.]	- adresse [f.] de retour		**S**
- Rückkehr-nach-Null-Verfahren [n.]	≈ enregistrement [m.] avec retour à zéro [NF Z 61-000]	Aufzeichnung	
- Rückkopplung [f.]	- rétroaction [f.]		**E**
- Rückmeldung [f.], negative	- accusé [m.] de réception négatif [NF Z 61-000]	ASCII 21 [§] [NAK]	
- Rückmeldung [f.], positive	- accusé [m.] de réception (positif) [NF Z 61-000]	ASCII 6 [] [ACK]	
- Rückschaltung [f.]	- caractère [m.] de commande de code normal [NF Z 61-000];	ASCII 15 [] [S]	
" "	caractère [m.] en code [NF Z 61-000]	ASCII 15 [] [S]	
- Rückschaltungszeichen [n.]	- retour [m.] arrière	ASCII 8 [] [BS]	

- Rückschlußentropie [f.] [DIN 44301]	- équivoque [f.] [NF Z 61-000]	Informationstheorie	
- Rücksetzen [n.]	- mise [f.] à 0; remise [f.] à zéro;	auf 0	
" "	R.A.Z. [f.];	" "	
" "	réinitialisation [f.]; reset [m.]		
- rücksetzen	- remettre à l'état initial [NF Z 61-000];	compteur p. ex.	
" "	remettre à zéro;	auf 0	
" "	commander un espace arrière [NF Z 61-000]	Datenträger	**Mm**
- Rücksetztaste [f.]	- touche [f.] de rappel arrière		**H**
- rückspulen	- rebobiner		**Mb**
- Rückspulen [n.] (eines Magnetbandes)	- rebobinage [m.] (d'une bande magnétique)		**Mb**
- Rücktaste [f.]	- touche [f.] de rappel arrière		**H**
- Rückverfolgung [f.]	- parcours [m.] avec retour arrière	Lösungstechnik	**S**
- rückwärts zählen	- décrémenter; décompter		
- Rückwärtsfolgerung [f.]	- parcours [m.] avec retour arrière	Lösungstechnik	
- Rückwärtslesen [n.]	- lecture [f.] arrière	Magnetband	**Mb**
- Rückwärtsschritt [m.]	- caractère [m.] espace arrière [NF Z 61-000];	ASCII 8 [] [BS]	
" "	espace [m.] arrière [NF Z 61-000];	ASCII 8 [] [BS]	
" "	retour [m.] arrière [NF Z 61-000]	ASCII 8 [] [BS]	
- Rückwärtszählen [n.]	- décomptage [m.]		
- Rückwärtszeichen [n.] [DIN 44331]	- signal [m.] vers l'arrière		**C**
- Rückweisung [f.]	- rejet [m.]		
- Ruf [m.], abgehender [DIN 44302]	- demande [f.] d'appel		**C**
- Rufabweisung [f.] [DIN 44302]	- refus [m.] d'appel		
- Rufannahme [f.] [DIN 44302]	- acceptation [f.] d'appel		**C**
- Rufen [n.] [DIN 44331]	- appel [m.]	manoeuvre	**C**
- rufende Station [f.] [DIN 44302]	- station [f.] appelante		**C**
- Rufnummer [f.] [DIN 44302]	- numéro [m.] d'appel		
- Rufzusammenstoß [m.] [DIN 44302]	- collision [f.] d'appel		**C**
- Ruhestromprinzip [n.]	- principe [m.] à courant de repos		**E**
- Rumpf [m.]	- corps [m.]	Programm, Funktion	**S**
- runde Klammer [f.]	- parenthèse [f.]	ASCII 40+41 [(] []	
- runden [DIN 44300-2]	- arrondir [NF Z 61-000]		**M**
- Rundfunk [m.]	- radio(diffusion) [f.]		**C**
- Rundschieben [n.]	- décalage [m.] circulaire [NF Z 61-000];	Register	
" "	permutation [f.] circulaire	" "	
- Rundung [f.]	- arrondi [m.]		**M**
- Rundungsfehler [m.] [DIN 44300-2]	- erreur [f.] d'arrondi [NF Z 61-000]		**M**
- Runterladen [n.]	- téléchargement [m.]		**C**
- Runtime-Gebühren [f.p.]	- redevances [f.p.]; royalties [f.p.]		**S**

S

- **Sachdaten [p.]**	- données [f.p.] utiles		
- **Sachmittel [n.]**	- ressource [f.]		
- **Sammelanschluß [m.]**	- lignes [f.p.] groupées		**C**
- **Sammeln [n.]**	- collecte [f.]		
- **Sammeln [n.] von Daten**	- collecte [f.] de données		
- **Sammlung [f.]**	- collecte [f.]	Vorgang	
- **Sammlung [f.] von Daten** <	- collecte [f.] de données;	" "	
" "	rassemblement [m.] d'informations	" "	
- **Satellit [m.]**	- satellite [m.]		
- **Satellitenrechner [m.]**	- ordinateur [m.] satellite		**H**
- **Satz [m.]**	- enregistrement [m.] [NF Z 61-000];	Datensatz	**Db**
" "	ensemble [m.]; jeu [m.]	Allgemein	
- **Satz [m.], geblockter**	- enregistrement [m.] bloqué		**Db**

> **"Enregistrement bloqué"**
> **"Bloqué" ne s'entend pas ici au sens de verrouillé ou "gesperrt", mais qualifie un enregistrement physique regroupant plusieurs enregistrements logiques (bloc).**

- **Satz [m.], logischer**	- enregistrement [m.] logique	Datenbank	**Db**
- **Satz [m.], physischer**	- enregistrement [m.] physique		**Db**
- **Satzaufbau [m.] [DIN 66257]**	- format [m.] de bloc [NF Z 61-000]		**NC**
- **Satzfolgebetrieb [m.] [DIN 66257]**	- fonctionnement [m.] automatique		**NC**
- **Satzformat [n.], festes [DIN 66257]**	- format [m.] de bloc fixe [NF Z 61-000]		**NC**
- **Satzformat [n.], variables [DIN 66257]**	- format [m.] de bloc variable [NF Z 61-000]		**NC**
- **Satzlänge [f.]**	- longueur [f.] d'enregistrement [NF Z 61-000]		**Db**
- **Satznummer [f.]**	- numéro [m.] (de l') (d') enregistrement		**Db**
- **Satzspiegel [m.]**	- fond [m.] de page		**T**
- **Satzunterdrückung [f.] [DIN 66257]**	- annulation [f.] de bloc [NF Z 61-000];		**NC**
" "	saut [m.] de bloc optionnel [NF Z 61-000]		**NC**
- **Sauger [m.]**	- ventouse [f.]	Roboter z.B.	**R**
- **Scan-Code [m.]**	- code [m.] de balayage	Tastatur	**S**

- **Scanner [m.]**	- scanner [m.]		**H**
- **Schablone [f.]**	- maquette [f.]	DTP	**T**
- **Schachtelung [f.]**	- emboîtement [m.];	Schleifen z.B.	**S**
" "	imbrication [f.];	" "	**S**
" "	entrelacement [m.]	Speicher	**Mm**
- **Schallschutzhaube [f.]**	- capot [m.] insonorisant		**H**
- **Schaltalgebra [f.]**	- algèbre [f.] de Boole		**Lo**
- **Schaltelement [n.], verknüpfendes**	- circuit [m.] combinatoire		**E**
- **Schalter [m.]**	- aiguillage [m.] [NF Z 61-000];	Programmschalter	**S**
" "	commutateur [m.];	Bauteil	**E**
" "	interrupteur [m.]	" "	**E**
- **Schalterterminal [n.]**	- terminal [m.] de guichet;		**H**
" "	machine [f.] de guichet		**H**
- **Schaltfläche [f.]**	- bouton [m.];	Windows	
" "	bouton-icône [m.]	" "	

Abbrechen

bouton-icône ***bouton***

- **Schaltfunktion [f.] [DIN 44300-5]**	- fonction [f.] logique [NF Z 61-000]		**Lo**
- **Schaltglied [n.]**	- porte [f.]		**E**
- **Schaltkreis [m.]**	- circuit [m.]		**E**
- **Schaltkreis [m.], gedruckter**	- circuit [m.] imprimé		**E**
- **Schaltkreis [m.], integrierter**	- circuit [m.] intégré;	IC	**E**
	microcircuit [m.] [-∞]	IC	**E**
- **Schaltkreis [m.], monolitischer**	- circuit [m.] monolithique		**E**
- **Schaltkreisfamilie [f.]**	- famille [f.] de composants logiques		**E**
- **Schaltnetz [n.] [DIN 44300-5]**	- circuit [m.] combinatoire [NF Z 61-000]		**E**
- **Schaltplan [m.]**	- schéma [m.]	circuits	**E**
- **Schaltplatte [f.]**	- panneau [m.] de commande [NF Z 61-000]		**H**
- **Schaltung [f.]**	- circuit [m.]		**E**
- **Schaltung [f.], integrierte**	- circuit [m.] intégré;	IC	**E**
" "	microcircuit [m.] [-∞]	IC	**E**
- **Schaltung [f.], logische**	- circuit [m.] logique		**Lo**
- **Schaltvariable [f.] [DIN 44300-5]**	- variable [f.] logique [NF Z 61-000]		**S**

- Schaltwerk [n.] [DIN 44300-5]	- circuit [m.] séquentiel [NF Z 61-000];		E
" "	programmateur [m.]		E
- Schaltwerk [n.], kombinatorisches	- circuit [m.] combinatoire		E
- Schaltwerk [n.], sequentielles	- circuit [m.] séquentiel [NF Z 61-000]		E
- Schaltzeit [f.]	- temps [m.] de commutation		
- Schattenspeicher [m.]	- cache [m.];		Mm
" "	mémoire [f.] cache;		Mm
" "	antémémoire [f.]		Mm
☞ *Siehe auch "Cache-Speicher"*			
- Schattierung [f.]	- ombrage [m.]		
- Scheckkartengerät [n.]	- distributeur [m.] automatique de billets; billetterie [f.]		H
- Scheckkartenkasse [f.]	- guichet [m.] automatique bancaire (GAB)	ATM	H
- Scheduler [m.]	- programmateur [m.] des travaux		E
- Schema [n.]	- schéma [m.]		
- Schema [n.], externes	- schéma [m.] externe	Datenbank	Db
- Schema [n.], internes	- schéma [m.] interne	" "	Db
- Schema [n.], konzeptionelles	- schéma [m.] conceptuel	" "	Db
- Schicht [f.]	- couche [f.]	OSI (1...7)	C
- Schicht [f.], physikalische	- couche [f.] physique	OSI-Modell (1)	C
- Schichtarbeit [f.]	- travail [m.] par équipe;		
" "	travail [m.] par poste;		
" "	travail [m.] posté		
- Schichtenmodell [n.]	- modèle [m.] de structuration en couches	OSI-Modell	C
- Schiebe-Clock	- horloge [f.] de décalage		E
- Schieben [n.]	- décalage [m.] [NF Z 61-000]	Register	
- Schieben [n.], arithmetisches	- décalage [m.] arithmétique [NF Z 61-000];	" "	E
" "	décalage [m.] simple	" "	E
- Schieben [n.], logisches	- décalage [m.] logique [NF Z 61-000]	" "	
- Schiebeoperator [m.]	- opérateur [m.] de décalage		S
- Schieberegister [n.] [DIN 44300-6]	- registre [m.] à décalage [NF Z 61-000]		E
- Schieberegister [n.], dynamisches	- registre [m.] dynamique à décalage		E
- Schildkröte [f.]	- tortue [f.]	LOGO z.B.	S
- Schirm [m.]	- écran [m.];	Bildschirm	H
	blindage [m.]	Kabel z.B.	E
- Schlange [f.]	- file [f.] d'attente; queue [f.]	Warteschlange	S
- Schlange [f.], zirkulare	- liste [f.] circulaire	Tastaturpuffer z.B.	Mm
- Schleife [f.] [DIN 44300]	- boucle [f.] [NF Z 61-000];		S
" "	itération [f.]; séquence [f.] itérative		S
- Schleife [f.], endlose	- boucle [f.] infinie		S

- **Schleife [f.], verschachtelte**	- boucle [f.] imbriquée		**S**
- **Schleifenanfang [m.]**	- début [m.] de (la) boucle;		**S**
" "	sommet [m.] de (la) boucle		**S**
- **Schleifenanweisung [f.]**	- instruction [f.] de boucle		**S**
- **Schleifendurchlauf [m.]**	- itération [f.]	passage	**S**
- **Schleifenende [n.]**	- fin [f.] de (la) boucle		**S**
- **Schleifenkopf [m.]**	- début [m.] de (la) boucle;		**S**
" "	sommet [m.] de (la) boucle		**S**
- **Schleifenrumpf [m.]**	- corps [m.] de boucle		**S**
- **Schleppabstand [m.]**	- écart [m.] de traînage	Steuerung	**R**
- **schließen (eine Datei ...)**	- fermer un fichier		
- **schließend**	- fermant(e)	Klammer	
- **schließende geschweifte Klammer [f.]**	- accolade [f.] fermante	ASCII 125 [}] []	
- **Schlupf [m.]**	- glissement [m.]	PCM 30 z.B.	**C**
- **Schlüssel [m.] [DIN 44300-3]**	- clé [f.] [NF Z 61-000]		
- **schlüsselfertig**	- clé [f.] en main		
- **Schlüsselgerät [n.];**	- encrypteur [m.]		**H**
Schlüsselmaschine [f.]	" "		**H**
- **Schlüsselsystem [n.]**	- clé [f.] de chiffrement		
- **Schlüsselwort [n.], reserviertes;**	- mot [m.] clé; mot [m.] réservé		
Schlüsselwort [n.]	" "		**S**
- **Schlußsignal [n.]**	- signal [m.] de fin	PCM 30 z.B.	**C**
- **Schnelldrucker [m.]**	- imprimante [f.] rapide		**Pr**
- **schnelle Fourier-Transformation [f.]**	- transformée [f.] rapide de Fourier		**M**
- **Schnellpufferspeicher [m.]**	- antémémoire [f.]; cache [m.];		**Mm**
" "	mémoire [f.] cache		**Mm**
☞ ***Siehe auch "Cache-Speicher"***			
- **Schnellspeicher [m.]**	- mémoire [f.] rapide		**Mm**
- **Schnittstelle [f.] [DIN 44300]**	- interface [f.]; jonction [f.] [-∞]		**H**
- **Schnittstelle [f.], serielle**	- interface [f.] série		**H**
- **schnurlos**	- sans fil	Telefon	**C**
- **Schönschrift [f.]**	- qualité [f.] courrier;		**Pr**
" "	qualité [f.] correspondance		**Pr**
- **Schrägstrich [m.]**	- barre [f.] de fraction;	ASCII 47 [/] []	
" "	barre [f.] oblique; slash [m.]	ASCII 47 [/] []	
- **Schrägstrich [m.], inverser;**	- barre [f.] de fraction inversée;	ASCII 92 [\] []	
Schrägstrich [m.], negativer;	barre [f.] oblique inversée;	ASCII 92 [\] []	
Schrägstrich [m.], umgekehrter;	barre [f.] inverse; antislash [m.]	ASCII 92 [\] []	
Schrägstrich [m.], verkehrter	" "	ASCII 92 [\] []	
- **Schreibbefehl [m.]**	- ordre [m.] d'inscription		**S**
- **Schreibdichte [f.]**	- densité [f.] d'enregistrement [NF Z 61-000]		**Mm**
- **schreiben [DIN 44300-8]**	- écrire [NF Z 61-000]		

- **Schreiben [n.]**	- écriture [f.] [NF Z 61-000];		**Mm**
" "	enregistrement [m.];	opération	**Mm**
" "	mise [f.] en mémoire [NF Z 61-000]	in den Speicher	**Mm**
- **Schreib-Erholzeit [f.] [DIN 44476-2]**	- temps [m.] de recouvrement d'écriture		**Mm**
- **schreibgeschützt**	- protégé en écriture		**Di**
- **Schreibgeschwindigkeit [f.]**	- vitesse [f.] d'écriture		**Mm**
- **Schreibkopf [m.]**	- tête [f.] d'écriture [NF Z 61-000];		**Mm**
" "	tête [f.] d'enregistrement		**Mm**
- **Schreib-Lese-Fenster [n.]**	- fenêtre [f.] d'accès	Diskette	**Di**
- **Schreib-Lese-Kopf [m.]**	- tête [f.] d'écriture-lecture;		
" "	tête [f.] de lecture et d'écriture;		
" "	tête [f.] de lecture-écriture [NF Z 61-000]		
- **Schreib-Lese-Speicher [m.] [DIN 44476]**	- mémoire [f.] à écriture-lecture [CEI 147-OE];	RWM	**Mm**
" "	mémoire [f.] vive	" "	**Mm**
- **Schreib-Lesezyklus [m.] [DIN 44776]**	- cycle [m.] d'écriture-lecture		**Mm**
- **Schreib-Lesezykluszeit [f.] [DIN 44476-2]**	- temps [m.] de cycle d'écriture-lecture		**Mm**
- **Schreiblocher [m.]**	- perforateur [m.] à clavier	Lochkarten	**Me**
- **Schreibmarke [f.] [-∞]**	- curseur [m.]		
- **Schreibmarkentastatur [f.]**	- pavé [m.] central		**H**
- **Schreibmarkentasten [f.p.]**	- touches [f.p.] du pavé central		**H**
- **Schreibmaschine [f.]**	- machine [f.] à écrire		
- **Schreibmaschinentastatur [f.]**	- clavier [m.] dactylographique	Computer	**H**
- **Schreibrad [n.]**	- marguerite [f.];		**Pr**
	disque [m.] d'impression [NF Z 61-000];		**Pr**
" "	roue [f.] à caractères [NF Z 61-000];		**Pr**
" "	roue [f.] d'impression [NF Z 61-000];		**Pr**
" "	rosace [f.] d'impression;		**Pr**
	pétale [m.]		**Pr**
- **Schreibraddrucker [m.]**	- imprimante [f.] à marguerite		**Pr**
- **Schreibschutz [m.]**	- protection [f.] d'écriture		**Di**

- **Schreibschutzaufkleber [m.]**	- sticker [m.]		**Di**

Sticker" ⇒ Onglet de protection d'une disquette de 5 pouces 1/4 interdisant l'écriture.

- **Schreibschutzkerbe [f.]**	- encoche [f.] de protection d'écriture	Diskette	**Di**
- **Schreibschutzschieber [m.]**	- volet [m.] de protection		**Di**
- **Schreibsignal [n.]**	- signal [m.] d'enregistrement		**C**
- **Schreibsperre [f.]**	- protection [f.] d'écriture		**Di**
- **Schreibstift [m.]**	- stylet [m.] traceur;	Zeichengerät	**Pr**
" "	stylet [m.] encreur;	" "	**Pr**
" "	plume [f.]	" "	**Pr**
- **Schreibtelegramm [n.]**	- télégramme [m.] d'écriture		**C**
- **Schreibtischtest [m.]**	- précontrôle [m.]		**S**
- **Schreibweise [f.]**	- écriture [f.];	natürliche Sprache	
" "	orthographe [f.];		
" "	mode [m.] d'écriture;		
" "	notation [f.] [NF Z 61-000];	Zahlen	
" "	représentation [f.]	" "	
- **Schreibwerkaufzug [m.]**	- touche [f.] de retour (à la ligne)	Schreibmaschine	
- **Schreibzyklus [m.]**	- cycle [m.] d'écriture		**Mm**
- **Schreib-Zykluszeit [f.] [DIN 44476-2]**	- temps [m.] de cycle d'écriture		**Mm**
- **Schrift [f.]**	- écriture [f.]		**T**
- **Schrift [f.], ladbare**	- police [f.] téléchargeable		**Pr**
- **Schriftänderungszeichen [n.]**	- caractère [m.] de changement de jeu [NF Z 61-000]		
- **Schriftbild [n.]**	- qualité [f.] d'impression		**Pr**
- **Schriftstil [m.]**	- attribut [m.] de caractère	Write Windows	
- **Schriftzeichen [n.] [DIN 44300-2]**	- caractère [m.] graphique [NF Z 61-000]		
- **Schrittgeschwindigkeit [f.] [DIN 44302]**	- débit [m.] de modulation;		**C**
	rapidité [f.] de modulation		**C**
- **schritthaltende Datenerfassung [f.]**	- saisie [f.] en ligne		
- **schritthaltende Datenverarbeitung [f.]**	- traitement [m.] en temps réel		
- **schrittweise Ausführung [f.]**	- exécution [f.] pas à pas		**S**
- **schrittweise Verfeinerung [f.]**	≈ analyse [f.] descendante		
- **Schrittweite [f.]**	- pas [m.] de progression	Laufvariable	**S**
- **Schrittzähler [m.]**	- compteur [m.] de bits		**E**
- **Schrott [m.] [O]**	- données [f.p.] inutilisables;		
" "	données [f.p.] invalides;		
" "	données [f.p.] parasites		
- **Schusterjunge [m.]**	- orphelin [m.]	DTP/PAO	**T**
- **Schutz [m.] von Daten vor unberechtigtem Zugriff**	≈ protection [f.] des données confidentielles		

- **Schutzerde [f.]**	- terre [f.] de protection		**E**
- **Schutzhülle [f.]**	- enveloppe [f.] de protection	Diskette	**Di**
- **Schwachstrom [m.]**	- courant [m.] faible		**E**
- **Schwanzzeiger [m.]**	- pointeur [m.] de fin (de tampon)	Tastaturpuffer	**S**
- **Schwellenwert [m.]**	- seuil [m.]		
- **Scramblerpolynom [n.]**	- polynôme [m.] de brouillage		**C**
- **scrollen**	- faire défiler	Anzeige	
- **Scrollen [n.]**	- défilement [m.]; rotation [f.]	Bildschirm	
- **Sechsbiteinheit [f.]**	- hexet [m.]	6 bits	
- **sedezimale Darstellung [f.]**	- notation [f.] hexadécimale		
- **Sedezimalsystem [n.];**	- système [m.] hexadécimal		**M**
Sedezimalzahlensystem [n.]	" "		**M**
- **Segment [n.]**	- segment [m.] [NF Z 61-000]		**S**
- **Segmente (in ... zerlegen);**	- segmenter [NF Z 61-000]		**S**
segmentieren	" "		**S**
- **Segmentierung [f.]**	- segmentation [f.]		**S**
- **Segmentregister [n.]**	- registre [m.] de segment		**E**
- **Seite [f.] [DIN 44300]**	- page [f.]		

Es gibt mehrere Arten von Seiten:
❶ Seite als Programmsegment.
❷ Seite als Bildschirmseite.
❸ Seite als Druckseite eines Dokuments (A4, 12 Zoll usw.).
In allen Fällen wird das Wort "Seite" mit "page" übersetzt.
Im ersten Fall ist Seite die Bezeichnung für ein zusammenhängendes Datensegment, welches 512, 1024, 2048 oder 4096 Bytes umfaßt.

- **Seitenadressierung [f.]**	- adressage [m.] par page		**Mm**
- **Seitenaustausch [m.]**	- mouvement [m.] de page		**Mm**
" "	[NF Z 61-000]; pagination [f.]		**Mm**
- **Seitenaustauschverfahren [n.]**	- pagination [f.] [NF Z 61-000]	Speicher	**Mm**
- **Seitenbeschreibungssprache [f.]**	- langage [m.] de description de page	Postscript z.B.	**T**
- **Seitendrucker [m.]**	- imprimante [f.] page par page [NF Z 61-000]		**Pr**
- **Seiteneffekt [m.]**	- effet [m.] de bord		
- **Seitenformat [n.]**	- format [m.] de page		**T**
- **Seitengestaltung [f.]**	- mise [f.] en page		
- **Seitenlänge [f.]**	- longueur [f.] de page	Drucker, Textverarb.	
- **Seiten-Layout [n.]**	- format [m.] de page		**T**
- **Seitennumerierung [f.]**	- numérotation [f.] des pages;		**T**
" "	foliotage [m.];		**T**
" "	pagination [f.] [☒]		**T**
- **Seitennummer [f.]**	- numéro [m.] de page;		**T**
" "	folio [m.]		**T**
- **Seitenperforation [f.]**	- moletage [m.] transversal	Endlospapier	**Pr**
- **Seitenspeicher [m.]**	- mémoire [f.] paginée		**Mm**

- Seitentabelle [f.]	- table [f.] des pages		**Mm**
- Seitenüberlagerung [f.]	- pagination [f.] [NF Z 61-000]	Speicher	**Mm**
- Seitenumbruch [m.]	- rupture [f.] de page		**T**
- Seitenvorschub [m.]	- page [f.] suivante;	ASCII 12 [] [FF]	
" "	présentation [f.] de formule;	ASCII 12 [] [FF]	
" "	saut [m.] de page	ASCII 12 [] [FF]	**Pr**
- Sektor [m.] [DIN 44300-6]	- secteur [m.] [NF Z 61-000]	Speichermedium	**Mm**
- Sekundärdatei [f.]	- fichier [m.] secondaire		
- Sekundärspeicher [m.]	- mémoire [f.] secondaire;		**Mm**
" "	mémoire [f.] auxiliaire [NF Z 61-000]		**Mm**
- selbstanpassend	- adaptatif [NF Z 61-000];		
" "	auto-adaptateur [NF Z 61-000];		
" "	auto-adaptatif [NF Z 61-000]		
- selbstdefinierende Konstante [f.]; selbstdefinierender Wert [m.]	- constante [f.] figurative [NF Z 61-000]		**S**
- Selbstüberwachung [f.]	- auto-surveillance [f.]		
- Selektieren [n.]	- sélection [f.]	opération	
- Selektion [f.]	- sélection [f.]	procédé	
- Semantik [f.]	- sémantique [f.] [NF Z 61-000]		
- semantisch	- sémantique		
- semantische Analyse [f.]	- analyse [f.] sémantique		**S**
- Semaphor [n.]	- sémaphore [m.]		**S**
- semigraphisches Zeichen [n.]	- signe [m.] semi-graphique		
- Semikolon [n.]	- point-virgule [m.]	ASCII 59 [;] []	
- Sendeaufruf [m.] [DIN 44302]	- invitation [f.] à émettre		**C**

☞ ***Siehe auch "Polling", "Umfragebetrieb"***

- Sendebereitschaft [f.]	- prêt à émettre (PAE)	V.24	**C**
- Sendedaten [p.]	- données [f.p.] d'émission;		**C**
" "	≈ émission [f.] de données (ED)		**C**
- Sendeeinheit [f.]	- unité [f.] d'émission		**C**
- senden	- émettre		**C**
- Senden [n.]	- émission [f.]		**C**
- Sendepegel [m.]	- niveau [m.] de transmission		**C**
- Sender [m.]	- émetteur [m.];	Gerät	**C**
" "	expéditeur [m.]	elektronische Post	**C**
- Senderegister [n.]	- registre [m.] d'émission		**C**
- Sendeseite [f.]	- partie [f.] émission		**C**
- Sendestation [f.] [DIN 44302]	- station [f.] maîtresse		**C**

"Sendestation" "station maîtresse"
Hier handelt es sich um einen temporären Zustand im Gegensatz zu der Leitstation (station de commande) und der Trabantenstation (station tributaire).
Une même station peut être tantôt station maîtresse, tantôt station esclave (Empfangsstation).

- Senke [f.]	- collecteur [m.]; puits [m.]	z.B. Datensenke	**C**
- Separiermaschine [f.]	- déliasseuse [f.]; rupteuse [f.]	Endlosformulare	**Pr**
- sequentiell [DIN 44300-9]	- séquentiel [NF Z 61-000]		
- sequentielle Datei [f.]	- fichier [m.] séquentiel		
- sequentielle Datenverarbeitung [f.]; sequentielle Verarbeitung [f.]	- traitement [m.] séquentiel " "		
- sequentieller Betrieb [m.]	- mode [m.] séquentiel [NF Z 61-000]		
- sequentieller Zugriff [m.] [DIN 44300-6]	- accès [m.] séquentiel [NF Z 61-000]		**Mm**
- sequentielles Schaltwerk [n.]	- circuit [m.] séquentiel [NF Z 61-000]		**E**
- sequentielles Suchen [n.]	- recherche [f.] séquentielle		
- Sequenz [f.]	- séquence [f.]		
- Sequenzer [m.]	- séquenceur [m.]		
- Serialisierung [f.]	- sérialisation [f.]		
- Serie [f.]	- série [f.]		
- Serie/Parallel-Wandlung [f.]	- conversion [f.] série/parallèle;		**E**
" "	conversion [f.] de série en parallèle		**E**
- seriell	- en série [NF Z 61-000]; sériel(le)		
- serielle Addition [f.]	- addition [f.] série [NF Z 61-000];		
" "	addition [f.] sérielle [NF Z 61-000]		
- serielle Schnittstelle [f.]	- interface [f.] série		**H**
- serielle Übertragung [f.]	- transmission [f.] en série		**C**
- serieller Addierer [m.]	- additionneur [m.] série [NF Z 61-000]		**E**
- serieller Betrieb [m.] [DIN 44300-9]	- fonctionnement [m.] séquentiel [NF Z 61-000]		
- serieller Zugriff [m.]	- accès [m.] séquentiel [NF Z 61-000]		
- serielles Addierwerk [n.]	- additionneur [m.] série [NF Z 61-000]		**E**
- Seriell-Parallel-Wandler [m.]	- convertisseur [m.] série-parallèle [NF Z 61-000]		**E**
- Serienaddierer [m.]; Serienaddierwerk [n.]	- additionneur [m.] série [NF Z 61-000]		**E**
- Serienbrief [m.]	- lettre-type [f.]		**T**
- Seriendrucker [m.]	- imprimante [f.] série		**Pr**
- Serienparallelumsetzer [m.]	- convertisseur [m.] série-parallèle [NF Z 61-000]		**E**
- Serienregister [n.]	- registre [m.] série		**E**
- Serienregler [m.]	- régulateur [m.] série	Spannungsregler	**E**
- Serienschaltung [f.]	- association [f.] en série;		**E**
" "	couplage [m.] en série [CEI];		**E**
" "	montage [m.] en série;		**E**
" "	circuit [m.] en série;		**E**
" "	groupement [m.] en série		**E**

- Serienübergabe [f.];	- transfert [m.] en série;		**C**
Serienübertragung [f.]	transfert [m.] série;		
" "	transmission [f.] en série;		**C**
" "	transmission [f.] série;		**C**
" "	transmission [f.] séquentielle		**C**
- Serie-Parallel-Umwandlung [f.]	- transformation [f.] série-parallèle		
- Server [m.]	- serveur [m.]	NC-Steuerung z.B.	**H**
- Servicebetrieb [m.]	- service [m.] bureau;		
" "	≈ travail [m.] à façon		
- Servomechanismus [m.]	- servomécanisme [m.]		**E**
- Servomodul [n.]	- module [m.] d'asservissement		**E**
- Set; Setzen [n.]	- mise [f.] à 1	auf 1	
- setzen (auf 1 ...), (auf 0 ...)	- mettre à 1 (0); forcer (à 1), (à 0)		
- Shareware	- shareware		**S**
- Sheffer-Funktion [f.] [DIN 44300-5]	- fonction [f.] de Sheffer [NF Z 61-000]	NAND	**Lo**
- Shift-Lock-Taste [f.]	- touche [f.] de verrouillage de motion	Tastatur	**H**
- Shift-Taste [f.]	- touche [f.] shift;	Tastatur	**H**
" "	touche [f.] de motion	" "	**H**
- SHSI [f.] (Super High Scale Integration)	- SHSI [f.]	SHSI	**E**
- Sicherheit [f.]	- sécurité [f.]		
- Sicherheitsabfrage [f.]	- demande [f.] de confirmation		

Falls der Bediener die Sicherheitsabfrage bejaht.
Après confirmation par l'opérateur.

- Sicherheitsabstand [m.] [DIN 66257]	- distance [f.] de sécurité [NF Z 61-000]		**NC**
- Sicherheitskopie [f.] <	- copie [f.] de sauvegarde;		
" "	copie [f.] de sécurité;		
" "	copie [f.] de secours		
- sichern	- sauvegarder; sauver	Daten z.B.	
- Sicherung [f.]	- fusible [m.];	Bauteil	**E**
" "	sauvegarde [f.]	Daten z.B.	
- Sicherungsautomat [m.]	- coupe-circuit [m.] automatique		**E**
- Sicherungskopie [f.] ...	- copie [f.] de sauvegarde		
- Sicherungsschicht [f.]	- couche [f.] liaison de données	OSI-Modell (2)	**C**
- Sichtanzeige [f.] [DIN 66257]	- affichage [m.] [NF Z 61-000]	num. Steuerung	**NC**
- Sichtbarkeit [f.]	- visibilité [f.]	Variablen	**S**
- Sichtgerät [n.] [DIN 44300-5]	- unité [f.] d'affichage [NF Z 61-000];		**H**
" "	unité [f.] de visualisation [NF Z 61-000];		**H**
" "	visuel [m.] [NF Z 61-000]		**H**
- Sieb [n.] des Eratosthenes	- crible [m.] d'Eratosthène		**M**

- **Signal [n.] [DIN 44300-2]**	- signal [m.] [NF Z 61-000]		
- **Signal [n.], akustisches**	- signal [m.] sonore		
- **Signal [n.], analoges [DIN 44300]**	- signal [m.] analogique		**E**
- **Signal [n.], anisochrones**	- signal [m.] anisochrone		**C**
- **Signal [n.], binäres;**	- signal [m.] numérique		**C**
Signal [n.], digitales [DIN 44300];	" "		
Signal [n.], diskretes	" "		**C**
- **Signal [n.], isochrones**	- signal [m.] isochrone		**C**
- **Signal [n.], kontinuierliches [-∞]**	- signal [m.] analogique		**C**
- **Signal [n.], optisches**	- signal [m.] lumineux		
- **Signal [n.], sinusförmiges**	- signal [m.] sinusoïdal		**E**
- **Signalausfall [m.]**	≈ perte [f.] accidentelle de bits;		
" "	perte [f.] d'information [NF Z 61-000]	Datenträger	**Mm**
- **Signalausgabe [f.]**	- sortie [f.] du signal		**C**
- **Signaldraht [m.]**	- fil [m.] de signalisation		**C**
- **Signaleingabe [f.]**	- entrée [f.] du signal		**C**
- **Signalerde [f.]**	- terre [f.] de signalisation		**C**
- **Signalfrequenz [f.]**	- fréquence [f.] de signalisation		**C**
- **Signalfrequenzgenerator [m.]**	- générateur [m.] de signalisation		**C**
- **Signalfrequenzversorgung [f.]**	- alimentation [f.] en fréquence de signalisation		**C**
- **Signalisiereinheit [f.]**	- unité [f.] de signalisation		**C**
- **Signalisierung [f.]**	- signalisation [f.]		**C**
- **Signalisierung [f.], kanalgebundene**	- signalisation [f.] voie par voie	PCM 30 z.B.	**C**
- **Signalisierungsbitrate [f.]**	- vitesse [f.] de signalisation	" "	**C**
- **Signalisierungskanal [m.] [DIN 44331]**	- voie [f.] de signalisation		**C**
- **Signalisierungssteuerung [f.]**	- commande [f.] de signalisation		**C**
- **Signallampe [f.]**	- voyant [m.] (lumineux);		**E**
" "	lampe-témoin [f.]; témoin [m.]		**E**
- **Signal-Rausch-Verhältnis [n.];**	- rapport [m.] S/N;	S/N	**C**
Signal-Störverhältnis [n.]	rapport [m.] signal sur bruit	S/N	**C**
- **Sign-Flag**	- indicateur [m.] de signe		
- **Silbentrennung [f.]**	- césure [f.];	Textverarbeitung	**T**
" "	coupure [f.] de mot	" "	**T**
- **Silicium [n.]; Silizium [n.]**	- silicium [m.]	[Si]	**E**
- **Silospeicher [m.] [DIN 44300-5]**	- mémoire [f.] à liste directe [NF Z 61-000]		**Mm**
- **SIMD-Architektur [f.]** (Single Instruction, Multiple Data)	- architecture [f.] à flot unique d'instructions, flot multiple de données	SIMD	**H**

Deutsch	Français	Bemerkung	
- **SIMM-Modul [m.]**	- barrette [f.] SIMM		**Mm**
- **SIMM-Sockel [m.]**	- emplacement [m.] pour barrette SIMM		**H**
- **Simplexbetrieb [m.];**	- transmission [f.] simplex;		**C**
Simplexdatenübertragung [f.];	transmission [f.] unidirectionnelle;		**C**
Simplexübertragung [f.]	transmission [f.] en simplex;		**C**
" "	simplex [m.]		**C**
☞ ***Siehe auch "Richtungsbetrieb"***			
- **SIMULA**	- SIMULA	Programmiersprache	**S**
- **Simulation [f.]**	- simulation [f.] [NF Z 61-000]		
- **Simulationsprogramm [n.]**	- programme [m.] de simulation;		**S**
" "	simulateur [m.] [NF Z 61-000]	Programm	**S**
- **Simulationssprache [f.]**	- langage [m.] de simulation		**S**
- **Simulator [m.]**	- simulateur [m.] [NF Z 61-000]	Programm	**S**
- **simulieren**	- simuler [NF Z 61-000]		**S**
- **Simulierer [m.]**	- simulateur [m.] [NF Z 61-000]	Programm	**S**
- **simultan**	- simultané [NF Z 61-000]		
- **Simultanarbeit [f.]**	- fonctionnement [m.] en simultané [NF Z 61-000]		
- **Sinnbild [n.]**	- symbole [m.]		
- **Sinnbild [n.] für Ablaufplan**	- symbole [m.] d'organigramme;		**S**
" "	pavé [m.] d'organigramme		**S**
- **sinusförmiges Signal [n.]**	- signal [m.] sinusoïdal		**E**
- **SISD-Architektur [f.]** (Single Instruction, Single Data)	- architecture [f.] à flot unique d'instructions, flot unique de données	SISD	**H**
- **Sitzung [f.]**	- session [f.]		
- **Sitzungsschicht [f.]**	- couche [f.] session	OSI-Modell (5)	**C**
- **Sitzungsverbindung [f.]**	- connexion [f.] de session		**C**
- **Sizeof-Operator [m.]**	- opérateur [m.] sizeof	Sprache C	**S**
- **Skalar [m.]; skalarer Ausdruck [m.]**	- scalaire [m.] [NF Z 61-000]		**M**
- **skalieren**	- changer d'échelle	graphique	

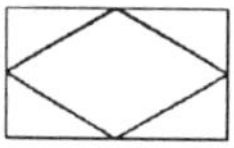

- **Slave**	- esclave [m.]		
- **Slave-...**	- asservi; esclave		
- **Slave-Mode [m.]**	- mode [m.] esclave;		
" "	mode [m.] asservi;		
" "	mode [m.] problème;		
" "	mode [m.] programme		

"Slave" "Slave-Mode"
esclave, tributaire, mode esclave, mode problème, mode programme
Quand traduire par quoi?
1. En informatique, le mot "Slave" se rapporte à un ordinateur subordonné à un ordinateur maître, c.-à-d. travaillant en mode superviseur (Hauptrechner) ou à un programme fonctionnant avec quelques restrictions dans les possibilités d'adressage. En français, on parlera alors de mode esclave, mode problème ou mode programme (Slave-Mode). D'après le Larousse informatique, ce mode se caractérise par l'impossibilité d'accéder aux zones privilégiées de mémoire et d'utiliser des instructions privilégiées. Certains utilisent aussi le terme "asservi" emprunté aux techniques d'asservissement et de régulation.
2. En téléinformatique, une station est qualifiée d'esclave lorsqu'elle se trouve à l'état temporaire de réception des données. La station émettrice est alors dite maîtresse. Ces deux états temporaires sont qualifiés en allemand par "gerufene Station" (station esclave) et "Sendestation" (station maîtresse). Il ne faut pas confondre "station esclave", ce qui correspond à un état temporaire, et "station tributaire", qui est l'état permanent d'une station subordonnée à une station de commande. En allemand ces deux notions se traduisent par "Trabantenstation" (station tributaire) et "Leitstation" (station de commande).

- SMALLTALK	- SMALLTALK	Programmiersprache	S
- SNOBOL	- SNOBOL	Programmiersprache	S
- **Software [f.] [DIN 44300-1]**	- logiciel [m.] [NF Z 61-000]		S
- **Software [f.], integrierte**	- logiciel [m.] intégré		S
- **Software-Engineering [n.];**	- génie [m.] logiciel		S
Software-Entwicklung [f.]	" "		S
- **Softwarehersteller [m.]**	- éditeur [m.] de logiciel;		
" "	fabricant [m.] de logiciel		
- **Softwareinterrupt [m.]**	- interruption [f.] logicielle		S
- **Software-Lebenszyklus [m.]**	- cycle [m.] de vie des logiciels		S
- **Software-Monitor [m.]**	- logimètre [m.] programmé;		S
" "	moniteur [m.] logiciel		S
- **Software-Paket [n.]**	- progiciel [m.]		S
- **Software-Schnittstelle [f.]**	- interface [f.] logiciel		S
- **Softwaretechnologie [f.]**	- génie [m.] logiciel		S
- **Software-Unterbrechung [f.]**	- interruption [f.] logicielle		S
- **Software-Werkzeuge [n.p.]**	- aides [f.p.] à la programmation		S
- **Sohn [m.]**	- fils [m.]	Baumstruktur	
- **Sollwert [m.]**	- valeur [f.] de consigne;		
" "	consigne [f.]		
- **Sonderenveloppe [f.]**	- enveloppe [f.] spéciale		C
- **Sondertaste [f.]**	- touche [f.] spéciale		H

- **Sonderzeichen [n.] [DIN 44300-2]**	- caractère [m.] spécial [NF Z 61-000]	
- **sortieren [DIN 44300-8]**	- trier [NF Z 61-000]	
- **Sortieren [n.]**	- tri [m.]	
- **Sortieren [n.] durch Austauschen**	- tri [m.] par permutation	
- **Sortieren [n.] durch Einfügen;**	- tri [m.] par interclassement	
Sortieren [n.] durch Einschieben	" "	
- **Sortieren [n.] durch Verschmelzen**	- tri [m.] fusion	
- **Sortieren [n.] durch Vertauschen**	- tri [m.] par permutation	
- **Sortierfach [n.]**	- case [f.] de tri	Me
- **Sortiermaschine [f.]**	- trieuse [f.] [NF Z 61-000]	Me
- **sortier-mischen**	- interclasser	
- **Sortier-Mischen [n.]**	- tri-fusion [m.];	
" "	interclassement [m.]	
- **Sortierung [f.]**	- tri [m.]	
- **Sortierverfahren [n.]**	- méthode [f.] de tri	
- **Spalte [f.] [DIN 44300]**	- colonne [f.]	
- **Spaltenkoordinate [f.]**	- coordonnée [f.] horizontale	
- **Spaltenumbruch [m.]**	- rupture [f.] de colonne	T
- **Spannung [f.]**	- tension [f.]	E

Formelzeichen: U
Si-Einheit: V (Volt)

- **Spannungsbereich [m.]**	- plage [f.] de tension	E
- **Spannungsmeßpunkt [m.]**	- point [m.] de mesure de la tension	E
- **Spannungsregler [m.]**	- régulateur [m.] de tension	E
- **Speicher [m.] [DIN 44300]**	- mémoire [f.] [NF Z 61-000]	Mm
- **Speicher [m.], abgesetzter**	- mémoire [f.] éloignée;	Mm
" "	mémoire [f.] externe [NF Z 61-000]	Mm
- **Speicher [m.], dynamischer**	- mémoire [f.] dynamique	Mm
- **Speicher [m.], elektrostatischer**	- mémoire [f.] électrostatique [NF Z 61-000];	Mm
" "	mémoire [f.] à condensateurs;	Mm
" "	mémoire [f.] capacitive	Mm
- **Speicher [m.], energieabhängiger**	- mémoire [f.] volatile	Mm
- **Speicher [m.], externer**	- mémoire [f.] externe [NF Z 61-000]	Mm
- **Speicher [m.], flüchtiger** <—	- mémoire [f.] volatile [CEI 147-OE];	Mm
" "	mémoire [f.] non rémanente [NF Z 61-000]	Mm

"Flüchtiger Speicher"
Bezeichnung für Speicher, die bei Unterbrechung der Stromversorgung ihren Inhalt verlieren. Andere Bezeichnungen: energieabhängiger Speicher, nicht permanenter Speicher, nicht remanenter Speicher.

- Speicher [m.], inhalts-adressierbarer [DIN 44476-1]	- mémoire [f.] adressable par le contenu [CEI 147-OE]	CAM	**Mm**
- Speicher [m.], inhalts-orientierter	- mémoire [f.] associative [NF Z 61-000]		**Mm**
- Speicher [m.], interner	- mémoire [f.] interne		**Mm**
- Speicher [m.], konventioneller	- mémoire [f.] conventionnelle	DOS	**Mm**
- Speicher [m.], kryogenischer	- mémoire [f.] à supraconducteur;		**Mm**
" "	mémoire [f.] cryogénique [☒]		**Mm**
- Speicher [m.], löschbarer	- mémoire [f.] effaçable		**Mm**
- Speicher [m.], magnetischer	- mémoire [f.] magnétique [NF Z 61-000]		**Mm**
- Speicher [m.], nichtflüchtiger	- mémoire [f.] non volatile;		**Mm**
" "	mémoire [f.] rémanente [NF Z 61-000]		**Mm**
☞ ***Siehe auch "flüchtiger Speicher"***			
- Speicher [m.], nichtlöschbarer	- mémoire [f.] inaltérable;		**Mm**
" "	mémoire [f.] non effaçable		**Mm**
- Speicher [m.], optischer	- mémoire [f.] optique		**Mm**
- Speicher [m.], peripherer	- mémoire [f.] périphérique		**Mm**
- Speicher [m.], permanenter	- mémoire [f.] permanente [NF Z 61-000]		**Mm**
- Speicher [m.], programmierbarer	- mémoire [f.] programmable		**Mm**
- Speicher [m.], realer	- mémoire [f.] réelle [NF Z 61-000]		**Mm**
- Speicher [m.], rechner-unabhängiger	- mémoire [f.] autonome		**Mm**
- Speicher [m.], reservierter	- mémoire [f.] spécialisée		**Mm**
- Speicher [m.], statischer [DIN 44476-2]	- mémoire [f.] statique		**Mm**
- Speicher [m.], virtueller	- mémoire [f.] virtuelle [NF Z 61-000]		**Mm**
- Speicher [m.], volatiler	- mémoire [f.] volatile;		**Mm**
" "	mémoire [f.] non rémanente		**Mm**
☞ ***Siehe auch "flüchtiger Speicher"***			
- Speicher [m.], wortorganisierter [DIN 44300]	- mémoire [f.] à mots [NF Z 61-000];		**Mm**
" "	mémoire [f.] organisée par mots [NF Z 61-000]		**Mm**
- Speicher [m.] mit sequentiellem Zugriff [DIN 44476-1]	- mémoire [f.] à accès séquentiel [NF Z 61-000]		**Mm**
- Speicher [m.] mit wahlfreiem Zugriff [DIN 44476]	- mémoire [f.] à accès aléatoire [CEI 147-OE]		**Mm**

- **Speicherabbild [n.]**	- image [f.] mémoire [NF Z 61-000]		**Mm**
- **Speicherabzug [m.]**	- vidage [m.] de (la) mémoire [NF Z 61-000]	résultat	**Mm**
- **Speicherauszug [m.]** <	- image [f.] mémoire [NF Z 61-000];		**Mm**
" "	listage [m.] de mémoire;		**Mm**
" "	vidage [m.] de (la) mémoire [NF Z 61-000];		**Mm**
" "	résultat [m.] de vidage [NF Z 61-000]		**Mm**
- **Speicherauszugsprogramm [n.]**	- programme [m.] de vidage [NF Z 61-000]		**S**
- **Speicherbaustein [m.]**	- module [m.] mémoire		**Mm**
- **Speicherbereich [m.]**	- zone [f.] de mémoire		**Mm**
- **Speicherbereich [m.], geschützter [DIN 44300-6]**	- emplacement [m.] protégé [NF Z 61-000]	mémoire	**Mm**
- **Speicherbildschirm [m.]**	- écran [m.] à mémoire		**H**
- **Speichereinheit [f.]**	- unité [f.] de mémoire		**Mm**
- **Speicherelement [n.] [DIN 44300-6]**	- élément [m.] de mémoire [NF Z 61-000]		**Mm**
- **Speicherinhalt [m.]**	- contenu [m.] de la mémoire		**Mm**
- **Speicherkapazität [f.]**	- capacité [f.] de mémoire		**Mm**
" "	[NF Z 61-000]; capacité [f.]		**Mm**
- **Speicherkarte [f.]**	- carte [f.] à mémoire		**Mm**
- **Speicherklasse [f.]**	- classe [f.] d'allocation mémoire;	Variablen	**S**
" "	classe [f.] de mémoire		**Mm**
- **Speichermedium [n.]**	- support [m.] d'information		**Mm**
- **Speichermodul [n.]**	- module [m.] de mémoire		**Mm**
- **Speichermodul-Steckplatz [m.]**	- emplacement [m.] pour barettes mémoire	SIMM usw.	**H**
- **speichern [DIN 44300-8]**	- mémoriser [NF Z 61-000];		**Mm**
" "	mettre en mémoire;		**Mm**
" "	ranger en mémoire [NF Z 61-000];		**Mm**
" "	stocker en mémoire;		**Mm**
" "	loger en mémoire;		**Mm**
" "	enregistrer; archiver		**Mm**
- **Speicherplatte [f.], optische**	- disque [m.] optique numérique (DON)		**Mm**
- **Speicherplatz [m.]**	- espace [m.] mémoire	Größe	**Mm**
- **Speicherplatz (-bedarf) [m.]**	- taille-mémoire [f.] (requise)	" "	**Mm**
- **speicherprogrammierbare Steuerung [f.] (SPS)**	- automate [m.] programmable (industriel) (API)		**E**
- **speicherresident**	- résident [NF Z 61-000]; co-résident	Programm	**S**
- **Speicherschaltung [f.], integrierte [DIN 44476]**	- mémoire [f.] à circuit intégré [CEI 147-OE]		**Mm**
- **Speicherschutz [m.] [DIN 44300-6]**	- protection [f.] de mémoire [NF Z 61-000]		**Mm**

- **Speichertabelle [f.]**	- image [f.] mémoire;	**Mm**
" "	topographie [f.] mémoire	**Mm**
- **Speichertaste [f.]**	- touche [f.] de mise en mémoire	**Mm**
- **Speicherung [f.]**	- mémorisation [f.];	**Mm**
" "	mise [f.] en mémoire [NF Z 61-000];	**Mm**
" "	rangement [m.] en mémoire;	**Mm**
" "	stockage [m.];	**Mm**
" "	enregistrement [m.]	**Mm**
- **Speichervermittlung [f.]**	- mémorisation [f.] momentanée;	**C**
" "	mode [m.] différé;	**C**
" "	stockage [m.] et retransmission [f.]	**C**

> **"Speichervermittlung"**
> **(stockage et retransmission) (mode différé)(mémorisation momentanée)**
> **Mode d'exploitation d'un réseau dans lequel les messages reçus en un point intermédiaire sont stockés pendant un temps très bref puis transmis au point suivant.**

- **Speichervermögen [n.]**	- capacité [f.] de mémoire	**Mm**
- **Speicherverwaltung [f.]**	- gestion [f.] de la mémoire	**Mm**
- **Speicherzelle [f.] [DIN 44300-6]**	- cellule [f.] de mémoire [NF Z 61-000]	**Mm**
- **Speicherzugriff [m.]**	- accès [m.] à la mémoire	**Mm**
- **Speicherzuordnung [f.]** → Speicherzuweisung	- attribution [f.] de mémoire [NF Z 61-000]	**Mm**
- **Speicherzuordnung [f.], dynamische**	- attribution [f.] dynamique de mémoire [NF Z 61-000]	**Mm**
- **Speicherzuweisung [f.]** <	- attribution [f.] de mémoire [NF Z 61-000];	**Mm**
" "	allocation [f.] de mémoire	**Mm**
- **Speicherzuweisung [f.], dynamische**	- attribution [f.] dynamique de mémoire [NF Z 61-000];	**Mm**
" "	allocation [f.] dynamique de mémoire	**Mm**
- **Speicherzyklus [m.]**	- cycle [m.] mémoire	**Mm**
- **Speisegerät [n.]**	- appareil [m.] d'alimentation	**E**
- **speisen**	- alimenter — en courant p.ex.	**E**
- **Speisespannung [f.]**	- tension [f.] d'alimentation	**E**
- **Speisestecker [m.]**	- connecteur [m.] d'alimentation	**E**
- **Speisestromkreis [m.]**	- circuit [m.] d'alimentation	**E**
- **Speiseüberwachung [f.]**	- surveillance [f.] d'alimentation	**E**
- **Speiseverteilung [f.]**	- distribution [f.] d'alimentation	**E**
- **Speisung [f.]**	- alimentation [f.]	**E**
- **Speisung [f.], kombinierte**	- alimentation [f.] combinée	**E**
- **Spektralanalyse [f.]**	- analyse [f.] spectrale	
- **Spektrum [n.]**	- spectre [m.]	
- **SPE-Mix**	- mémoire [f.] mixte	**Mm**
- **Sperre [f.]**	- blocage [m.]	
- **Sperre löschen**	- débloquer	

Deutsch	Français	Domaine	
- sperren	- bloquer		
- Sperrung [f.]	- blocage [m.]		
- Sperrung [f.], manuelle	- blocage [m.] manuel		
- Spezialeffekte [m.p.]	- effets [m.p.] spéciaux		**T**
- Spezialrechner [m.]	- ordinateur [m.] spécialisé		**H**
- Spezialstromkreis [m.]	- circuit [m.] spécial		**E**
- Spezifikation [f.]	- spécification [f.]		
- Spezifikationssprache [f.]	- langage [m.] de spécification		**S**
- Spiegel [m.]	- miroir [m.]	NC-Steuerung	**NC**
- Spiegeln [n.]	≈ image [f.] symétrique [NF Z 61-000]		**NC**
- Spiegelplatte [f.]	- disque [m.] miroir		**Mm**
- Spiegelsatz [m.]	- composition [f.] symétrique	DTP	**T**
- Spiel [n.]	- jeu [m.]	activité ludique	
- Spielcomputer [m.]	- ordinateur [m.] de jeux		**H**
- Spielmünze [f.]	- jeton [m.]		
- Spieltheorie [f.]	- théorie [f.] des jeux		
- Spindel [f.]	- broche [f.]	Werkzeugmaschine	
- Spindeldrehzahl [f.] [DIN 66257]	- vitesse [f.] de rotation de broche [NF Z 61-000]	" "	**NC**
- Spindelhalt [m.] mit definierter Endstellung [DIN 66257]	- arrêt [m.] orienté de la broche [NF Z 61-000]		**NC**
- Spindelloch [n.]	- trou [m.] d'entraînement	Diskette	**Di**
- Spitze [f.]	- sommet [m.]	Allgemein	
- Spontanbetrieb [m.] [DIN 44302]	- mode [m.] de réponse autonome		**C**

> **"Spontanbetrieb" (mode de réponse autonome)**
> **"Mode de réponse autonome" signifie qu'une station secondaire peut émettre des données à son gré, sans être sollicitée par la station primaire. Pour passer dans ce mode, la station secondaire en question doit auparavant avoir reçu une commande SARM émanant de la station primaire.**

Deutsch	Français	Domaine	
- SPOOL; Spoolbetrieb [m.]; Spooling [n.] (Simultaneous Peripheral Operation Online)	- spooling [NF Z 61-000]; spouling [m.]; système [m.] de désynchronisation des E/S [NF Z 61-000]	SPOOL SPOOL SPOOL	**S** **S** **S**
- Sprachausgabe [f.]	- réponse [f.] vocale		
- Sprachausgabegerät [n.] **" "**	- unité [f.] à réponse vocale; unité [f.] de réponse vocale		**H** **H**
- Sprache [f.]	- langage [m.] [NF Z 61-000]	EDV	**S**
- Sprache [f.], algorithmische	- langage [m.] algorithmique [NF Z 61-000]		**S**
- Sprache [f.], deskriptive	- langage [m.] assertionnel	Datenbanksprache	**Db**
- Sprache [f.], kontextfreie	- langage [m.] indépendant du contexte		
- Sprache [f.], kontextsensitive	- langage [m.] dépendant du contexte		

Deutsch	Français	Bereich	
- Sprache [f.], künstliche	- langage [m.] artificiel		
- Sprache [f.], maschinen-orientierte [DIN 44300-4]	- langage [m.] lié à l'ordinateur [NF Z 61-000]		**S**
- Sprache [f.], natürliche	- langage [m.] naturel [NF Z 61-000];		
" "	langue [f.] naturelle		
- Sprache [f.], navigierende	- langage [m.] navigationnel	Datenbanksprache	**Db**
- Sprache [f.], symbolische	- langage [m.] symbolique		**S**
- Sprache [f.] C	- langage [m.] C		**S**
- Spracherkennung [f.]	- reconnaissance [f.] de la parole;		
" "	reconnaissance [f.] vocale		
- Sprachsynthese [f.]	- synthèse [f.] de la parole;		
" "	synthèse [f.] vocale		
- Sprechanlage [f.]	- interphone [m.]		
- Sprechleitung [f.]	- fil [m.] de conversation		**C**
- Sprosse [f.]	- ligne [f.] (de carte) [NF Z 61-000];	Lochkarte	**Me**
" "	rangée [f.] (de bande) [NF Z 61-000]	Magnetband	**Mb**
- Sprühdose [f.]	- bombe [f.] de peinture	Zeichenprogramm	
- Sprung [m.]	- saut [m.] [NF Z 61-000];		**S**
	branchement [m.];		**S**
" "	rupture [f.] de séquence		**S**
- Sprung [m.], bedingter	- saut [m.] conditionnel [NF Z 61-000];		**S**
" "	branchement [m.] conditionnel;		**S**
" "	rupture [f.] de séquence conditionnelle		**S**
- Sprung [m.], unbedingter	- saut [m.] inconditionnel [NF Z 61-000];		**S**
" "	branchement [m.] inconditionnel;		**S**
" "	rupture [f.] de séquence inconditionnelle		**S**
- Sprungadresse [f.]	- adresse [f.] de branchement		**S**
- Sprunganweisung [f.] → Sprungbefehl	- instruction [f.] de saut [NF Z 61-000]		**S**
- Sprungausfall [m.]	- défaillance [f.] brutale		
- Sprungbefehl [m.] <	- instruction [f.] de saut [NF Z 61-000];		**S**
" "	instruction [f.] de branchement;		**S**
" "	instruction [f.] de rupture de séquence [NF Z 61-000]		**S**
- Sprungbefehl [m.], bedingter	- instruction [f.] de branchement conditionnel;		**S**
" "	instruction [f.] de saut conditionnel [NF Z 61-000]		**S**

- **Sprungbefehl [m.], unbedingter**	- instruction [f.] de branchement inconditionnel;		S
" "	instruction [f.] de branchement systématique;		
" "	instruction [f.] de saut inconditionnel [NF Z 61-000]		S
- **Sprungstelle [f.]**	- point [m.] de branchement	Programm	S
- **SPS [f.]** (Speicherprogrammierbare Steuerung)	- API [m.] (Automate Programmable Industriel)		E
- **Spulbetrieb [m.]**	- "spooling" [NF Z 61-000];	SPOOL	S
" "	spouling [m.];	SPOOL	S
" "	système [m.] de désynchronisation des E/S [NF Z 61-000]	SPOOL	S
☞ *Siehe auch "SPOOL"*			
- **Spule [f.]**	- bobine [f.]		
- **Spulenfeld [n.]**	- tronçon [m.] entre bobines		C
- **Spur [f.]**	- canal [m.];voie [f.];	Lochband z.B.	Me
" "	piste [f.] [NF Z 61-000]	Magnetband z.B.	Mb
- **Spur [f.], kreisförmige**	- piste [f.] circulaire		
- **Spurblock [m.]**	- secteur [m.]	Speichermedium	Mm
- **SQL-Sprache [f.]** (Structured Query Language)	- langage [m.] SQL		Db
- **SRCL** (Siemens **R**obot **C**ontrol **L**anguage)	- SRCL		R
- **SSI [f.]** (**S**mall **S**cale **I**ntegration)	- SSI	SSI (0...12 G/Chip)	E
- **Stabdrucker [m.]**	- imprimante [f.] à barre [NF Z 61-000]		Pr
- **Stachel [m.]**	- picot [m.]	Druckertraktor	Pr
- **Stachelrad [n.]**	- roue [f.] à picots	" "	Pr
- **Stacheltraktor [m.]**	- tracteur [m.] à picots	" "	Pr
- **Stack**	- pile [f.] [NF Z 61-000]	Kellerspeicher	S
- **Stackpointer [m.]**	- pointeur [m.] de pile	SP	S
- **Stacksegment [n.]**	- segment [m.] de la pile		S
- **Stammband [n.]**	- bande [f.] pilote		Mb
- **Stammdatei [f.]**	- fichier [m.] maître [NF Z 61-000];		Db
" "	fichier [m.] principal [NF Z 61-000];		Db
" "	fichier [m.] permanent		Db
- **Stammdaten [p.]**	- données [f.p.] du fichier permanent;		Db
" "	données [f.p.] lentement évolutives		Db
- **Stand [m.] (auf dem gleichen ...)**	- en phase [f.]		H
- **Stand [m.] der Technik**	- état [m.] de la technique		
- **Standard-...**	- par défaut (...); prédéfini		
- **Standardannahme [f.]**	- paramètre [m.] prédéfini [NF Z 61-000]		S
- **Standarddrucker [m.]**	- imprimante [f.] par défaut	Windows z.B.	Pr

- Standardparameter [m.]	- paramètre [m.] prédéfini [NF Z 61-000]		**S**
- Standardschablone [f.]	- maquette [f.] de mise en forme prédéfinie		**T**
- Standleitung [f.] [DIN 44302]	- ligne [f.] permanente;		**C**
" "	ligne [f.] spécialisée;		**C**
" "	ligne [f.] louée		**C**
- Standort [m.]	- emplacement [m.]	matériel	**H**
- Standverbindung [f.]	- liaison [f.] permanente;		**C**
" "	liaison [f.] spécialisée		**C**
- Stanzen [n.]	- perforation [f.]	opération	**Me**
- stanzen	- perforer		**me**
- Stanzer [m.]	- perforateur [m.] [NF Z 61-000];	Gerät	**Me**
" "	perforatrice [f.] [NF Z 61-000]		**Me**
- Stanzer [m.] mit automatischer Zuführung	- perforatrice [f.] à alimentation automatique [NF Z 61-000]		**Me**
- Stanzer [m.] mit Handzuführung	- perforatrice [f.] à alimentation manuelle [NF Z 61-000]		**Me**
- Stanzstation [f.]	- poste [m.] de perforation [NF Z 61-000]		**Me**
- Stapel [m.]	- lot [m.];	Stapelverarbeitung	
" "	pile [f.] [NF Z 61-000]	Stack	**S**
- Stapelbetrieb [m.]	- traitement [m.] par lots [NF Z 61-000];		
" "	traitement [m.] groupé;		
" "	traitement [m.] différé		
- Stapeldatei [f.]	- fichier [m.] batch;	DOS z.B.	**S**
" "	fichier [m.] procédure	" "	**S**
- Stapelfernbetrieb [m.]	- traitement [m.] par lots à distance [NF Z 61-000];		
" "	traitement [m.] différé à distance [NF Z 61-000];		
" "	télétraitement [m.] par lots		
- Stapelfernstation [f.]	- terminal [m.] lourd		
- Stapelfernverarbeitung [f.] [DIN 44300-9]	- traitement [m.] par lots à distance [NF Z 61-000];		
" "	traitement [m.] différé à distance;		
" "	télétraitement [m.] par lots		
- Stapelspitze [f.]	- sommet [m.] de la pile	Stack	**S**
- Stapelverarbeitung [f.] [DIN 44300-9]	- traitement [m.] par lots [NF Z 61-000];		
" "	traitement [m.] différé;		
" "	traitement [m.] groupé		

- **Stapelverarbeitungsbefehl [m.]**	- commande [f.] batch;	DOS	**S**
" "	commande [f.] spécifique aux procédures	" "	
- **Stapelverarbeitungsdatei [f.]**	- fichier [m.] batch;	" "	**S**
" "	fichier [m.] procédure;	" "	**S**
- **Stapelverarbeitungsprogramm [n.]**	- programme [m.] batch;	" "	**S**
" "	procédure [f.]	" "	**S**
- **Stapelzeiger [m.]**	- pointeur [m.] de pile		**S**
- **Starkstrom [m.]**	- courant [m.] fort		**E**
- **Start [m.]**	- lancement [m.]		
- **Startadresse [f.]**	- adresse [f.] de lancement		**S**
- **Startbit [n.] [DIN 44302]**	- bit [m.] de départ		**C**
- **Start-Stop-Betrieb [m.]**	- transmission [f.] arythmique		**C**
- **Start-Stop-Lücke [f.]**	- espace [m.] arrêt-marche		**Mb**
- **Start-Stop-Übertragung [f.] [DIN 44302]**	- transmission [f.] arythmique		**C**
- **Startsymbol [n.]**	- axiome [m.] de départ	Grammatik	
- **Station [f.]**	- station [f.]	poste	**C**
- **Station [f.], gerufene [DIN 44302]**	- station [f.] appelée		**C**
- **Station [f.], rufende [DIN 44302]**	- station [f.] appelante		**C**
- **Stationsaufforderung [f.] [DIN 44302]**	- demande [f.] d'identification;	ASCII 5 [] [ENQ]	**C**
	demande [f.] (de renseignements)	ASCII 5 [] [ENQ]	
- **statisch**	- statique		
- **statische Variable [f.]**	- variable [f.] statique		**S**
- **statischer (Schreib-/Lese-) Speicher [m.] [DIN 44476-1]**	- mémoire [f.] statique (à lecture-écriture) [CEI 147-OE]		**Mm**
- **statischer Speicher [m.] [DIN 44476-2]**	- mémoire [f.] statique		**Mm**
- **Status [m.]**	- état [m.]	programme, système etc.	
- **Statusbit [n.]**	- bit [m.] d'état		
- **Statusregister [n.]**	- registre [m.] d'état		**E**
- **Stau [m.]**	- bourrage [m.];		
" "	engorgement [m.]		
- **Stecker [m.]**	- connecteur [m.]; fiche [f.]		**E**
- **Steckerbelegung [f.]**	- occupation [f.] des bornes		**E**
- **Steckerkompatibilität [f.]**	- compatibilité [f.] directe		
- **Steckplatz [m.]** <—	- slot [m.]; emplacement [m.];		**H**
" "	niche [f.]; guide [m.]		**H**
- **Steckplatz [m.] für Erweiterungskarten**	- connecteur [m.] d'extension		
- **Steckschlitz [m.]** ...	- slot [m.]; emplacement [m.]		**H**
- **Steckverbinder [m.]**	- connecteur [m.]		**E**

- **Stelle [f.]**	- emplacement [m.];	général	
" "	place [f.];	Petrinetz z.B.	
" "	position [f.]		
- **Stellenkomplement [n.] [DIN 44300-2]**	- complément [m.] à la base moins un [NF Z 61-000];		M
" "	complément [m.] restreint [NF Z 61-000]		M
- **Stellenmaschine [f.]**	- machine [f.] à caractère	Rechner	H
- **Stellenschreibweise [f.] [DIN 44300-3]**	- notation [f.] pondérée [NF Z 61-000];		M
	représentation [f.] pondérée [NF Z 61-000];		M
" "	numération [f.] pondérée [NF Z 61-000]		M
- **Stellenwert [m.]**	- poids [m.] [NF Z 61-000]		M
- **Stellenwertmaschine [f.]**	- machine [f.] à caractère	Rechner	H
- **Stellenwertsystem [n.]**	≈ représentation [f.] pondérée;		
" "	système [m.] de numération		M
- **Stellvertreterzeichen [n.]**	- caractère [m.] générique de	[*,?]	S
" "	substitution; joker [m.];	[*,?]	
" "	caractère [m.] collectif;	[*,?]	S
" "	caractère [m.] de substitution;	[*,?]	S
" "	caractère [m.] de remplacement	[*,?]	S
- **Stern [m.]**	- astérisque [m.]	ASCII 42 [*] []	
- **Sternadresse [f.]**	- adresse [f.] auto-relative [NF Z 61-000]		Mm
- **Sternchen [n.]**	- astérisque [m.]	ASCII 42 [*] []	
- **sternförmiges Netz [n.] [DIN 44331];**	- réseau [m.] en étoile;		C
	réseau [m.] étoilé		C
Sternnetz [n.] [DIN 44331]			C
- **Stern-Vierer [m.]**	- quarte étoile	Kabel	C
- **Steuerbit [n.]**	- bit [m.] de commande		
- **Steuerbus [m.]**	- bus [m.] de commande		E
- **Steuerdaten [p.] [DIN 44302]**	- caractères [m.p.] de commande		C
- **Steuereinheit [f.]**	- unité [f.] de commande [NF Z 61-000];		E
" "	unité [f.] de contrôle		E
- **Steuerfeld [n.]**	- panneau [m.] de commande [NF Z 61-000]		H
- **Steuerkarte [f.]**	- carte [f.] de commande;	auch Lochkarte	Me
" "	carte [f.] de contrôle;	Lochkarte	Me
" "	carte [f.] job	" "	Me

- **Steuerknüppel [m.]**	- levier [m.] de commande; manche [m.] à balai; manette [f.] de jeux; manette [f.]		**H**
- **Steuerleitung [f.]**	- circuit [m.] de commande		**C**
- **Steuerprogramm [n.]**	- programme [m.] de commande [NF Z 61-000];		**S**
" "	programme [m.] de contrôle [NF Z 61-000];		**S**
" "	programme [m.] machine [NF Z 61-000]		**NC**
- **Steuerprogrammaufruf [m.]**	- appel [m.] au superviseur		**S**
- **Steuerpult [n.]**	- pupitre [m.] de commande;		**H**
" "	pupitre [m.] de manoeuvre;		**H**
" "	console [f.] de commande		**H**
- **Steuersprache [f.]**	- langage [m.] de commande		**S**
- **Steuerstruktur [f.]**	- structure [f.] de contrôle		**S**
- **Steuerung [f.]**	- commande [f.]	dispositif	
- **Steuerung [f.], numerische**	- commande [f.] numérique [NF Z 61-000];	NC	**NC**
" "	commande [f.] symbolique [NF Z 61-000]	NC	**NC**
- **Steuerung [f.], speicher-programmierbare (SPS)**	- automate [m.] programmable (industriel) (API)		**E**
- **Steuerwerk [n.]**	- unité [f.] de commande [NF Z 61-000];		**E**
" "	unité [f.] de contrôle		**E**
- **Steuerwerk [n.] für peripheres Gerät**	- unité [f.] de commande de périphérique;		**E**
" "	unité [f.] de contrôle de périphérique;		**E**
" "	unité [f.] de liaison		**E**
- **Steuerzeichen [n.] [DIN 44300-2]**	- caractère [m.] de commande [NF Z 61-000];		
" "	caractère [m.] de contrôle;		
" "	caractère [m.] de service		
- **Steuerzeichenfolge [f.]**	- séquence [f.] de commande	Übertragung	**C**
- **Stibitz-Code [m.]**	- code [m.] majoré de trois;		
" "	code [m.] plus trois [NF Z 61-000]		
- **Stichwort [n.]**	- descripteur [m.];		
" "	mot [m.] clé contrôlé		
- **Stift [m.]**	- broche [f.];	Stecker	**E**
" "	picot [m.]	Druckertraktor	**Pr**

Deutsch	Français	Bereich	
- Stop-Befehl [m.]	- instruction [f.] d'arrêt [NF Z 61-000]		**S**
- Stopbit [n.] [DIN 44302]	- bit [m.] d'arrêt		**C**
- Stör-...	- parasite		
- Störabstand [m.]	- rapport [m.] S/N;	S/N	**C**
" "	rapport [m.] signal sur bruit	S/N	**C**
- Störimpuls [m.]	- impulsion [f.] d'interférence;		**C**
" "	impulsion [f.] parasite		**C**
- Störsicherheit [f.]	- immunité [f.] aux bruits	Schaltkreis	**E**
- Störsignal [n.] [DIN 66010]	- signal [m.] perturbateur;		**E**
" "	signal [m.] parasite;		**E**
" "	≈ lecture [f.] de parasite [NF Z 61-000]	Datenträger	**Mm**
- Störsignale [n.p.]	≈ génération [f.] accidentelle de bits	Kommun.	**C**
- Störspannung [f.]	- tension [f.] perturbatrice		**E**
- Störspannungsabstand [m.]	- rapport [m.] S/N;	S/N	**C**
" "	rapport [m.] signal sur bruit	S/N	**C**
- Störung [f.]	- défaillance [f.];		
" "	dérangement [m.];		
" "	incident [m.] (de fonctionnement);		
" "	perturbation [f.];		
" "	interférence [f.]		
- Störverhältnis [n.]	- rapport [m.] S/N;	S/N	**C**
" "	rapport [m.] signal sur bruit	S/N	**C**
- strahlungsarm	- à faible émissivité	Bildschirm	**H**
- Streamer [m.]	- streamer [m.]		**H**
- Streckensteuerung [f.] [DIN 66257]	- commande [f.] paraxiale de mouvement [NF Z 61-000]		**NC**
- Streifen [m.]	- bande [f.]		
- Streifenabtaster [m.] ...	- lecteur [m.] de code à barres	Strichcode	**H**
- Streifencode [m.]	- code [m.] à barres	" "	
- Streifencodeleser [m.]	- lecteur [m.] de code à barres	" "	**H**
- Streifenleser [m.]	- lecteur [m.] de bande perforée [NF Z 61-000]	Lochstreifen	**Me**
- Streifenlocher [m.]	- perforateur [m.] de bande [NF Z 61-000]		**Me**
- streuen	- éclater	Daten	
- Streuentropie [f.] [DIN 44301]	- altération [f.] [NF Z 61-000]	Informationstheorie	
- Strichbreite [f.]	- épaisseur [m.] de trait	Zeichenprogramm	
- Strichbreitenfeld [n.]	- case [f.] des épaisseurs de trait	" "	
- Strichcode [m.]	- code [m.] à barres		
9 783928 952033			
- Strichcodeleser [m.] <	- lecteur [m.] de code à barres		**H**
- Strichpunkt [m.]	- point virgule [m.]	ASCII 59 [;] []	

Suchmaschine : moteur de recherche

- String [m.]	- chaîne [f.] de caractères		**S**
- String [m.], nullterminierter	- chaîne [f.] se terminant par un caractère nul		**S**
- Strom [m.]	- courant [m.]; intensité [f.]	I	**E**
Formelzeichen: I **SI-Einheit: A (Ampere)**			
- Stromaufnahme [f.]	- consommation [f.] de courant		**E**
- Stromausfall [m.]	- panne [f.] de courant		**E**
- Stromkreis [m.]	- circuit [m.]		**E**
- Strommeßpunkt [m.]	- point [m.] de mesure de courant		**E**
- Stromschleife [f.]	- boucle [f.] de courant		**E**
- Stromverbrauch [m.]	- consommation [f.] de courant		**E**
- Stromversorgung [f.]	- alimentation [f.]	courant	**E**
- Struktogramm [n.]	- structogramme [m.]		**S**
- Struktur [f.]	- structure [f.]		
- strukturierte Programmierung [f.]	- programmation [f.] structurée		**S**
- Strukturkomponente [f.];	- membre [m.] d'une structure		**S**
Strukturmitglied [n.]	" "		**S**
- Stückliste [f.]	- nomenclature [f.]		**H**
- Stufennummer [f.]	- numéro [m.] de niveau [NF Z 61-000]		
- Stummschalttaste [f.]	- touche [f.] "secret";	Telefon	**C**
" "	≈ fonction [f.] secret	" "	**C**
- STX-Zeichen [n.]	- caractère [m.] STX;	ASCII 2 [] [STX]	
	caractère [m.] début de texte	ASCII 2 [] [STX]	
- Stylus [m.]	- stylo [m.]	Graphik-Tablett	**H**
- Subdirectory [n.]	- sous-répertoire [m.]	Unterverzeichnis	**S**
- Subeinheit [f.]	- sous-ensemble [m.]		
- Subjunktion [f.] [DIN 44300-5]	- implication [f.] [NF Z 61-000];	IF-THEN	**Lo**
" "	inclusion [f.] [NF Z 61-000]	IF-THEN	**Lo**
- Subsystem [n.]	- sous-système [m.]		**H**
- Subtrahend [m.]	- diminuteur [m.]		**M**
- Subtrahierer [m.];	- soustracteur [m.] [NF Z 61-000]		**E**
Subtrahierglied [n.];	" "		**E**
Subtrahierwerk [n.]	" "		
- Subtraktion [f.]	- soustraction [f.]		**M**
- Suchen [n.]	- recherche [f.] [NF Z 61-000]	article, mot etc..	
- suchen	- rechercher [NF Z 61-000]		
- Suchen [n.], binäres; **Suchen [n.], dichotomisches;** **Suchen [n.], diminierendes**	- recherche [f.] binaire [NF Z 61-000]; recherche [f.] logarithmique; recherche [f.] dichotomique [NF Z 61-000]		
" "	recherche [f.] par dichotomie;		
" "	dichotomie [f.]		

Deutsch	Français	Bemerkung	
- **Suchen [n.], sequentielles;**	- recherche [f.] séquentielle		
Suchen [n.], sukzessives	" "		
- **Suchen/Ersetzen-Funktion [f.]**	- fonction [f.] cherche/remplace		T
- **Suchkriterium [n.]**	- clé [f.] de recherche		
- **Suchpfad [m.]**	- chemin [m.] de recherche		S
- **Suchschleife [f.]**	- cycle [m.] de recherche [NF Z 61-000]		
- **Suchwort [n.]**	- descripteur [m.];		
" "	mot [m.] clé contrôlé		
- **Suffix [n.]**	- suffixe [m.]	Dateiname z.B.	
- **sukzessives Suchen [n.]**	- recherche [f.] séquentielle		
- **Summe [f.]**	- total [m.]; somme [f.]		M
- **Summe [f.], logische**	- somme [f.] logique;	OR	Lo
" "	somme [f.] booléenne	OR	Lo
- **Summenkontrolle [f.]**	- contrôle [m.] par totalisation		
- **Summenlocher [m.];**	- perforateur [m.] récapitulatif [NF Z 61-000];		Me
Summenstanzer [m.]			
" "	perforatrice [f.] récapitulative [NF Z 61-000]		Me
- **Summierer [m.];**	- additionneur [m.]	Analogrechnen	E
Summierglied [n.]	" "	" "	E
- **Superrechner [m.]**	- super-ordinateur [m.];		H
" "	superordinateur [m.];		H
	calculateur [m.] vectoriel		H
- **Supervisor [m.]**	- programme [m.] superviseur;	Betriebssystem	S
" "	superviseur [m.] [NF Z 61-000]	Programm	S
- **Supraleiter [m.]**	- supraconducteur [m.]		E
- **Supraleitfähigkeit [f.];**	- supraconductivité [f.]		E
Supraleitung [f.]	supraconductibilité [f.];		E
" "	supraconduction [f.]		E
- **Supraleitungsspeicher [m.]**	- mémoire [f.] à supraconducteur		Mm
- **surcharger**	- überlasten		
- **SW [f.]** (Software)	- logiciel [m.] [NF Z 61-000]	SW	S
- **Switch [m.]**	- boîtier [m.] commutateur		H
- **Syllogismus [m.]**	- syllogisme [m.]		
- **Syllogistik [f.]**	- syllogistique [f.]		
- **Symbol [n.] [DIN 44300-2]**	- symbole [m.] [NF Z 61-000];	Allgemein	
" "	icône [f.]	Windows	
- **Symbol [n.], abstraktes**	- symbole [m.] abstrait [NF Z 61-000]		
- **Symbol [n.], logisches**	- symbole [m.] logique [NF Z 61-000]		Lo
- **Symbol [n.], mnemonisches**	- symbole [m.] mnémonique		
- **symbolisch**	- symbolique		

- symbolische Adresse [f.]	- adresse [f.] symbolique [NF Z 61-000]		**Mm**
- symbolische Logik [f.]	- logique [f.] symbolique [NF Z 61-000]		**Lo**
- symbolische Programmierung [f.]	- programmation [f.] symbolique		**S**
- symbolische Sprache [f.]	- langage [m.] symbolique		**S**
- symbolischer Name [m.]	- nom [m.] symbolique		
- Symbolleiste [f.]	- barre [f.] d'icônes;	Windows	
" "	barre [f.] de boutons-icônes	" "	
- Symbolrate [f.]	- rapidité [f.] de modulation		**C**
- Symbolsprache [f.]	- langage [m.] symbolique		**S**
- Symboltabelle [f.]	- table [f.] des étiquettes	Programmierung	**S**
- Symmetriedämpfung [f.]	- affaiblissement [m.] d'équilibrage		**C**
- symmetrischer Binärkanal [m.] [DIN 44301]	- voie [f.] binaire symétrique [NF Z 61-000]	Informationstheorie	
- synchron	- synchrone [NF Z 61-000]		
- Synchronbetrieb [m.]	- mode [m.] synchrone		
- synchrone Übertragung [f.] [DIN 44302]	- transmission [f.] synchrone		**C**
- synchrone Unterbrechung [f.]	- interruption [f.] synchrone		
- Synchronisation [f.]	- synchronisation [f.]		
- Synchronisationsausfall [m.]	- perte [f.] de synchronisme		**C**
- Synchronisierung [f.]	- synchronisation [f.]		
- Synchronisierzeichen [n.]	- caractère [m.] de synchronisation [NF Z 61-000]	ASCII [] [SYN]	
- Synchronität [f.]; Synchronlauf [m.]	- synchronisme [m.] " "		
- Synchronrechner [m.]	- calculateur [m.] synchrone [NF Z 61-000]		**H**
- Synchronverfahren [n.]	- mode [m.] synchrone		
- Synchronverlust [m.]	- perte [f.] de synchronisme		**C**
- Synchronwort [n.]	- mot [m.] de synchronisation		
- syntaktische Analyse [f.]	- analyse [f.] syntaxique		**S**
- Syntax [f.]	- syntaxe [f.] [NF Z 61-000]		**S**
- Syntaxanalyse [f.]	- analyse [f.] syntaxique		**S**
- Syntaxfehler [m.]	- erreur [f.] de syntaxe		**S**
- Syntax-Umsetzung [f.]	- transformation [f.] de la syntaxe		**S**
- System [n.]	- système [m.]		

- System [n.], fehlertolerantes;	- système [m.] tolérant les pannes;		
System [n.[, fehlertolerierendes	système [m.] insensible aux défaillances;		
" "	système [m.] insensible aux pannes;		
" "	système [m.] tolérant les défaillances		
- System [n.], offenes	- système [m.] ouvert		**C**
- Systemabsturz [m.]	- arrêt [m.] anormal du système;		
" "	plantage [m.] [**O**]		
- Systemanalyse [f.]	- analyse [f.] fonctionnelle		
- Systemarchitektur [f.]	- architecture [f.] de(s) système(s)		**H**
- systematisches Programmieren [n.]	- programmation [f.] structurée		**S**
- Systemaufruf [m.]	- appel [m.] au système		**S**
- Systemdatei [f.]	- fichier [m.] système		**S**
- Systementwurf [m.]	- analyse [f.] conceptuelle		
- Systemfehler [m.]	- erreur [f.] système		
- Systemgenerator [m.]	- générateur [m.] de système		
- Systemgenerierung [f.]	- génération [f.] de système [NF Z 61-000]		
- Systemidentifikation [f.]	- identification [f.] du système		**C**
- Systemingenieur [m.]	- ingénieur [m.] système		
- Systemnummer [f.], logische	- numéro [m.] logique de système		
- Systemplatte [f.]	- disque [m.] système		
- Systemprogrammierer [m.]	- programmeur [m.] système;		
" "	homme [m.] système [**O**]		
- Systemstecker [m.]	- connecteur [m.] normalisé		**E**
- Systemsteuerung [f.]	- panneau [m.] de configuration	Windowsoption	
- Systemüberwachungspuffer-batterie [f.]	- batterie [f.] tampon de surveillance du système		
- Systemzusammenbruch [m.]	- arrêt [m.] anormal du système;		
" "	plantage [m.] [**O**]		

T

Deutsch	Français	Domaine	
- Tabelle [f.]	- table [f.] [NF Z 61-000]	sens général	
- Tabellenkalkulationsprogramm [n.]	- tableur [m.]		**S**
- Tabellensuchen [n.]	- consultation [f.] de table [NF Z 61-000]		
- Tabelliereinrichtung [f.];	- tabulatrice [f.] [NF Z 61-000]	Lochkarten/streifen	**Me**
Tabelliermaschine [f.]	" "	" "	**Me**
- TAB-Stop	- arrêt [m.] de tabulation	Schreibmaschine/Textver.	**T**
- TAB-Stop Löschen [n.]	- dépose [f.] des arrêts de tabulation	" "	**T**
- TAB-Stop Setzen [n.]	- pose [f.] des arrêts de tabulation	" "	**T**
- Tabulator [m.]	- tabulatrice [f.] [NF Z 61-000];	Lochkarten/-streifen	**Me**
" "	tabulation [f.]	Textverarbeitung	**T**
- Tabulatorlöscher [m.]	- touche [f.] de dépose des arrêts de tabulation	Schreibm./Textverarb.	**T**
- Tabulatorsetzer [m.]	- touche [f.] de pose des arrêts de tabulation	" "	**T**
- Tabulatorzeichen [n.] [DIN 66257]	- caractère [m.] de tabulation [NF Z 61-000]	ASCII 9 [] [HT] (horiz)	
- Tabulieren [n.]	- tabulation [f.]		
- tabulieren	- tabuler		
- Tagebuch [n.]	- journal [m.] de bord;		
" "	journal [m.] de marche		
- Tageslichtprojektor [m.];	- rétroprojecteur [m.]		**H**
Tageslichtschreiber [m.]	" "		**H**

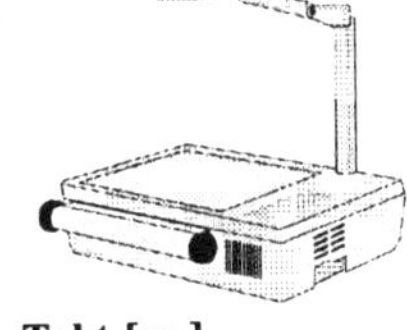

- Takt [m.]	- base [f.] de temps;
" "	impulsions [f.p.] de référence;
" "	rythme [m.];
" "	signaux [m.p.] d'horloge;
" "	signaux [m.p.] de rythme
- Taktausfall [m.]	- perte [f.] de rythme
- Taktausgang [m.]	- sortie [f.] pour signaux d'horloge;
" "	sortie [f.] pour signaux de rythme

- takten (mit 40 MHz ...)	- être cadencé à 40 MHz	Prozessor z.B.	
- Takterzeugung [f.]	- génération [f.] de base de temps		
- Taktgeber [m.] [DIN 44300-5];	- générateur [m.] de rythme [CCITT];		**E**
Taktgenerator [m.]	horloge [f.] [NF Z 61-000]		**E**
- taktgesteuert	- synchrone [NF Z 61-000]		
- Taktleitung [f.]	- circuit [m.] d'horloge;		**C**
" "	circuit [m.] de base de temps		**C**
- Taktlieferant [m.] <	- générateur [m.] de rythme [CCITT];		**E**
" "	horloge [f.] [NF Z 61-000]		**E**
- Taktsignal [n.]	- signal [m.] d'horloge [NF Z 61-000];		**E**
" "	signal [m.] de rythme [CCITT];		**E**
" "	impulsion [f.] de référence		**E**
- Takt-Untersetzer [m.]	- diviseur [m.] de fréquence		**E**
- Taschenrechner [m.]	- calculatrice [f.] de poche;		**H**
" "	calculette [f.] [O]		**H**
- Taskliste [f.]	- liste [f.] des tâches	Windows z.B.	
- Task-Swapper [m.];	- switcheur [m.] d'applications		
Task-Switcher [m.]	" "		
- Tastatur [f.]	- clavier [m.]		**H**
- Tastatur [f.], alphamerische	- clavier [m.] alphanumérique		**H**
Tastatur [f.], alphanumerische	" "		**H**
- Tastatur [f.], erweiterte	- clavier [m.] étendu		**H**
- Tastatur [f.], französische	- clavier [m.] AZERTY;		**H**
" "	clavier [m.] français		**H**
- Tastatur [f.], numerische	- clavier [m.] numérique		**H**
- Tastaturanordnung [f.];	- disposition [f.] des touches		**H**
Tastaturauslegung [f.];	" "		**H**
Tastaturbelegung [f.]	" "		**H**
- Tastatureingabe [f.]	- entrée [f.] au clavier;		
" "	frappe [f.] au clavier;		
" "	introduction [f.] au clavier;		
" "	saisie [f.] au clavier		
- Tastatureingabepuffer [m.];	- tampon [m.] du clavier;		**Mm**
Tastaturpuffer [m.]	tampon [m.] associé au clavier		**Mm**
- Tastaturunterbrechung [f.]	- interruption [f.] du clavier		**S**
- Taste [f.]	- touche [f.]		**H**
- Tastenbelegung [f.]	- affectation [f.] des touches		**S**
- Tastencode [m.]	- code [m.] de touche		**S**
- Tastendruck [m.]	- frappe [f.] de touche;		
" "	manipulation [f.]	au clavier	

- Tastendruck [m.] (durch ...)	- appui sur des touches (par ...)		
- Tastendruckzeichenpuffer [m.]	- tampon [m.] associé au clavier;		**Mm**
" "	tampon [m.] du clavier		**Mm**
- Tastenfeld [n.]	- clavier [m.]		**H**
- Tastenfernsprecher [m.]	- téléphone [m.] à touches		**C**
- Tastenkombination [f.]	- combinaison [f.] de touches;		**S**
" "	touche [f.] de raccourci	Windows z.B.	
- Tastenleiste [f.]	- barre [f.] d'icônes;		
" "	barre [f.] de boutons-icônes	" "	
- Tastentelefon [n.]	- téléphone [m.] à touches		**C**
- Tastenwahl [f.] [DIN 44331]	- numérotation [f.] au clavier		**C**
- tatsächliche Adresse [f.]	- adresse [f.] réelle [NF Z 61-000];		**Mm**
" "	adresse [f.] effective [NF Z 61-000]		**Mm**
- Taumeln [n.]	- écroulement [m.]; tassage [m.]		**Mm**

"Taumeln" oder "Flattern"
Tritt bei einem Mehrprogrammbetrieb auf, wenn die Anzahl der zu bearbeitenden Prozesse so hoch wird, daß der virtuelle Seitenspeicher den Seitenabrufen nicht mehr nachkommen kann.

- Taximpuls [m.] [CH]	- impulsion [f.] de taxation		**C**
- Teach-in	- apprentissage [m.];	Roboter z.B.	**R**
" "	auto-apprentissage [m.]	" "	**R**
- technische Dokumentation [f.]	- documentation [f.] technique		
- Technologie [f.]	- technologie [f.]		
- Teil [m.], ganzzahliger	- partie [f.] entière	Zahl	**M**
- Teil [m.], gebrochener	- partie [f.] fractionnaire	" "	**M**
- Teilbaum [m.]	- sous-arbre [m.]	Baumstruktur	
- teilen	- diviser;	dividieren	**M**
" "	partager		
- Teileprogramm [n.] [DIN 66257]	- programme [m.] pièce [NF Z 61-000]		**NC**
- Teiler [m.]	- diviseur [m.]		**M**
- Teiler [m.] (größter gemeinsamer ...)	- diviseur [m.] (plus grand ... commun)		**M**
- Teilnehmer [m.] [DIN 44331]	- abonné [m.]; usager [m.]		**C**
- Teilnehmerbetrieb [m.]	- fonctionnement [m.] en temps partagé		
- Teilstreckenübertrag [m.];	- stockage [m.] et retransmission;		**C**
Teilstreckenübertragung [f.]	mémorisation [f.] momentanée;		**C**
" "	mode [m.] différé		**C**
☞ *Siehe "Speichervermittlung"*			
- Telearbeit [f.]	- télétravail [m.]		**C**
- Tele-Bankverfahren [n.]	- télématique [f.] bancaire		**C**
- Telebox [f.]	- boîte [f.] aux lettres		**C**
- Telefax [n.]	- téléfax [m.]; télécopie [f.];	document	**C**
" "	fax [m.] [**O**]	" "	**C**

- Telefax(gerät) [n.]	- télécopieur [m.]; téléfax [m.]	appareil	C
- Telefon [n.]	- téléphone [m.]		C
- Telefonanruf [m.]	- appel [m.] téléphonique		C
- Telefon-Anrufbeantworter [m.]	- répondeur [m.] téléphonique		C
- Telefonapparat [m.]	- appareil [m.] téléphonique; téléphone [m.]; poste [m.] téléphonique		
- Telefonbuch [n.]	- annuaire [m.] (téléphonique)		C
- Telefonbuch [n.], elektronisches	- annuaire [m.] électronique		
- Telefongebühr [f.]	- taxe [f.] téléphonique		C
- Telefongespräch [n.]	- communication [f.] téléphonique;		C
" "	conversation [f.] téléphonique		C
- Telefonhörer [m.]	- combiné [m.]		C

Allo ...

- Telefonie [f.]	- téléphonie [f.]		C
- Telefonkonferenz [f.]	- audioconférence [f.]		C
- Telefonleitung [f.]	- ligne [f.] téléphonique		
- Telefonmarke [f.]	- jeton [m.]	téléphone	
- Telefonnetz [n.]	- réseau [m.] téléphonique		C
- Telefonvermittlungsstelle [f.]	- central [m.] téléphonique		C
- Telefonzelle [f.]	- cabine [f.] téléphonique		C
- Telefonzentrale [f.]	- central [m.] téléphonique		C
- Telegrafenleitung [f.]	- ligne [f.] télégraphique		C
- Telegrafennetz [n.]	- réseau [m.] télégraphique		C
- Telegraphenleitung [f.]	- ligne [f.] télégraphique		C
- Telegraphennetz [n.]	- réseau [m.] télégraphique		C
- Telegraphie [f.]	- télégraphie [f.]		C
- Telekommunikation [f.]	- télécommunication [f.]		C
- Telekonferenz [f.]	- téléconférence [f.]		C
- Telematik [f.] [-∞]	- télématique [f.]		C
- Telex [n.]	- télex [m.]		C
- Telexgerät [n.];	- téléimprimeur [m.];		C
Telexmaschine [f.]	téléscripteur [m.]		C
- Telexnetz [n.]	- réseau [m.] télex		C

- temperaturempfindliches Papier [n.]	- papier [m.] thermosensible		**Pr**
- temporäre Datei [f.]	- fichier [m.] temporaire;	Allgemein	
" "	> fichier [m.] de manoeuvre	meistens verdeckt	
- Terminal [n.]	- terminal [m.] ;		**H**
" "	terminal [m.] de dialogue		
- Terminal [n.], graphisches	- console [f.] graphique		**H**
- Terminal [n.], intelligentes	- terminal [m.] intelligent;		**H**
" "	ordinateur [m.] terminal		**H**
- Terminalsymbol [n.]	- élément [m.] terminal	Grammatik	
- Terminkalender [m.]	- agenda [m.]		
- Terminologie [f.]	- terminologie [f.]		
- Terminologiedaten [p.]	- données [f.p.] terminologiques		
- Terminologiedatenbank [f.]	- banque [f.] de données terminologiques		**Db**
- Terminplanung [f.]	- ordonnancement [m.];	Vorgang	
" "	planning [m.]	Ergebnis	
- Terminplanung [f.] und -überwachung [f.]	- gestion [f.] des délais	PERT z.B.	
- ternär	- ternaire [NF Z 61-000]		**M**
- ternärer Operator [m.] ☞ ***Siehe auch "Operator"***	- opérateur [m.] ternaire		**S**
- Testen [n.]	- essai [m.]	programme, matériel	
- Testlauf [m.]	- essai [m.] de contrôle		**S**
- Text [m.] [DIN 44302]	- texte [m.]		**C**
- Text [m.], verschlüsselter	- texte [m.] chiffré;		
" "	cryptogramme [m.]		
- Textanfangszeichen [n.]	- début [m.] de texte (caractère de ...)	ASCII 2 [] [STX]	
- Textdatei [f.]	- fichier [m.] texte		
- Texteditor [m.]	- éditeur [m.] de texte		
- Texteingabe [f.]	- frappe [f.] de texte		
- Textendzeichen [n.]	- fin [f.] de texte (caractère de ...)	ASCII 3 [] [ETX]	
- Texter [m.]	- éditeur [m.] de textes		
- Textgeber [m.] [-∞]	- clavier [m.]		**H**
- Texthilfsmittel [n.]	- outil [m.] de texte	Zeichenprogramm	**T**
- Textmodus [m.]	- mode [m.] texte		
- Textverarbeitung [f.]	- traitement [m.] de texte		**T**
- Textverarbeitungsprogramm [n.]	- logiciel [m.] de traitement de texte		**T**
- Textzentrierung [f.]	- centrage [m.] de texte		**T**
- T-Flipflop [n.]	- bascule [f.] bistable T		**E**
- thermisches Rauschen [n.]	- bruit [m.] thermique		**E**
- Thermodrucker [m.]	- imprimante [f.] thermique		**Pr**
- Thesaurus [m.]	- thésaurus [m.]		
- Thyristor [m.]	- thyristor [m.]		**E**

- tiefgestellt	≈ écriture [f.] en indice;	Schrift	**T**
" "	≈ écriture [f.] indicée;	" "	**T**
" "	≈ écriture [f.] surbaissée	" "	**T**
- Tilde [f.]	- tilde [m.]	ASCII 126 [~] []	
- Tilgungszeichen [n.]	- deleatur [m.]	typographie	**T**
- Timer [m.]	- compteur [m.] de temps		**E**
- Time-Sharing	- temps [m.] partagé		
- Time-Sharing-Betrieb [m.]	- mode [m.] temps partagé;		
" "	traitement [m.] en partage de temps		
- Time-Sharing-Verfahren [n.]	- système [m.] de temps partagé		
- Tintenstrahldrucker [m.]	- imprimante [f.] à jet d'encre [NF Z 61-000]		**Pr**
- Tischgerät [n.]	- appareil [m.] de table		**H**
- Tischrechner [m.]	- ordinateur [m.] de bureau;		**H**
" "	ordinateur [m.] de table		**H**
- Tischzeichengerät [n.]	- traceur [m.] à plat		**Pr**
- Titelleiste [f.]; Titelzeile [f.]	- barre [f.] de titre	Bildschirm	**S**
- Token	- jeton [m.]	Netze	**C**
- Tokenring [m.]	- tokenring [m.];		**C**
" "	réseau [m.] en boucle à jeton		**C**
- Tokenverfahren [n.]	- méthode [f.] d'accès à jeton (sur boucle)		**C**
- Ton [m.]	- tonalité [f.]		**C**
- Ton [m.] (-signal [n.])	- signal [m.] sonore		
- Tonfrequenz [f.]	- fréquence [f.] acoustique;	20 Hz ... 20 kHz	
" "	fréquence [f.] audible	20 Hz ... 20 kHz	
- Toolbox [f.]	- boîte [f.] à outils		**S**
- Top-Down-Methode [f.]	≈ analyse [f.] descendante		
- Tortendiagramm [n.];	- camembert [m.]	graphique	
Tortengraphik [f.]	" "	" "	

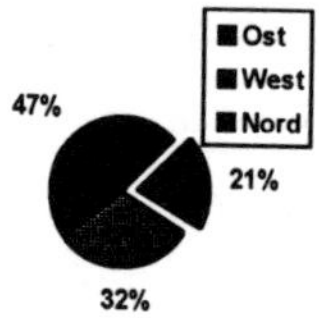

Ost
West
Nord
47%
21%
32%

- Totzeit [f.]	- temps [m.] d'arrêt [NF Z 61-000]		
- Tower-Gehäuse [n.]	- boîtier [m.] vertical		**H**
- Trabantenrechner [m.]	- ordinateur [m.] satellite;		**H**
" "	satellite [m.]	calculateur	**H**
- Trabantenstation [f.] [DIN 44302] *☞ Siehe auch "Slave".*	- station [f.] tributaire		**C**
- Trace [n.]	- trace [f.]	mise au point	**S**

- Trackball	- trackball [m.]		**H**
- Trafo [m.] [O]	- transfo [m.] [O]		**E**
- Trafoeinheit [f.] [O]	- unité [f.] de transformateur		**C**
- tragbarer PC [m.]	- ordinateur [m.] portable		**H**
- Träger [m.]	- porteur [m.];	Kommunik.	**C**
" "	support [m.]	Daten	**Mm**
- Träger-Ausgang [m.]	- sortie [f.] de porteur		**C**
- Trägerfrequenz [f.]	- fréquence [f.] porteuse		**C**
- Trägersignal [n.]	- onde [f.] porteuse		**C**
- Trägerversorgung [f.]	- alimentation [f.] de fréquence porteuse		**C**
- Trägerversorgungsalarm [m.]	- alarme [f.] d'alimentation en porteurs		**C**
- Trägerverteilung [f.]	- répartition [f.] des fréquences porteuses		**C**
- Traktor [m.]	- tracteur [m.]		**Pr**
- Traktorabdeckung [f.]	- clapet [m.] du tracteur		**Pr**
- Transaktion [f.]	- transaction [f.]	Dialog	
- Transaktionssystem [n.]	- système [m.] interactif		
- Transfer [m.]	- transfert [m.]		
- Transfergeschwindigkeit [f.]	- cadence [f.] de transfert;		**C**
[DIN 44302]	rapidité [f.] de transfert		**C**
- Transferspeicher [m.]	- mémoire [f.] de transfert		**Mm**
- Transfer [m.]	- échange [m.]; transfert [m.]		
- Transformator [m.]	- transformateur [m.]		**E**
- transient	- transitaire	Programmteil	**S**
- Transinformationsbelag [m.], mittlerer [DIN 44301]	- information [f.] mutuelle moyenne [NF Z 61-000];	Informationstheorie	
" "	quantité [f.] d'information mutuelle moyenne [NF Z 61-000];	" "	
" "	< transinformation [f.] moyenne	" "	
" "	[NF Z 61-000]		
- Transinformationsfluß [m.] [DIN 44301]	- débit [m.] de transinformation [NF Z 61-000]	" "	
- Transinformationsfluß [m.], mittlerer [DIN 44301]	- débit [m.] moyen de transinformation [NF Z 61-000];	" "	
" "	transinformation [f.] moyenne (par unité de temps);	" "	
" "	< transinformation [f.] moyenne [NF Z 61-000]	" "	

- **Transistor [m.]**	- transistor [m.]		E
- **Transistor-Transistor-Logik [f.]** (TTL)	≈ système [m.] à transistors multiples	TTL	E
- **Transitamt [n.]**	- centre [m.] de transit		C
- **Transition [f.]**	- transition [f.]	Petrinetz	
- **Transitpunkt [m.]**	- point [m.] transit		C
- **transparent**	- transparent		
- **Transparenz [f.]**	- transparence [f.]		
- **Transportkoffer [m.]**	- mallette [f.] de transport		
- **Transportloch [n.]**	- trou [m.] d'entraînement	Endlospapier	Pr
- **Transportlöcher [n.p.]**	- perforation [f.] d'entraînement	" "	Pr
- **Transportschicht [f.]**	- couche [f.] transport	OSI-Modell (4)	C
- **Transportspur [f.]**	- canal [m.] d'entraînement	Lochband	Me
- **Transportstreifen [m.]**	- bande [f.] Caroll;	Endlospapier	Pr
" "	bande [f.] marginale	" "	Pr
" "	d'entraînement; rive [f.]	" "	Pr
- **Transportverbindung [f.]**	- connexion [f.] de transport		C
- **Treiber [m.]**	- driver [m.]; pilote [m.]		S
- **Trennen [n.]**	- déliassage [m.]	Endlosformulare	Pr
- **Trennen [n.]** (der einzelnen Formulare)	- éclatement [m.]	" "	Pr
- **Trenner [m.]**	- délimiteur [m.]		S
- **Trennung [f.], galvanische**	- séparation [f.] galvanique		E
- **Trennzeichen [n.]**	- caractère [m.] séparateur;		S
" "	délimiteur [m.]; séparateur [m.]		S
- **Treppeneffekt [m.]**	- crénelage;	Graphik	
" "	effet [m.] de marches d'escalier	" "	
- **Triac [m.]**	- triac [m.]		E
- **Trommel [f.]**	- tambour [m.]		
- **Trommeldrucker [m.]**	- imprimante [f.] à tambour		Pr
- **Trommelspeicher [m.]**	- mémoire [f.] à tambour [NF Z 61-000]		Mm
- **True-Type-Schrift [f.]; TrueType-Zeichensatz [m.]**	- police [f.] True Type " "		Pr
- **TSR-Programm [n.]** (Terminate and Stay Resident)	- programme [m.] résident	TSR	S
- **TTL [f.]** (Transistor-Transistor Logik)	≈ système [m.] à transistors multiples;	TTL	E
" "	logique [f.] TTL	TTL	E
- **Tunneldiode [f.]**	- diode-tunnel [f.]		E
- **Turingmaschine [f.]**	- machine [f.] de Turing		H
- **Turmgehäuse [n.]**	- boîtier [m.] vertical		H

- Tutorial	- didacticiel [m.]	**S**
- Typ [m.]	- type [m.] Daten z.B.	**S**
- Typendrucker [m.]	- imprimante [f.] à caractères préformés	**Pr**
- Typenkettendrucker [m.]	- imprimante [f.] à chaîne [NF Z 61-000]	**Pr**
- Typenrad [n.] <	- marguerite [f.];	**Pr**
	disque [m.] d'impression [NF Z 61-000];	**Pr**
" "	roue [f.] à caractères [NF Z 61-000];	**Pr**
" "	roue [f.] d'impression [NF Z 61-000];	**Pr**
" "	rosace [f.] d'impression; pétale [m.]	**Pr**
- Typenraddrucker [m.]	- imprimante [f.] à marguerite	**Pr**
- Typenscheibe [f.] ...	- marguerite [f.]	**Pr**
- Typenstab [m.]	- barre [f.] d'impression [NF Z 61-000]	
- Typenträger [m.]	- support [m.] porte-caractères	**Pr**
- Typenwalzendrucker [m.]	- imprimante [f.] à tambour	**Pr**
- Typkonvertierung [f.]	- conversion [f.] de type	**S**
- Typografie [f.]	- typographie [f.]	**T**
- Typ-Spezifierer [m.]	- spécificateur [m.] de type	**S**
- Typumwandlung [f.]	- conversion [f.] de type	**S**

- Übergabe [f.]	- passage [m.];	Parameter	**S**
" "	transfert [m.]	Daten, Gegenstände	
- Übergabe [f.] als Wert	- passage [m.] par valeur		**S**
- Übergabe [f.] durch Verweis	- passage [m.] par adresse;		**S**
" "	passage [m.] par référence		**S**
- Übergabe [f.] durch Wert	- passage [m.] par valeur		**S**
- Übergabestecker [m.]	- connecteur [m.] de transition		**E**
- Übergang [m.]	- jonction [f.];	Halbleiter	**E**
" "	transition [f.]	Petrinetz z.B.	
- übergeben	- renvoyer [NF Z 61-000];	Wert (Funktion)	**S**
" "	transférer [NF Z 61-000]	Daten	**C**
- übergeben (als Parameter ...)	- passer (en paramètre)		**S**
- überlagern	- recouvrir [NF Z 61-000]	segments	**S**
- Überlagerung [f.]	- recouvrement [m.]	Overlay z.B.	**S**
- Überlappen [n.]	- recouvrement [m.]	Datenverarbeitung	
- überlappende Darstellung [f.]	- présentation [f.] en tuiles	Windows	
- Überlappung [f.]	- recouvrement [m.];	Datenverarbeitung	
" "	chevauchement [m.]	Allgemein	
- Überlast [f.]	- surcharge [f.]		
- Überlastung [f.]	- engorgement [m.];	Stau	
" "	surcharge [f.]	Überlast	
- Überlauf [m.] [DIN 44300]	- débordement [m.];		**Mm**
" "	dépassement [m.]		**Mm**
- Überlaufbereich [m.]	- zone [f.] de débordement		**Mm**
- Überlaufflag; Überlaufflagge [f.]	- indicateur [m.] de débordement;		**S**
	indicateur [m.] de dépassement		**S**
- überlochen	- surperforer [NF Z 61-000]		**Me**
- Überlochzone [f.]	- hors texte [m.];	Lochkarte	**Me**
" "	partie [f.] "hors texte"	" "	**Me**
- Übermittlung [f.]	- transmission [f.]		**C**

- Übermittlungsabschnitt [m.] [DIN 44302]	- liaison [f.] de données		**C**
- Übermittlungsvorschrift [f.] [DIN 44302]	- procédure [f.] de liaison		**C**
- Übernahmesignal [n.]	- signal [m.] de prise en compte		
- Überschreiben [n.]	- écrasement [m.]; surfrappe [f.];		**T**
" "	réécriture [f.]; substitution [f.]		**T**
- überschreiben	- écraser;	Textverarb.	**T**
" "	effacer par surfrappe;	" "	**T**
" "	garnir (de caractères) [NF Z 61-000]	Speichermedium	**Mm**
- überschreiben (mit Nullen ...)	- garnir de zéros [NF Z 61-000]	Speichermedium	**Mm**
- übersetzen	- traduire [NF Z 61-000]		**S**
- Übersetzen [n.], maschinelles	- traduction [f.] automatique		
- Übersetzen [n.], rechnergestütztes	- traduction assistée par ordinateur (TAO)		
- Übersetzer [m.] [DIN 44300-4]	- programme [m.] de traduction [NF Z 61-000];		**S**
" "	programme [m.] traducteur [NF Z 61-000];		**S**
	> compilateur [m.]	Compiler	**S**
- Übersetzer [m.], inkrementeller	> compilateur [m.] incrémentiel	" "	**S**
- Übersetzergenerator [m.]	> compilateur [m.] de compilateur;	" "	**S**
" "	> générateur [m.] de compilateurs [NF Z 61-000];	" "	**S**
" "	> métacompilateur [m.]	" "	**S**
- Übersetzung [f.]	- traduction [f.]		**S**
- Übersetzung [f.], bedingte	> compilation [f.] conditionnelle	Compilieren	**S**
- Übersetzung [f.] durch Interpreter	- interprétation [f.]	Programmierung	**S**
- Übersetzungslauf [m.]	≈ phase [f.] de traduction [NF Z 61-000]		**S**
- Übersetzungsliste [f.]	> liste [f.] d'assemblage;	beim Assembler	**S**
" "	> liste [f.] de compilation	beim Compiler	**S**
- Übersetzungsprogramm [n.]	- programme [m.] de traduction [NF Z 61-000];		**S**
" "	programme [m.] traducteur [NF Z 61-000]		**S**
- Übersetzungsprotokoll [n.]	> liste [f.] d'assemblage;	beim Assembler	**S**
" "	> liste [f.] de compilation	beim Compiler	**S**
- Übersetzungsrechner [m.]	> machine [f.] de compilation;	Compilieren	**H**
" "	> ordinateur [m.] de compilation	" "	**H**
- Übersichtsbild [n.]	- schéma [m.] synoptique;	Allgemein	
" "	synoptique [m.];	" "	
" "	tableau [m.] de bord	Planung	
- Überstreichen [n.]	- surlignement [m.]		**T**
- Übertrag [m.]	- report [m.]		

- Übertragbarkeit [f.]	- portabilité [f.];	Programm	**S**
" "	transportabilité [f.]	" "	**S**
- Übertragung [f.]	- transmission [f.]		**C**
- Übertragung [f.], analoge	- transmission [f.] analogique		**C**
- Übertragung [f.], asynchrone [DIN 44302]	- transmission [f.] asynchrone		**C**
- Übertragung [f.], digitale	- transmission [f.] numérique		**C**
- Übertragung [f.], serielle	- transmission [f.] en série		**C**
- Übertragung [f.], synchrone [DIN 44302]	- transmission [f.] synchrone		**C**
- Übertragungsart [f.]	- mode [m.] de transmission		**C**
- Übertragungsfehler [m.]	- erreur [f.] de transmission		**C**
- Übertragungsgeschwindigkeit [f.]	- vitesse [f.] de transmission;		**C**
[DIN 44302]	débit [m.] binaire	in bit/s	**C**
- Übertragungskanal [m.] [DIN 44302]	- voie [f.] de transmission		**C**
- Übertragungsleistung [f.]	- vitesse [f.] de transmission		**C**
- Übertragungsleitung [f.] [DIN 44302]	- ligne [f.] (de transmission de données)		**C**
- Übertragungsmodus [m.]	- mode [m.] de transmission		**C**
- Übertragungsprozedur [f.]	- procédure [f.] de liaison		**C**
- Übertragungsrate [f.]	- vitesse [f.] de transmission		**C**
- Übertragungsrechner [m.]	- processeur [m.] frontal		**H**
- Übertragungsrichtung [f.]	- sens [m.] de transmission		**C**
- Übertragungsstellenadresse [f.]	- adresse [f.] de transmission;		**C**
" "	adresse [f.] des points de destination		**C**
- Übertragungssteuerzeichen [n.] [DIN 44300-2]	- caractère [m.] de commande de transmission [NF Z 61-000]		**C**
- Übertragungssteuerzeichen-folge [f.]	- séquence [f.] de commande	transmission	**C**
- Überwachung [f.]	- supervision [f.]; surveillance [f.]		
- Überwachungskanal [m.]	- voie [f.] de supervision		**C**
- Uhr [f.]	- horloge [f.]		**E**
- Uhrzeit [f.]	- heure [f.]		
- UHSI [f.] (Ultra High Scale Integration)	- UHSI [f.]	UHSI	**E**
- ultraviolettem Licht (mit ... löschbar)	- effaçable par ultra-violets	Speicher	**Mm**
- umbelegen	- réaffecter	z.B. F-Tasten	**S**
- umbenennen (etwas ...)	- attribuer un nouveau nom à qqch.;		
" "	renommer qqch.		
RENAME [Dateiname]			

Deutsch	Français	Bemerkung	
- umblocken	- changer le facteur de blocage		
- Umblockung [f.]	- changement [m.] de facteur de blocage		
- Umbruch [m.]	- rupture [f.]		**T**
- Umdrehungsgeschwindigkeit [f.]; Umdrehungszahl [f.]	- vitesse [f.] de rotation " "		
- umformen	- transformer [NF Z 61-000]		
- Umfragebetrieb [m.]	≈ invitation [f.] à émettre;	Polling	**C**
" "	polling [m.]		**C**
☞ ***Siehe "Empfangsaufruf", "Polling"***			
- Umfragebetrieb [m.], automatischer	≈ scrutation [f.] automatique		**C**
- Umgebung [f.]	- environnement [m.]		
- Umgebungsparameter [m.]	- variable [f.] d'environnement		**S**
- Umgebungssegment [n.]	- segment [m.] d'environnement		**S**
- umgehen	- contourner		
- umgekehrter Schrägstrich [m.]	- barre [f.] oblique inverse;	ASCII 92 [\] []	
" "	barre [f.] de fraction inversée;	ASCII 92 [\] []	
" "	barre [f.] inverse;	ASCII 92 [\] []	
" "	anti-slash [m.]	ASCII 92 [\] []	
- Umkehranzeige [f.]	- inverse vidéo [f.];	Bildschirm	**S**
" "	vidéo [f.] inverse	" "	**S**
- Umkehrcompiler [m.]	- décompilateur [m.]		**S**
- Umkehr-Funktion [f.]	- fonction [f.] complément	NOT	**Lo**
- umlenken	- détourner	Unterbrechung z.B.	**S**
- Umlenkung [f.]	- déroutement [m.]		
- Umprogrammierung [f.]	- reprogrammation [f.]		**S**
- umrüsten	- transformer		**H**
- Umrüsten [n.]; Umrüstung [f.]	- transformation [f.]		**H**
- Umschalter [m.]	- touche [f.] de motion	Schreibmaschine	
- Umschaltfeststeller [m.]	- touche [f.] de verrouillage de motion	" "	**H**
- Umschalttaste [f.]	- touche [f.] shift;		**H**
" "	- touche [f.] de motion		**H**
- Umschaltung [f.]	- commutation [f.]		**E**
- Umschaltung [f.], automatische	- commutation [f.] automatique		**C**
- Umschaltzeichen [n.]	- caractère [m.] de changement de code	ASCII 16 [] [DLE]	**C**
- Umsetzen [n.]	- transcription [f.]	Code z.B.	
- umsetzen	- convertir [NF Z 61-000];	umwandeln	
" "	transcrire	Code z.B.	
- umsetzen (in den parallelen Datenverkehr ...)	- réaliser un transfert en parallèle des informations		
- Umsetzen [n.] der Syntax	- transformation [f.] de la syntaxe		**S**

- Umsetzer [m.] [DIN 44300-5]	- convertisseur [m.] [NF Z 61-000]		E
- Umsetzung [f.]	- conversion [f.]		
- Umstellung [f.] auf EDV	- informatisation [f.]	entreprise etc.	
- umwandeln	- convertir [NF Z 61-000]		
- Umwandler [m.]	- convertisseur [m.]		E
- Umwandlung [f.]	- conversion [f.]		
- Umwandlungsliste [f.];	> liste [f.] d'assemblage;	beim Assembler	S
Umwandlungsprotokoll [n.]	> liste [f.] de compilation	beim Compiler	S
- Umwandlungszeichen [n.]	- caractère [m.] de conversion		S
- Umweltbedingungen [f.p.]	- conditions [f.p.] climatiques		H
- unär	- unaire		S
- unärer Operator [m.]	- opérateur [m.] unaire		S
☞ ***Siehe auch "Operator"***			
- unbedingt	- inconditionnel		S
- unbedingte Verzweigung [f.];	- branchement [m.] inconditionnel;		S
unbedingter Sprung [m.]	branchement [m.] systématique;		S
" "	saut [m.] inconditionnel [NF Z 61-000];		S
" "	rupture [f.] de séquence inconditionnelle		S
- unbedingter Sprungbefehl [m.]	- instruction [f.] de branchement inconditionnel;		S
" "	instruction [f.] de branchement systématique;		S
" "	instruction [f.] de saut inconditionnel [NF Z 61-000]		S
- unbemannt	- non surveillé	Amt	C
- unbespult	- non pupinisé	Leitung	C
- unbrauchbare Daten [p.]	- informations [f.p.] invalides;		
" "	informations [f.p.] parasites		
- UND-Funktion [f.]	- fonction [f.] ET	AND	Lo
- UND-Verknüpfung [f.]	- opération [f.] ET [NF Z 61-000];	AND	Lo
[DIN 44300-5]	ET [m.] [NF Z 61-000];	AND	Lo
" "	intersection [f.] [NF Z 61-000];	AND	Lo
" "	multiplication [f.] logique [NF Z 61-000]	AND	Lo
- Und-Zeichen [n.], kaufmännisches;	- et [m.] commercial;	ASCII 38 [&] []	
Und-Zeichen [n.], kommerzielles	perluète [m.];	ASCII 38 [&] []	
" "	esperluète [m.]	ASCII 38 [&] []	
- ungeordnet	- en vrac	Datei z.B.	
- ungerade	- impair		M
- Ungeradzahligkeit [f.] [-∞]	- imparité [f.];		
" "	parité [f.] impaire		
- ungerichteter Graph [m.]	- graphe [m.] non orienté		

- ungültige Daten [p.]	- informations [f.p.] périmées;		
" "	informations [f.p.] invalides		
- unidirektional	- unidirectionnel		**C**
- unidirektionale Datenübertragung [f.]	- transmission [f.] unidirectionnelle;		**C**
	mode [m.] unidirectionnel;		**C**
" "	transmission [f.] en simplex;		**C**
	simplex [m.]		**C**
☞ ***Siehe auch "Richtungsbetrieb"***			
- Unijunctiontransistor [m.]	- transistor [m.] unijonction		**E**
- Union [f.]	- union [f.]	Datentyp	**Lo**
- Universalrechner [m.]	- calculateur [m.] universel [NF Z 61-000];		**H**
" "	ordinateur [m.] universel		**H**
- UNIX	- UNIX	Betriebssystem	**S**
- unmittelbare Adressierung [f.]	- adressage [m.] immédiat		
- unmodifizierter Befehl [m.]	- instruction [f.] primitive [NF Z 61-000]		**S**
- unscharf	- flou	Zeichenprogramm z.B.	
- unscharfen Mengen [f.p.] (Theorie der ...)	- ensembles flous [m.p.] (théorie des ...)		
- unsichtbare Datei [f.]	- fichier [m.] non affichable	Dateiattribut	
- Unterarm [m.]	- bras [m.] de travail;	Roboter	**R**
" "	bras [m.] esclave	" "	**R**
- Unterbaugruppe [f.]	- sous-ensemble [m.]	matériel	
- Unterbrechung [f.] [DIN 44300-9]	- interruption [f.] [NF Z 61-000]		**S**
- Unterbrechung [f.], asynchrone	- interruption [f.] asynchrone		**S**
- Unterbrechung [f.], externe	- interruption [f.] externe		**S**
- Unterbrechung [f.], interne	- interruption [f.] interne		**S**
- Unterbrechung [f.], synchrone	- interruption [f.] synchrone		**S**
- Unterbrechungsanforderung [f.]	- demande [f.] d'interruption		**S**
- Unterbrechungsbehandlung [f.]	- traitement [m.] d'interruption		**S**
- Unterbrechungsdienstroutine [f.]	- fonction [f.] de traitement d'interruption		**S**
- Unterbrechungsebene [f.]	- niveau [m.] d'interruption		**S**
- unterbrechungsfreie Strom-versorgung [f.]	- alimentation [f.] ininterruptible		**E**
- Unterbrechungsmaske [f.]	- masque [m.] d'interruption		**S**
- Unterbrechungssignal [n.]	- signal [m.] d'interruption		**S**
- Unterbruch [m.]	- interruption [f.]		**S**
- Unterbruchssteuerung [f.]	- commande [f.] d'interruption		**S**
- Unterbruchszähler [m.]	- compteur [m.] d'interruptions		**S**
- unterdrücken	- inhiber; empêcher; interdire;	Meldung, Unterbrech. usw.	
" "	invalider; neutraliser	Signal, Ausgang	
- untere Leistungsklasse [f.]	- bas de gamme		
- Unterkanal [m.]	- sous-canal [m.]		**C**

- **Unterlauf [m.]**	- sous-dépassement [m.]		**Mm**
- **unterlegen**	- sélectionner	Text	**T**
- **Untermenge [f.]**	- sous-ensemble [m.]		**M**
- **Untermenü [n.]**	- sous-menu [m.]		**S**
- **Unternehmensforschung [f.]**	- recherche [f.] opérationnelle [NF Z 61-000]	Operationsforschung	
- **Unternehmensspiel [n.]**	- gestion [f.] simulée;		
" "	jeu [m.] d'entreprise		
- **Unterprogramm [n.]**	- sous-programme [m.] [NF Z 61-000];		**S**
" "	sous-programme [m.] [NF Z 61-000]		**NC**
- **Unterprogrammaufruf [m.]**	- appel [m.] de sous-programme		**S**
- **Unterprogramme [n.p.], geschachtelte**	- sous-programmes [m.p.] emboîtés		**S**
- **Unterschneidung [f.]**	- crénage [m.]		**T**

Crénage (Kerning, Unterschneidung)
Réduction de l'espace qui sépare deux lettres. Procédé utilisé en PAO pour rapprocher certaines lettres.

- **Unterspannungsabschaltung [f.]**	- déclenchement [m.] à minimum de tension		**E**
- **Unterstreichung [f.]**	- soulignement [m.]		
- **Unterstreichungsstrich [m.]; Unterstrich [m.]**	- caractère [m.] de soulignement; soulignement [m.]; souligné [m.]	ASCII 95 [_] [] ASCII 95 [_] []	
- **unterstützt**	- admis; supporté	fonctionnalité	
- **Unterverzeichnis [n.]**	- sous-répertoire [m.]		**S**
- **Unterweisung [f.], programmierte**	- enseignement [m.] programmé		
- **Unversehrtheit [f.]**	- intégrité [f.]	Daten z.B.	
- **unzulässig**	- illégal	Programmierung z.B.	**S**
- **Update; Upgrade**	- mise [f.] à jour		**S**
- **Upper Memory**	- mémoire [f.] supérieure		**Mm**
- **Urladen [n.]**	- amorçage [m.]		**S**
- **urladen**	- amorcer		**S**
- **Urladeprogramm [n.]**	- programme [m.] amorce [NF Z 61-000];		**S**
" "	programme [m.] d'amorce [NF Z 61-000]		**S**
- **Ursprungsprogramm [n.]**	- programme [m.] d'origine [NF Z 61-000];		**S**
" "	programme [m.] source [NF Z 61-000]		**S**
- **Userliste [f.]**	- répertoire [m.] (des utilisateurs)	Mailbox	**C**
- **ÜSt-Zeichenfolge [f.] [DIN 44302]**	- séquence [f.] de commande	transmission	**C**

- Utensilien - outils [m.p.] Zeichenprogramm

- Utensilienleiste [f.] - palette [f.] d'outils " "

- Variable [f.]	- variable [f.] [NF Z 61-000]		S
- Variable [f.], globale	- variable [f.] globale		S
- Variable [f.], logische	- variable [f.] booléenne		S
- Variable [f.], lokale	- variable [f.] locale		S
- Variable [f.], statische	- variable [f.] statique		S
- Variablentyp [m.]	- type [m.] de variable		S
- variables Satzformat [n.] [DIN 66257]	- format [m.] de bloc variable [NF Z 61-000]		NC
- Variante [f.]	- variante [f.]		
- Variation [f.]	- variation [f.]		
- Vektor [m.]	- vecteur [m.] [NF Z 61-000];		
" "	tableau [m.]	Datentyp	S
- Vektor [m.] aus Zeigern	- tableau [m.] de pointeurs		S
- Vektorgenerator [m.]	- générateur [m.] de vecteurs		S
- Vektorprozessor [m.]	- processeur [m.] vectoriel;		H
" "	processeur [m.] matriciel		H
- Vektorrechner [m.]	- ordinateur [m.] vectorisé		H
- Vektorschriftart [f.]	- police [f.] vectorielle		
- Vektorunterbrechung [f.]	- interruption [f.] vectorisée		S
- Venn-Diagramm [n.]	- diagramme [m.] de Venn		M
- Verankerung [f.]	- ancrage [m.]		T
- verarbeiten	- traiter [NF Z 61-000]	Information/Daten	
- Verarbeitung [f.]	- traitement [m.]		
- Verarbeitung [f.], direkte	- traitement [m.] direct		
- Verarbeitung [f.], interaktive [DIN 44300-9]	- mode [m.] interactif; mode [m.] dialogue [NF Z 61-000];		
" "	mode [m.] conversationnel		
- Verarbeitung [f.], sequentielle	- traitement [m.] séquentiel		
- Verarbeitungsart [f.]	- mode [m.] (de traitement)		
- Verarbeitungsbefehl [m.]	- instruction [f.] de traitement		S
- Verarbeitungschicht [f.]	- couche [f.] application	OSI-Modell (7)	C
- Verarbeitungsrechner [m.]	- machine [f.] d'exécution;		H
" "	ordinateur [m.] d'exécution		H
- Verarmung [f.]	- appauvrissement [m.]	Halbleiter	E
- Verarmungs-MOS	- MOS [m.] à appauvrissement		E
- Verbindung [f.] [DIN 44331]	- liaison [f.]; connexion [f.]		C
- Verbindung [f.], physische	- connexion [f.] physique		C
- Verbindung [f.], virtuelle	- liaison [f.] virtuelle		C

- Verbindungsabbau [m.]	- libération [f.] de la connexion;		**C**
" "	libération [f.] de la liaison		**C**
- Verbindungsaufbau [m.]	- établissement [m.] de la connexion;		**C**
" "	établissement [m.] de la liaison		**C**
- Verbindungs-Endpunkt [m.]	- extrémité [f.] de connexion		**C**
- Verbindungsprogramm [n.] [-∞]	- éditeur [m.] de liens [NF Z 61-000]	Linker	**S**
- Verbindungssteuerungs-verfahren [n.]	- procédure [f.] de commande d'appel		**C**
- Verbund [m.] [-∞]	- enregistrement [m.]	Datensatz	**Db**
- Verbundnetz [n.] [DIN 44302]	- réseau [m.] mixte		**C**
- verdeckte Kanten [f.p.]	- lignes [f.p.] cachées	Bilddarstellung	
- Verdichtung [f.]	- compactage [m.]		
- verdrahtet	- câblé		**E**
- verdrahtet (fest...)	- câblé à demeure		**E**
- Verdrahtung [f.]	- câblage [m.]		**E**
- Vereinbarung [f.]	- déclaration [f.];	Variable z.B.	**S**
" "	directive [f.] [NF Z 61-000];	Pseudobefehl	**S**
" "	pseudo-instruction [f.] [NF Z 61-000]	" "	**S**
- Vererbung [f.]	- héritage [m.]	OOP	**S**
- Verfahren [n.]	- procédure [f.]	sens général	
- Verfeinerung [f.], schrittweise	≈ analyse [f.] descendante		
- Verfügbarkeit [f.]	- disponibilité [f.] [NF Z 61-000]		
- Vergleich [m.]	- comparaison [f.]		
- vergleichen	- comparer [NF Z 61-000]		
- Vergleicher [m.]	- comparateur [m.] [NF Z 61-000]		**E**
- Vergleichsoperator [m.]	- opérateur [m.] de comparaison;		**S**
" "	opérateur [m.] relationnel		**S**
☞ ***Siehe auch "Operator"***			
- Verhaltensregel [f.]	- règle [f.] de comportement		
- verkabeln	- câbler		
- Verkaufspunkt [m.];	- point [m.] de vente		
Verkaufsstelle [f.]	" "		
- Verkehr [m.]	- trafic [m.]		**C**
- Verkehrslast [f.]	- intensité [f.] du trafic		**C**
- Verkehrsmessung [f.]	- mesure [f.] du trafic		**C**
- verkehrter Schrägstrich [m.]	- barre [f.] de fraction inversée;	ASCII 92 [\] []	
" "	barre [f.] oblique inversée;	ASCII 92 [\] []	
" "	barre [f.] inverse;	ASCII 92 [\] []	
" "	antislash [m.]	ASCII 92 [\] []	
- verketten	- chaîner; concaténer;	Dateien z.B.	
" "	enchaîner	Artikel, Programme	
- verkettete Datei [f.]	- fichier [m.] chaîné		
- verkettete Liste [f.]	- liste [f.] chaînée [NF Z 61-000]		

- Verkettung [f.]	- chaînage [m.];	z.B. Befehle	**S**
" "	concaténation [f.]	z.B. Dateien	
- Verkettungszeichen [n.]	- opérateur [m.] de jonction	ASCII 124 [|] [] (DOS)	
- Verklemmung [f.]	- interblocage [m.];		
" "	étreinte [f.] fatale [**O**];		
" "	verrou [m.] mortel [**O**]		
- verknüpfen (eine Datei ...)	- associer un fichier	Windows z.B.	
- verknüpfendes Schaltelement [n.]	- circuit [m.] combinatoire;		**E**
	porte [f.]		**E**
- Verknüpfung [f.]	- circuit [m.]; porte [f.];	UND usw.	**Lo**
" "	liaison [f.];	Datenbank	**Db**
" "	lien [m.] [NF Z 61-000]	Programmierung	**S**
- Verknüpfung [f.], boolesche [DIN 44300-5]	opération [f.] booléenne [NF Z 61-000];		**Lo**
" "	opération [f.] binaire [NF Z 61-000] [☒]		**Lo**
- Verknüpfung [f.], logische	- fonction [f.] logique		**Lo**
- Verknüpfungsglied [n.] [DIN 44300-5]	- élément [m.] logique [NF Z 61-000];		**Lo**
	porte [f.]		**Lo**
- Verknüpfungszeichen [n.]	- opérateur [m.]	logique	**Lo**
- Verknüpfungszeichen [n.], logisches	- opérateur [m.] booléen [NF Z 61-000]		**Lo**
- Verlassen [n.]	- désélection [f.]	des Betriebsmodus z.B.	
- Verlauf [m.]	- allure [f.];	z.B. Kurve	
" "	déroulement [m.]	Ablauf	
- vermaschtes Netz [n.]	- réseau [m.] maillé		**C**
- Vermittlung [f.]	- commutation [f.]		**C**
- Vermittlungsschicht [f.]	- couche [f.] réseau	OSI-Modell (3)	**C**
- Vermittlungsstelle [f.] [DIN 44331]	- central [m.];		**C**
	commutateur [m.]		**C**
- vernetzte Datenbank [f.]	- banque [f.] de données réseau;		**Db**
" "	banque [f.] de données de type réseau		**Db**
- vernetztes Daten(bank)modell [n.]	- modèle [m.] réseau;		**Db**
" "	modèle [m.] de données réseau		
- Verriegelung [f.]	- verrouillage [m.]		**C**
- Versalie [f.]	- capitale [f.]; majuscule [f.]		**T**
- verschachteln	- entrelacer [NF Z 61-000];		**S**
" "	imbriquer [NF Z 61-000];		**S**
" "	emboîter		**S**
- verschachtelte Schleife [f.]	- boucle [f.] imbriquée		**S**
- Verschachtelung [f.]	- emboîtement [m.];	Schleifen z.B.	**S**
" "	imbrication [f.];	" "	**S**
" "	entrelacement [m.]	Speicher	**Mm**

- Verschachtelungstiefe [f.]	- niveau [m.] d'emboîtement;	Schleifen	**S**
" "	niveau [m.] d'itération	" "	**S**
- Verschieben [n.]	- décalage [m.]	opération	
- verschieben	- décaler;	Bits in Registern	
" "	translater [NF Z 61-000];	Programm	**S**
" "	déplacer; transférer	Daten, Dateien	
- Verschieben [n.], logisches	- décalage [m.] logique [NF Z 61-000]	Register	
- Verschieben [n.], zyklisches	- décalage [m.] circulaire [NF Z 61-000]	" "	
- verschieben (eine Datei ...)	- transférer un fichier;		
" "	déplacer un fichier		
- verschieblich	- translatable		**S**
- verschiebliche Adresse [f.]	- adresse [f.] translatable [NF Z 61-000]		**Mm**
- verschiebliches Programm [n.]	- programme [m.] translatable [NF Z 61-000]		**S**
- Verschiebung [f.]	- décalage [m.] [NF Z 61-000];	Register	**E**
" "	translation [f.]	Programm	**S**
- Verschiebung [f.], dynamische	- translation [f.] dynamique [NF Z 61-000]		**Mm**
- verschlüsseln	- crypter		
- verschlüsselter Text [m.]	- texte [m.] chiffré;		
" "	cryptogramme [m.]		
- Verschlüsselung [f.]; ☞ ***Siehe auch "Entschlüsselung"***	- chiffrement [m.]; cryptage [m.]		
- Verschlüsselung [f.], binäre	- code [m.] binaire		
- Verschmelzen [n.]	- fusion [f.]	Datenelemente	
- verschmelzen	- fusionner	" "	
- versorgen	- alimenter	en courant p.ex.	**E**
- Versorgungsspannung [f.]	- tension [f.] d'alimentation		**E**
- Versorgungsstecker [m.]	- connecteur [m.] d'alimentation		
- Versorgungsstromkreis [m.]	- circuit [m.] d'alimentation		**E**
- Versorgungsüberwachung [f.]	- surveillance [f.] d'alimentation		
- Verstärker [m.]	- amplificateur [m.]; ampli [m.] [○]		**E**
- Vertauschen [n.]; Vertauschung [f.]	- permutation [f.] " "		
- Verteiler [m.]	- répartiteur [m.] [NF Z 61-000]		**C**
- verteilte Datenbank [f.]	- base [f.] de données réparties		**Db**
- verteilte Datenverarbeitung [f.]	- informatique [f.] distribuée;		
" "	informatique [f.] répartie		
- verteilte Intelligenz [f.]	- fonction [f.] répartie		
- Verteilung [f.]	- distribution [f.]		
- vertikale Redundanzprüfung [f.]	- contrôle [m.] vertical de redondance	VRC	

- **Vertikal-Tabulator [m.]**	- caractère [m.] de tabulation verticale [NF Z 61-000];	ASCII 11 [] [VT]	
" "	tabulation [f.] verticale	ASCII 11 [] [VT]	
- **Vertikaltabuliertaste [f.]**	- touche [f.] d'interligne		
- **Vertrag [m.]**	- contrat [m.]		
- **Verträglichkeit [f.]**	- compatibilité [f.]		
- **Vervielfacher [m.]**	- multiplicateur [m.]		**C**
- **Verwaltung [f.]**	- gestion [f.]		**C**
- **Verwaltung [f.], rechner-unterstützte**	- gestion [f.] automatisée [NF Z 61-000]		
- **Verwaltungsprogramm [n.]**	- programme [m.] de gestion		
- **Verweilzeit [f.] [DIN 66257]**	- temporisation [f.] [NF Z 61-000]		**NC**
- **Verweis [m.]**	- référence [f.]	Parameterübergabe	**S**
- **Verwürfelung [f.]**	- brouillage [m.];		**C**
" "	embrouillage [m.]		**C**
- **Verzeichnis [n.]**	- répertoire [m.]	DOS z.B.	**S**
- **Verzerrung [f.]**	- distorsion [f.]		**C**
- **Verzögerungsschaltung [f.]**	- ligne [f.] à délai		**E**
- **Verzögerungszeit [f.]**	- temps [m.] de décélération		
- **Verzweigung [f.]**	- aiguillage [m.] [NF Z 61-000];	Programmierung	**S**
" "	branchement [m.] [NF Z 61-000];	" "	**S**
" "	bifurcation [f.] [NF Z 61-000]	" "	**S**
- **Verzweigung [f.], bedingte**	- branchement [m.] conditionnel		**S**
- **Verzweigung [f.], unbedingte**	- branchement [m.] inconditionnel;		**S**
" "	branchement [m.] systématique		**S**
- **Verzweigungsbefehl [m.]**	- instruction [f.] de branchement		**S**
- **Videogerät [n.]**	- magnétoscope [m.]		**E**
- **Videographie [f.]**	- vidéographie [f.]		
- **Videokarte [f.]**	- carte [f.] écran		
- **Videokassette [f.]**	- cassette [f.] vidéo		
- **Videokonferenz [f.]**	- visioconférence [f.]		**C**
- **Videorecorder [m.]**	- magnétoscope [m.]		**E**
- **Videospiel [n.]**	- logiciel [m.] de jeu; ludiciel [m.];		**S**
" "	jeu [m.] électronique		

- **Videotex**	- télétel [m.] (France);		**C**
" "	vidéographie [f.] interactive;		**C**
" "	vidéotex [m.]		**C**
- **Videotext [m.]**	- vidéotexte [m.]		**C**

"Videotex, Videotext" "Videotex" oder "Bildschirmtext, kurz Btx, ist ein interaktiver Kommunikationsdienst der Postanstalten. Voraussetzungen: Telefonanschluß + Fernsehgerät bzw. Rechner. In Frankreich wird dieses System "vidéotex interactif", "vidéographie interactive" bzw. TELETEL genannt.
Unter "Videotext" oder "Bildschirmzeitung" versteht man eine einseitig gerichtete Technik ohne Dialogbetrieb, bei der Informationen beliebiger Art übertragen werden, die von jedem Fernsehgerät, das einen entsprechenden Decoder besitzt, empfangen werden können. In Frankreich wird dieses System "vidéotex diffusé" genannt (système ANTIOPE). Das CCITT nennt dafür auch die Begriffe "vidéographie diffusée" und "Télétexte".

- **Vielfachkanal [m.]**	- voie [f.] multiple		**C**
- **Vielfachmeßgerät [n.]**	- multimètre [m.]		**E**
- **vielseitig**	- polyvalent		
- **Vielseitigkeit [f.]**	- polyvalence [f.]		
- **Vierdrahtleitung [f.]**	- circuit [m.] quatre fils;		**C**
" "	liaison [f.] quatre fils		**C**
- **Vierfarbseparation [f.]**	- séparation [f.] quadrichromique;		**S**
" "	séparation [f.] quadri [O]		
- **vierstellige LED-Anzeige [f.]**	- afficheur [m.] LED à 4 décades;		**E**
" "	dispositif [m.] d'affichage LED à 4 décades		**E**
- **virtuell [DIN 44300]**	- virtuel		
- **virtuelle Adresse [f.]**	- adresse [f.] virtuelle [NF Z 61-000]		**Mm**
- **virtuelle Maschine [f.]**	- machine [f.] virtuelle		**H**
- **virtuelle Verbindung [f.]**	- liaison [f.] virtuelle		**C**
- **virtueller Arbeitsspeicher [m.];**	- mémoire [f.] virtuelle [NF Z 61-000]		**Mm**
virtueller Speicher [m.]	" "		**Mn**
- **virtuelles Laufwerk [n.]**	- disque [m.] virtuel		**Mm**
- **Virus [m.]**	- virus [m.]		**S**
- **VLSI [f.]** (Very High Scale Integration)	- intégration [f.] à très grande échelle	VLSI (>500 G/Chip)	**E**
- **Vocoder [m.]**	- vocodeur [m.]		**C**
- **volatiler Speicher [m.]**	- mémoire [f.] non rémanente;		**Mm**
" "	mémoire [f.] volatile		**Mm**
☞ ***Siehe auch "flüchtiger Speicher"***			
- **voll**	- saturé	Speicher z.B.	**Mm**

- Volladdierer [m.]	- additionneur [m.] complet [NF Z 61-000];		**E**
" "	plein additionneur [m.]		**E**
- Vollbild [n.]	- plein écran [m.]		
- Vollduplex; Vollduplexbetrieb [m.]	- duplex [m.] intégral;		**C**
	mode [m.] bidirectionnel simultané;		**C**
" "	transmission [f.] bidirectionnelle simultanée;		**C**
" "	transmission [f.] en duplex intégral		**C**
☞ ***Siehe auch "Gegenbetrieb"***			
- Vollkomplement [n.] [DIN 44300]	- complément [m.] à la base [NF Z 61-000]		**M**
- vollständiger Graph [m.]	- graphe [m.] complet		
- von-Neumann-Rechner [m.]	- machine [f.] de von Neumann		**H**
- Voraltern [n.]	- déverminage [m.]	composants	**E**
- Vorbearbeitung [f.]	- prétraitement [m.]		
- vorbeigehen (im...)	- au vol [m.]	Lesen z.B.	
- Vorbelegung [f.]	≈ paramètre [m.] prédéfini [NF Z 61-000]		
- Vorbereitungsmaschinen [f.p.]	- matériel [m.] de préparation		**H**
- Vorbereitungszeit [f.] [DIN 44476-2]	- temps [m.] de préparation;		
	temps [m.] d'établissement		
- Vordergrund [m.]	- premier plan [m.]		
- Vordergrundfarbe [f.]	- couleur [f.] d'avant-plan	Bildschirm	**S**
- Vordergrundpriorität [f.]	- priorité [f.] d'avant-plan	Windows z.B.	
- Vordergrundprogramm [n.]	- programme [m.] s'exécutant à l'avant-plan		**S**
- Vorderkante [f.]	- bord [m.] avant		
- Vordruck [m.]	- bordereau [m.];		**Pr**
" "	formulaire [m.];		**Pr**
" "	imprimé [m.]		**Pr**
- voreinstellen	- prédéfinir [NF Z 61-000];		
" "	prérégler [NF Z 61-000]		
- Voreinstellung [f.]	- valeur [f.] par défaut	default value	
- Vorgabewert [m.]	- valeur [f.] implicite		
- Vorgriff [m.]	≈ anticipation [f.]		
- Vorkommen [n.]	- occurrence [f.]	eines Symbols z.B.	**S**
- Vorlage [f.]	- document [m.] original	Faxgerät z.B.	**C**
- Vorrang [m.]	- priorité [f.]; précédence [f.]		
- Vorrang [m.] der Operatoren	- précédence [f.] des opérateurs		**S**
- Vorrechner [m.]	- ordinateur [m.] frontal;		**H**
" "	ordinateur [m.] de gestion de lignes		**H**
- Vorrichtung [f.]	- dispositif [m.]		**H**
- Vorschau [f.]	- prévisualisation [f.]	Graphik	

- Vorschub [m.]	- saut [m.]; avance [f.];	Drucker	**Pr**
" "	avance [f.]	Werkzeugmaschine	
- Vorschubkorrektur [f.] [NF Z 61-000]	- correction [f.] des avances [NF Z 61-000]		**NC**
- Vorspannband [n.]	- amorce [f.];	Magnetband	**Mb**
" "	amorce [f.] de début (de bande magnétique) [NF Z 61-000]	" "	**Mb**
- Vorübersetzer [m.]	- préprocesseur [m.] [NF Z 61-000]		**E**
- Vorverarbeitungsrechner [m.]	- ordinateur [m.] frontal;		**H**
" "	ordinateur [m.] de gestion de lignes		**H**
- Vorwahl [f.]	- indicatif [m.]	Telefon	**C**
- vorwärts zählen	- compter	≠ décompter	
- Vorwärtsfehlerkorrektur [f.]	- contrôle [m.] d'erreur en aval	FEC	**C**
- Vorwärtszeichen [n.] [DIN 44331]	- signal [m.] vers l'avant		**C**
- Vorzeichen [n.]	- signe [m.] (d'un nombre)		**M**
- Vorzeichen [n.] (ohne ...)	- non signé(e)		**S**
- vorzeichenbehaftet	- signé(e)	Wert, Byte	**S**
- Vorzeichenbit [n.]	- bit [m.] de signe		
- vorzeichenlos	- non signé(e)	Wert, Byte	**S**

- Waferintegration [f.]	- intégration [f.] à l'échelle d'une tranche		
- Wagen [m.]	- chariot [m.]		
- Wagenrücklauf [m.]	- retour [m.] de chariot [NF Z 61-000];	ASCII 13 [] [CR]	
" "	caractère [m.] retour de chariot [NF Z 61-000]	ASCII 13 [] [CR]	
- Wahl [f.]	- numérotation [f.]	composition du no	**C**
- Wahl [f.] bei aufliegendem Hörer	- numérotation [f.] sans décrocher le combiné	Telefon	**C**
- Wahlaufforderung [f.] [DIN 44302]	- invitation [f.] à numéroter		**C**
- wählen	- composer (un numéro);	Telefon	**C**
" "	numéroter	" "	**C**
- wählen (eine Datei ...)	- sélectionner un fichier		
- Wahlendzeichen [n.] [DIN 44302]	- caractère [m.] de fin de sélection		**C**
- Wähler [m.]	- sélecteur [m.]		**C**
- wahlfrei	- sélectif; direct; aléatoire		
- wahlfreier Zugriff [m.]	- accès [m.] direct [NF Z 61-000];		
" "	accès [m.] sélectif [NF Z 61-000];		
" "	accès [m.] aléatoire [⊠] [NF Z 61-000]		
- Wählleitung [f.] [DIN 44302]	- ligne [f.] commutée;		**C**
" "	ligne [f.] de réseau autocommuté;		**C**
" "	circuit [m.] de sélection		**C**
- Wählnetz [n.]	- réseau [m.] à commutation;		**C**
" "	réseau [m.] commuté		**C**
- Wählscheibe [f.]	- cadran [m.] de téléphone		**C**
- wahlweiser Halt [m.] [DIN 66257]	- arrêt [m.] facultatif [NF Z 61-000]		**NC**
- Wahlwiederholung [f.]	- recomposition [f.] automatique	Telefon	**C**
- Wählzeichenfolge [f.] [DIN 44302]	- séquence [f.] de signaux de sélection		**C**
- Wahrheitstabelle [f.]	- table [f.] de vérité [NF Z 61-000]		
- Wahrscheinlichkeit [f.]	- probabilité [f.]		
- Wahrscheinlichkeitsrechnung [f.]	- calcul [m.] de probabilité		**M**
- Wahrscheinlichkeitstheorie [f.]	- théorie [f.] de la probabilité		**M**
- Währungszeichen [n.]	- symbole [m.] monétaire	[$]	
- Walze [f.]	- tambour [m.]		
- Walzendrucker [m.]	- imprimante [f.] à tambour		**Pr**
- Walzenplotter [m.];	- traceur [m.] à tambour		**Pr**
Walzenzeichengerät [n.]	" "		**Pr**

- **Wander [m.]**	- gigue [f.]		C

Gigue (Jitter, Wander)
Variation rapide, faible et irrégulière d'une caractéristique d'un signal, telle sa position dans le temps, sa durée, sa grandeur par rapport à la valeur idéale.

- **Warmstart [m.]**	- redémarrage [m.] à chaud		
- **Wartbarkeit [f.]**	- maintenabilité [f.] [NF Z 61-000]		
- **Warteschlange [f.]**	- file [f.] d'attente; queue [f.]		
- **Wartestation [f.] [DIN 44302]**	- station [f.] à l'état neutre		C
- **Wartezeit [f.]**	- temps [m.] d'attente [NF Z 61-000];		
" "	temps [m.] mort [NF Z 61-000];		
" "	délai [m.] d'attente		
- **Wartung [f.]**	- entretien [m.];	vorbeugende Wartung	
" "	maintenance [f.] [NF Z 61-000]		
- **Wartung [f.], geplante**	- entretien [m.] systématique [NF Z 61-000]		
- **Wartungsfähigkeit [f.]**	- maintenabilité [f.] [NF Z 61-000]		
- **Wartungsfeld [n.]**	- panneau [m.] d'entretien [NF Z 61-000];		H
" "	panneau [m.] de maintenance [NF Z 61-000]		H
- **Wartungspersonal [n.]**	- personnel [m.] de maintenance		
- **Watchdog [m.]**	- chien [m.] de garde;		E
" "	watchdog [m.] [⊠]		E
- **Wechselbetrieb [m.] [DIN 44302]**	- mode [m.] bidirectionnel alterné;		C
	mode [m.] bidirectionnel non simultané;		C
" "	transmission [f.] à l'alternat;		C
" "	transmission [f.] en semi-duplex;		C
" "	semi-duplex [m.]		C

"Wechselbetrieb" ⇒ Übertragungsart bei der die Daten abwechselnd in beide Richtungen gesendet werden.

- **Wechselbeziehung [f.]**	- interaction [f.]		
- **wechseln (von einer Anwendung zu einer anderen ...)**	- basculer d'un programme à un autre	Task-Switcher	S
- **Wechselplatte [f.]**	- disque [m.] amovible;	# Festplatte	H
" "	disque [m.] magnétique amovible	" "	H
- **Wechselplattenspeicher [m.]**	- mémoire [f.] à disque amovible		Mm
- **Wechselrichter [m.]**	- onduleur [m.]		E
- **Wechselschrift [f.]**	- enregistrement [m.] polarisé sans retour à 0	magnet. Aufzeichnung	
- **wechselseitige Datenüber- ... mittlung [f.] [DIN 44302]; wechselseitige Datenübertragung**	- mode [m.] bidirectionnel à l'alternat; transmission [f.] à l'alternat;		C C
" "	transmission [f.] en semi-duplex		C

- wechselseitiger Informationsgehalt [m.] [DIN 44301]	- information [f.] mutuelle [NF Z 61-000];	Informationstheorie	
" "	quantité [f.] d'information mutuelle [NF Z 61-000];	" "	
" "	transinformation [f.] [NF Z 61-000]	" "	
- Wechselspannung [f.] (WS)	- tension [f.] alternative	[~]	E
- Wechselstrom [m.] (WS)	- courant [m.] alternatif (CA)	[~]	E
- Weg [m.]	- course [f.]; trajectoire [f.];		
" "	trajet [m.]		
- Weg [m.], kritischer	- chemin [m.] critique		
- Wegbedingung [f.] [DIN 66257]	- fonction [f.] préparatoire [NF Z 61-000]		NC
- weiblicher Programmierer [m.]	- codeuse [f.]		S
- weißes Rauschen [n.]	- bruit [m.] blanc		E
- Welle [f.]	- onde [f.]		E
- Welle [f.], elektromagnetische	- onde [f.] électromagnétique		E
- Wellenlänge [f.]	- longueur [f.] d'onde		E
- Wellenleiter [m.]	- guide [m.] d'ondes		E
- Wer-da-Zeichen [n.]	- qui est là?		C
- Werkzeugaufruf [m.] [DIN 66257]	- fonction [f.] outil [NF Z 61-000]		NC
- Werkzeuglängen-Korrektur [f.] [DIN 66257]	- correction [f.] de longueur d'outil [NF Z 61-000]		NC
- Werkzeugmaschine [f.]	- machine-outil [f.]		
- Werkzeugmaschinensteuerung [f.]	- commande [f.] numérique de machines-outils [CNMO];		NC
" "	commande [f.] symbolique [NF Z 61-000]		NC
- Werkzeugradius-Korrektur [f.] [DIN 66257]	- correction [f.] de rayon d'outil [NF Z 61-000]		NC
- Werkzeug-Verschiebung [f.] [DIN 66257]	- décalage [m.] [NF Z 61-000]		NC
- Werkzeugweg [m.] [DIN 66257]	- trajectoire [f.] de l'outil [NF Z 61-000]		NC
- Wert [m.], selbstdefinierender	- constante [f.] figurative [NF Z 61-000]		S
- werthöchst	- le plus significatif		
- Wertigkeit [f.]; Wertstelle [f.]	- poids [m.] [NF Z 61-000]		M
- Wertzuweisung [f.]	- affectation [f.] de valeur	Variable	S
- Widerstand [m.]	- résistance [f.]		E

Symbol: R
Si-Einheit: Ω (Ohm)

- Widerstand-Transistor-Logik [f.]	≈ système [m.] à résistances et transistors	RTL	E

Deutsch	Français	Bereich	
- **Wiederanlauf [m.]**	- reprise [f.] [NF Z 61-000];		
" "	redémarrage [m.];		
" "	relance [f.]		

"Reprise", "Relance"
En principe, on parle de relance lorsque le traitement est poursuivi à partir du point où il a été arrêté. Dans le cas de la reprise, le traitement reprend non à l'endroit où il a été interrompu, mais à partir d'un point antérieur appelé point de reprise.

Deutsch	Français	Bereich	
- **wiederanlaufen**	- reprendre [NF Z 61-000];		
" "	redémarrer		
- **Wiederanlaufpunkt [m.]**	- point [m.] de reprise [NF Z 61-000]	Programm	S
- **wiedereintrittsinvariant [-∞]**	- réentrant [NF Z 61-000]; rentrant		S
- **Wiedereintrittsinvarianz [f.] [-∞]**	- réentrance [f.]		S
☞ *Siehe auch "Reentrant"*			
- **Wiederherstellen [n.]**	- restauration [f.]		
- **Wiederherstellen [n.] einer Sitzungsverbindung**	- restauration [f.] d'une connexion de session		C
- **Wiederherstellung [f.]**	- restauration [f.]	Daten, Verbindung	
- **Wiederholrate [f.]**	- vitesse [f.] de répétition	Tasten	
- **Wiederholungsanweisung [f.]**	- instruction [f.] répétitive		S
- **Wiederholungstaste [f.] der zuletzt gewählten Rufnummer**	≈ mise [f.] en mémoire du dernier numéro composé;	Telefon	C
" "	≈ rappel [m.] du dernier numéro composé	" "	C
- **Wiederinstandsetzen [n.]**	- remise [f.] en état		
- **wiederinstandsetzen**	- remettre en état;		
" "	reconditionner [☒]		
- **wiederprogrammierbarer Festspeicher [m.]**	- mémoire [f.] morte reprogrammable	REPROM	Mm
- **Wildcard**	- caractère [m.] générique de	[*,?]	
" "	substitution; caractère [m.]	[*,?]	
" "	de substitution; caractère [m.]	[*,?]	
" "	de remplacement; caractère [m.]	[*,?]	
" "	collectif; joker [m.]	[*,?]	
- **Windowsprogrammierung [f.]**	- programmation [f.] sous Windows;		
" "	programmation [f.] Windows		S
- **Winkelfunktion [f.]**	- fonction [f.] trigonométrique		M
- **Winkelhalbierende [f.]**	- bissectrice [f.]		M
- **wirkliche Adresse [f.]**	- adresse [f.] effective [NF Z 61-000];		Mm
" "	adresse [f.] réelle [NF Z 61-000]		Mm

Wirkungsgrad [m.]	- rendement [m.]		

Rendement
Rapport d'une grandeur délivrée en sortie d'un système à la grandeur correspondante fournie à son entrée. En termes de puissances, on écrira:

$$\eta = \frac{P_2}{P_1}$$

Wirtschaftlichkeit [f.]	- rentabilité [f.]		
Wirtsrechner [m.]	- ordinateur [m.] hôte		**H**
Wissensbank [f.];	- base [f.] de connaissances	Expertensysteme	**Db**
Wissensbasis [f.]	" "		**Db**
wissenschaftlich	- scientifique		
wissenschaftliche Datenverarbeitung [f.]	- informatique [f.] scientifique		
wissenschaftlicher Rechner [m.]	- ordinateur [m.] scientifique		**H**
Workstation [f.]	- poste [m.] de travail;		**H**
" "	station [f.] de travail;		**H**
" "	work-station [f.]		**H**
- Wort [n.] [DIN 44300-2]	- mot [m.] [NF Z 61-000]	meistens 16 Bit	
- Wort [n.], reserviertes	- mot [m.] réservé [NF Z 61-000]		
- Wörterbuch [n.]	- dictionnaire [m.]		
- Wortformat [n.]	- format [m.] des mots		
- Wortlänge [f.]	- longueur [f.] de mot [NF Z 61-000]		
- Wortmaschine [f.]	- machine [f.] à mot		**H**
- wortorganisierter Speicher [m.] [DIN 44300]	- mémoire [f.] à mots [NF Z 61-000];		**Mm**
" "	mémoire [f.] organisée par mots [NF Z 61-000]		**Mm**
- Wortzwischenraum [m.], geschützter	- espace [m.] insécable		**T**
- WS (Wechselstrom)	- **CA** [m.] (courant alternatif)	[~]	**E**
- WS (Wechselspannung)	- tension [f .] alternative	[~]	**E**
- Wurzel [f.]	- racine [f.];	Baumstruktur z.B.	
" "	répertoire [m.] principal;	Stammverzeichnis	
" "	répertoire [m.] racine	" "	
- Wurzel ziehen	- extraire la racine		**M**
- Wurzelzeichen [n.]	- radical [m.]		**M**
- WYSIWYG (What You See Is What You Get)	- WYSIWYG	WYSIWYG	**T**

X-Y

Xerographie [f.]	- xérographie [f.]		
X-Loch [n.]	- perforation [f.] "X"	Lochkarte	**Me**
XMS-Speicher [m.]	- mémoire [f.] étendue;	XMS	**Mm**
" "	mémoire [f.] XMS	XMS	**Mm**
XOR-Verknüpfung [f.] [DIN 44300-5]	- opération [f.] OU exclusif [NF Z 61-000];	XOR	**Lo**
" "	OU [m.] exclusif [NF Z 61-000];	XOR	**Lo**
" "	porte [f.] de disjonction [NF Z 61-000];	XOR	**Lo**
" "	circuit [m.] de disjonction [NF Z 61-000];	XOR	**Lo**
" "	dilemme [m.] [NF Z 61-000];	XOR	**Lo**
" "	disjonction [f.] [NF Z 61-000]	XOR	**Lo**
Y-Loch [n.]	- perforation [f.] "Y"	Lochkarte	**Me**

Z

- **Zahl** **[f.]**	- nombre [m.]		M
- **Zahl [f.], binäre**	- chiffre [m.] binaire [NF Z 61-000]		M
- **Zahl [f.], höchstwertige**	- chiffre [m.] le plus significatif		M
- **Zahl [f.], höherwertige**	- chiffre [m.] de poids [m.] fort		M
- **Zahl [f.], irrationale**	- nombre [m.] irrationnel [NF Z 61-000]		M
- **Zahl [f.], natürliche**	- entier [m.] naturel [NF Z 61-000]		M
- **Zahl [f.], negative**	- nombre [m.] négatif		M
- **Zahl [f.], niederstwertige**	- chiffre [m.] le moins significatif		M
- **Zahl [f.], niederwertige**	- chiffre [m.] de poids faible		M
- **Zahl [f.], positive**	- nombre [m.] positif		M
- **Zahl [f.], rationale**	- nombre [m.] rationnel [NF Z 61-000]		M
- **Zahl [f.], reelle**	- nombre [m.] réel [NF Z 61-000]		M
- **Zahlenbasis [f.]**	- base [f.] de numération		M
- **Zahlendarstellung [f.]**	- représentation [f.] de nombres		
- **Zahlenfeld [n.]**	- champ [m.] numérique		Db
- **Zahlenleerschritt [m.]**	- espace [m.] chiffre		T
- **Zahlenpaar [n.]**	- couple [m.] de nombres		M
- **Zahlensystem [n.]**	- système [m.] de numération [NF Z 61-000]		M
- **Zahlensystem [n.], binäres**	- système [n.] binaire		M
- **Zahlensystem [n.], dezimales**	- système [m.] décimal		M
- **Zahlensystem [n.], hexadezimales**	- système [m.] hexadécimal		M
- **Zahlensystem [n.], oktales**	- système [m.] octal		M
- **Zahlentripel [n.]**	- triplet [m.]		M
- **Zähler [m.] [DIN 44300]**	- compteur [m.] [NF Z 61-000];	Gerät	E
" "	numérateur [m.]	Bruch	M
- **Zählerstand [m.]**	- état [m.] du compteur;		
" "	indication [f.] du compteur		
- **Zählschleife [f.]**	- boucle [f.] de comptage		S
- **Zahlungsverkehr [m.], elektronischer**	- transfert [m.] électronique de fonds (TEF)		
- **Zählwerk [n.]**	- compteur [m.] [NF Z 61-000]		E
- **Z-Diode [f.]**	- diode [f.] Zener		E
- **ZE [f.]** (Zentraleinheit)	- UC [f.] (unité centrale)	CPU	H
- **Zehnerkomplement [n.]**	- complément [m.] à dix [NF Z 61-000]		M
- **Zehnersystem [n.]**	- système [m.] décimal		M

- Zehnertastatur [f.]	- pavé [m.] numérique		**H**
- Zeichen [n.] [DIN 44300-2]	- caractère [m.] [NF Z 61-000];		
" "	signe [m.]	Merkmal	
- Zeichen [n.], ausgebbares	- caractère [m.] affichable		
- Zeichen [n.], graphisches	- caractère [m.] graphique [NF Z 61-000]		
- Zeichen [n.], semigraphisches	- signe [m.] semi-graphique;		
" "	caractère [m.] semi-graphique		
- Zeichenabfühlung [f.]	- lecture [f.] de marques [NF Z 61-000]		
- Zeichenabfühlung [f.], optische	- lecture [f.] optique de marques [NF Z 61-000]		
- Zeichenbetrieb [m.]	- mode [m.] caractère;		**C**
" "	mode [m.] discontinu		**C**
- Zeichenbreite [f.]	- chasse [f.]		**T**
- Zeichenbrett [n.]	- planche [f.] à dessin		
- Zeichencode [m.]	- code [m.] de caractères		
- Zeichendichte [f.] [DIN 44300-6]	- densité [f.] d'enregistrement [NF Z 61-000]		**Mm**
- Zeichendrucker [m.]	- imprimante [f.] caractère par caractère [NF Z 61-000];		**Pr**
" "	imprimante [f.] série		**Pr**
- Zeichenerkennung [f.] [DIN 44300-8]	- reconnaissance [f.] de caractères [NF Z 61-000]		
- Zeichenerkennung [f.], magnetische	- reconnaissance [f.] de caractères magnétiques [NF Z 61-000]		
- Zeichenerkennung [f.], optische	- reconnaissance [f.] optique de caractères (ROC)	ORC	
- Zeichenfehler [m.]	- erreur [f.] sur les caractères		
- Zeichenfehlerhäufigkeit [f.]; Zeichenfehlerrate [f.]	- taux [m.] d'erreurs sur les caractères		
- Zeichenfolge [f.]	- chaîne [f.] de caractères		
- Zeichengabe [f.]	- signalisation [f.]		**C**
- Zeichengenerator [m.]	- générateur [m.] de caractères		
- Zeichengerät [n.]	- table [f.] traçante; traceur [m.]		**Pr**
- Zeichengeschwindigkeit [f.]	- vitesse [f.] de tracé	Zeichengerät	**Pr**
- Zeichenkette [f.]	- chaîne [f.] de caractères		**S**
- Zeichenleser [m.]	- lecteur [m.] de caractères [NF Z 61-000]		**H**
- Zeichenmaschine [f.]	- machine [f.] à caractère;	Rechner	**H**
" "	machine [f.] caractère	" "	**H**
- Zeichenmenge [f.]	- jeu [m.] de caractères [NF Z 61-000];		
" "	ensemble [m.] de caractères [NF Z 61-000]		
- Zeichenprogramm [n.]	- programme [m.] de dessin		**S**

- Zeichensatz [m.]	- jeu [m.] de caractères [NF Z 61-000];		
" "	police [f.] de caractères		
- Zeichensprungverfahren (ohne ...)	- balayage non entrelacé (à ...)	Bildschirm	
- Zeichenteilvorrat [m.]	- jeu [m.] partiel (de caractères) [NF Z 61-000]		
- Zeichenutensilien [p.]	- outils [m.p.] de dessin		
- Zeichenvorrat [m.] [DIN 44300]	- jeu [m.] de caractères [NF Z 61-000];		
" "	police [f.] de caractères		
- Zeichenwerkzeug [n.]	- outil [m.] de dessin		
- zeichnen	- dessiner		
- Zeiger [m.] [DIN 44300]	- pointeur [m.]		**S**
- Zeigerarithmetik [f.]	- arithmétique [f.] de pointeurs		**S**
- Zeiger-Array [n.];	- tableau [m.] de pointeurs		**S**
Zeigerfeld [n.]	" "		**S**
- Zeigerparameter [m.]	- marqueur [m.] d'interface	paramètre	**S**
- Zeile [f.] [DIN 44300]	- ligne [f.]		
- Zeilenabstand [m.]	- interligne [m.];		**T**
" "	espacement [m.] entre les		**T**
" "	lignes; interlignage [m.]		**T**
- Zeilendrucker [m.]	- imprimante [f.] en ligne;		**Pr**
" "	imprimante [f.] ligne par ligne [NF Z 61-000];		**Pr**
" "	imprimante [f.] parallèle;		**Pr**
" "	imprimante-ligne [f.]		**Pr**
- Zeileneditor [m.]	- éditeur [m.] ligne		
- Zeilenfrequenz [f.]	- fréquence [f.] de balayage	Bildschirm	
- Zeilenkoordinate [f.]	- coordonnée [f.] verticale		
- zeilenorientierter Editor [m.]	- éditeur [m.] ligne		
- Zeilentrenner [m.]	- caractère [m.] de fin de ligne;		**S**
" "	caractère [m.] de passage à la ligne suivante		**S**
- Zeilenumbruch [m.]	- rupture [f.] de ligne		**T**
- Zeilenumbruch [m.], automatischer [MS]	- retour [m.] automatique à la ligne;		**T**
	retour [m.] marge		**T**
- Zeilenvorschub [m.]	- caractère [m.] interligne [NF Z 61-000];	ASCII 10 [] []	
" "	saut [m.] de ligne		
- Zeitanteil [m.]	- tranche [f.] de temps;		
" "	vacation [f.]		

Vacation ⇒ Temps réservé à l'exécution d'une tâche.

- **Zeitanteilsverfahren [n.]; Zeitbeteiligung [f.]**	- partage [m.] de temps [NF Z 61-000];		
" "	temps [m.] partagé;		
" "	≈ découpage [m.] de temps [NF Z 61-000];		
" "	≈ traitement [m.] en partage de temps		
- **Zeitdiagramm [n.]**	- chronogramme [m.]		
- **Zeitfolgemelder [m.]**	- consignateur [m.] d'états;		E
" "	enregistreur [m.] chronologique		E
- **Zeitformat [n.]**	- format [m.] horaire	Windows z.B.	
- **Zeitgeber [m.] [DIN 44300-5]**	- horloge [f.] temporelle;		E
" "	horloge [f.] temps réel		E
- **Zeitgeberunterbrechung [f.]**	- interruption [f.] d'horloge		S
- **Zeitgenauigkeit [f.]**	- précision [f.] dans le temps		
- **Zeitgetrenntlageverfahren [n.]**	- répartition [f.] temporelle par alternat rapide	ISDN z.B.	C
- **zeitgleich**	- simultané [NF Z 61-000]		
- **Zeitintervall [n.]**	- intervalle [m.] de temps		
- **Zeitlagenvielfach**	- commutation [f.] par répartition dans le temps;	PCM 30 z.B.	C
" "	commutation [f.] temporelle	PCM 30 z.B.	C
- **Zeitmultiplexbetrieb [m.]**	- multiplexage [m.] temporel		C
- **Zeitschalter [m.]**	- temporisateur [m.]		
- **Zeitscheibe [f.]**	- tranche [f.] de temps;		
" "	vacation [f.]		
☞ ***Siehe auch "Zeitanteil"***			
- **Zeitschlitz [m.]**	- créneau [m.] temporel;	PCM 30 z.B.	C
" "	intervalle [m.] de temps		C
- **Zeittaktgeber [m.]**	- installation [f.] de signaux chronométriques		E
- **Zeitüberschreitung [f.]; Zeitüberschreitungsfehler [m.]**	- temps [m.] imparti dépassé " "		
- **Zeitverzögerung [f.]**	- temporisation [f.]		E
- **Zeitzähler [m.]**	- compteur [m.] de temps		
- **Zeitzuordnungsprogramm [n.]**	- programmateur [m.] des travaux		S
- **Zelle [f.]**	- cellule [f.]	Allgemein , Tabelle	
- **Zener-Diode [f.]**	- diode [f.] Zener		E
- **zentrale Datenerfassung [f.]**	- saisie [f.] centralisée		
- **zentrale Datenverarbeitung [f.]**	- informatique [f.] centralisée		
- **Zentraleinheit [f.] (ZE)**	- unité [f.] centrale (UC);	CPU	H
" "	unité [f.] centrale de traitement [NF Z 61-000];	CPU	H
" "	processeur [m.] central		

- **Zentralisierung [f.]**	- centralisation [f.]		
- **Zentralloch [n.]**	- trou [m.] d'entraînement	Diskette	**Di**
- **Zentralprozessor [m.]**	- processeur [m.] central		
- **Zentralspeicher [m.]**	- mémoire [f.] centrale		**Mm**
- **zentrieren**	- centrer	Text z.B.	**T**
- **Zerlegung [f.] eines Programmes in Segmente**	- division [f.] d'un programme en segments		**S**
- **Zero-Flag [n.]**	- indicateur [m.] z	Z	**S**
- **Zickzackfaltung [f.]**	- pliage [m.] accordéon;	Endlospapier	**Pr**
" "	pliage [m.] paravent	" "	**Pr**
- **Zick-Zack-Formular [n.]**	- papier [m.] à pliage paravent;	" "	**Pr**
" "	papier [m.] à pliage accordéon	" "	**Pr**
- **ziehen**	- faire glisser	Ikon z.B.	
- **Ziehen-und-Ablegen**	- glisser-déplacer		
- **Ziel [n.]**	- cible [f.]		
- **Zieldatei [f.]**	- fichier-cible [m.];		
" "	fichier [m.] objet;		
" "	fichier [m.] destination		
- **Zieldiskette [f.]**	- disquette [f.] réceptrice		**Di**
- **Zielprogramm [n.]**	- programme [m.] objet		**S**
- **Zielsprache [f.]**	- langage-objet [m.] [NF Z 61-000]		**S**
" "	langage [m.] objet;		**S**
" "	langage [m.] résultant [NF Z 61-000];		**S**
" "	langue-cible [f.]		**S**
- **Ziffer [f.] [DIN 44300-2]**	- chiffre [m.] [NF Z 61-000]		**M**
- **Ziffer [f.], binäre**	- chiffre [m.] binaire [NF Z 61-000]		**M**
- **Ziffernblock [m.]; Ziffernfeld [n.]**	- pavé [m.] numérique		**H**
Zifferntastatur [f.];	" "		**H**
Zifferntastenblock [m.]	" "		**H**
- **zirkulare Schlange [f.]**	- liste [f.] circulaire	Tastaturpuffer z.B.	**Mm**
- **Zirkumflex [m.]**	- accent [m.] circonflexe	ASCII 94 [^] []	
- **Zonenlochung [f.]**	- perforation [f.] hors texte [NF Z 61-000]		**Me**
- **Zoom**	- zoom [m.]	Zeichenpr./Textv.	
- **Zoomeinstellung [f.]**	- réglage [m.] du niveau de visualisation	" "	

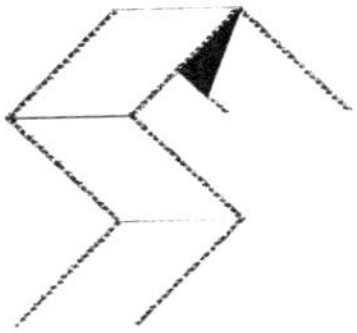

- Zufall [m.]	- hasard [m.]		
- Zufall-...	- aléatoire		
- Zufallsreihenfolgezugriff [m.] [-∞] ...	- accès [m.] sélectif [NF Z 61-000]		
- Zufallszahl [f.]	- nombre [m.] aléatoire [NF Z 61-000]		**M**
" "	nombre [m.] au hasard [NF Z 61-000]		**M**
- Zufallszahlenfolge [f.]	- suite [f.] de nombre aléatoires [NF Z 61-000]		**M**
- Zufallszahlengenerator [m.]	- générateur [m.] de nombres aléatoires;		
" "	générateur [m.] de nombres au hasard		
- Zufallszahlenreihe [f.]	- suite [f.] de nombres aléatoires [NF Z 61-000]		**M**
- Zufallszugriff [m.] [-∞] <	- accès [m.] sélectif [NF Z 61-000];		**Mm**
" "	accès [m.] aléatoire [NF Z 61-000];		**Mm**
" "	accès [m.] direct;		**Mm**
" "	accès [m.] au hasard [-∞]		**Mm**
- zuführen	- alimenter		
- Zugang [m.]	- accès [m.] [NF Z 61-000]	opérateur	
- Zugangsberechtigung [f.]	- droit [m.] d'accès		
- Zugehörigkeit [f.]	- appartenance [f.]		
- Zugriff [m.]	- accès [m.] [NF Z 61-000]	matériel	
- Zugriff [m.], direkter	- accès [m.] direct;		**Mm**
" "	accès [m.] immédiat		**Mm**
- Zugriff [m.], sequentieller [DIN 44300-6];	- accès [m.] séquentiel [NF Z 61-000]		**Mm**
Zugriff [m.], serieller	" "		
- Zugriff [m.], wahlfreier	- accès [m.] sélectif [NF Z 61-000];		**Mm**
" "	accès [m.] aléatoire [NF Z 61-000]		**Mm**
- Zugriffsarm [m.]	- bras [m.] d'accès		
- Zugriffsart [f.]	- mode [m.] d'accès		
- Zugriffsberechtigung [f.]	- droit [m.] d'accès		
- Zugriffsloch [n.]	- fenêtre [f.] d'accès	Diskette	**Di**
- Zugriffsprotokoll [n.]	- protocole [m.] d'accès		**C**
- Zugriffsverfahren [n.]	- méthode [f.] d'accès		
- Zugriffszeit [f.] [DIN 44300-7]	- temps [m.] d'accès [NF Z 61-000]		
- zulässig	- admis	sens général	
- Zulassung [f.]	- agrément [m.]	Post z.B.	
- zunehmend	- croissant	Reihenfolge z.B.	
- zunehmend (in ...er Reihenfolge)	- dans l'ordre [m.] croissant		
- zuordnen	- affecter; allouer; attribuer;	Speicher z.B.	
" "	appliquer	Abbildung	**M**

- Zuordnung [f.]; Zuordnen [n.]	- affectation [f.]; allocation [f.];		
" "	attribution [f.];		
-	mise [f.] en correspondance	insb. paarweise	
- zurückgezählt werden	- être décrémenté		
- zurücksetzen	- réinitialiser; remettre à zéro		
- zusammenfassen	- grouper		
- Zusammenfügen [n.]	- fusion [f.]	Dateien z.B.	
- zusammenfügen	- fusionner	" "	
- Zusammenstoß [m.]	- collision [f.]		
- Zusatzfunktion [f.] [DIN 66257]	- fonction [f.] auxiliaire [NF Z 61-000]		**NC**
- Zustand [m.]	- état [m.]		
- Zustandsbit [n.]	- bit [m.] d'état		
- Zustandsdiagramm [n.]	- diagramme [m.] d'état		
- zustandsorientierte Daten [p.]	- données [f.p.] du fichier permanent;		
" "	données [f.p.] lentement évolutives		
- Zustandsvektor [m.]	- registre [m.] d'état	Statusregister	**E**
- Zustandswort [n.]	- mot [m.] d'état		
- zuteilen	- distribuer; répartir	Aufgaben z.B.	
- Zuverlässigkeit [f.]	- fiabilité [f.]		
- zuweisen	- affecter; allouer		
- Zuweisung [f.]	- affectation [f.]; allocation [f.]	Speicher z.B.	**S**
- Zuweisung [f.], dynamische	- allocation [f.] dynamique		**Mm**
- Zuweisungsausdruck [m.]	- instruction [f.] d'affectation		**S**
- Zuweisungsoperator [m.]	- opérateur [m.] d'affectation		**S**
- Zwangslaufverfahren [n.] [DIN 44331]	≈ signalisation [f.] asservie (continuellement)		**C**
- Zwei-Adreßbefehl [m.]	- instruction [f.] à deux adresses [NF Z 61-000]		**S**
- Zwei-aus-Fünf-Code [m.]	- code [m.] deux parmi cinq [NF Z 61-000];		
" "	code [m.] quinaire [NF Z 61-000]		
- zweidimensionales Array [n.]	- tableau [m.] à deux dimensions		**S**
- Zweidrahtleitung [f.]	- circuit [m.] à deux fils		**C**
- Zweierkomplement [n.]	- complément [m.] à deux [NF Z 61-000]		**M**
- Zweiersystem [n.] [-∞]	- système [m.] binaire		**M**
- Zweifingersuchsystem [n.] [☺]	≈ frappe [f.] à un seul doigt		
- Zweig [m.]	- branche [f.];	Programm, Baumstruktur	**S**
" "	dérivation [f.]	Programm	

Einen Zweig einblenden.
Développer une branche.
Einen Zweig ausblenden.
Réduire une branche.
(Windows - Datei-Manager)

- Zweirichtungszähler [m.] [DIN 44300]	- compteur-décompteur [m.] [NF Z 61-000]		**E**
- zweistellig	- dyadique	Operator	
- zweistellige boolesche Verknüpfung [f.]	- opération [f.] booléenne dyadique		**Lo**
- zweiwertig [-∞]	- binaire		
- zweizeiliger Zeilenabstand [m.]	- double interligne [m.]		**T**
- Zwillingsrechner [m.]	- ordinateur [m.] bi-processeur		**H**
- Zwischenablage [f.]	- presse-papicrs [m.]	Windows	
- Zwischenergebnis [n.]	- résultat [m.] intermédiaire		
- Zwischenraum [m.]	- espace [m.]; espacement [m.]		
- Zwischenspeicher [m.]	- mémoire [f.] intermédiaire;		**Mm**
" "	mémoire [f.] tampon [NF Z 61-000]		**Mm**
- Zwischenspeicherung [f.]	- stockage [m.] intermédiaire		**Mm**
- Zwölfer-Loch [n.]	- perforation [f.] 12;	Lochkarte	**Me**
" "	perforation [f.] "Y"	" "	**Me**
- zyklische Redundanzprüfung [f.]	- contrôle [m.] de redondance cyclique		
- zyklischer Code [m.]	- code [m.] cyclique		
- zyklisches Redundanzzeichen [n.]	- clé [f.] cyclique		
- zyklisches Verschieben [n.]	- décalage [m.] circulaire [NF Z 61-000]	Register	
- Zyklus [m.]	- cycle [m.]		
- Zyklustaktgeber [m.]	- horloge [f.] de cycle		
- Zyklus-Zähler [m.]	- compteur [m.] de cycle		**E**
- Zykluszeit [f.] [DIN 44300-7]	- temps [m.] de cycle [NF Z 61-000]		**Mm**
- Zylinder [m.] [DIN 44300]	- cylindre [m.] [NF Z 61-000]	Speichermedium	**Mm**
- Zylinderkoordinaten [f.p.]	- coordonnées [f.p.] cylindriques		**M**
- μP [m.] (Mikroprozessor)	- microprocesseur [m.]		**E**

Annexes/Anhang

① Tableau ASCII / *ASCII-Tabelle*

00	16	SP 32	0 48	@ 64	P 80	` 96	p 112	Ç 128	É 144	á 160	░ 176	└ 192	╨ 208	α 224	≡ 240
01	DC1 17	! 33	1 49	A 65	Q 81	a 97	q 113	ü 129	æ 145	í 161	▒ 177	┴ 193	╤ 209	β 225	± 241
02	DC2 18	" 34	2 50	B 66	R 82	b 98	r 114	é 130	Æ 146	ó 162	▓ 178	┬ 194	╥ 210	Γ 226	≥ 242
♥ 03	DC3 19	# 35	3 51	C 67	S 83	c 99	s 115	â 131	ô 147	ú 163	│ 179	├ 195	╙ 211	π 227	≤ 243
♦ 04	DC4 20	$ 36	4 52	D 68	T 84	d 100	t 116	ä 132	ö 148	ñ 164	┤ 180	─ 196	╘ 212	Σ 228	⌠ 244
♣ 05	§ 21	% 37	5 53	E 69	U 85	e 101	u 117	à 133	ò 149	Ñ 165	╡ 181	┼ 197	╒ 213	σ 229	⌡ 245
♠ 06	22	& 38	6 54	F 70	V 86	f 102	v 118	å 134	û 150	ª 166	╢ 182	╞ 198	╓ 214	µ 230	÷ 246
BEL 07	23	' 39	7 55	G 71	W 87	g 103	w 119	ç 135	ù 151	º 167	╖ 183	╟ 199	╫ 215	τ 231	≈ 247
BS 08	↑ 24	(40	8 56	H 72	X 88	h 104	x 120	ê 136	ÿ 152	¿ 168	╕ 184	╚ 200	╪ 216	ϕ 232	° 248
HT 09	↓ 25	) 41	9 57	I 73	Y 89	i 105	y 121	ë 137	Ö 153	Λ 169	╣ 185	╔ 201	┘ 217	θ 233	• 249
LF 10	26	* 42	: 58	J 74	Z 90	j 106	z 122	è 138	Ü 154	¬ 170	║ 186	╩ 202	┌ 218	Ω 234	· 250
VT 11	ESC 27	+ 43	; 59	K 75	[91	k 107	{ 123	ï 139	¢ 155	½ 171	╗ 187	╦ 203	█ 219	δ 235	√ 251
FF 12	ES 28	, 44	< 60	L 76	\ 92	l 108	| 124	î 140	£ 156	¼ 172	╝ 188	╠ 204	▄ 220	∞ 236	η 252
CR 13	29	- 45	= 61	M 77	] 93	m 109	} 125	ì 141	¥ 157	¡ 173	╜ 189	═ 205	▌ 221	∅ 237	^{2} 253
SO 14	30	. 46	> 62	N 78	^ 94	n 110	~ 126	Ä 142	Pt 158	« 174	╛ 190	╬ 206	▐ 222	ε 238	■ 254
SI 15	31	/ 47	? 63	O 79	_ 95	o 111	DEL 127	Å 143	ƒ 159	» 175	┐ 191	╧ 207	▀ 223	∩ 239	SP 255

« = 174	{ = 123	˜ = 126	ˆ = 94	< = 60
» = 175	} = 125	[= 91	@ = 64	> = 62
| = 124	\ = 92	] = 93		

à = 133	è = 138			Ç = 128
	é = 130			ç = 135
â = 131	ê = 136	î = 140	ô = 147	û = 150
	ë = 137	ï = 139	ö = 148	ü = 129
æ = 145				
Æ = 146				
				ß = 225
ä = 132			ö = 148	ü = 129
Ä = 142			Ö = 153	Ü = 154

② Le clavier / *Die Tastatur*

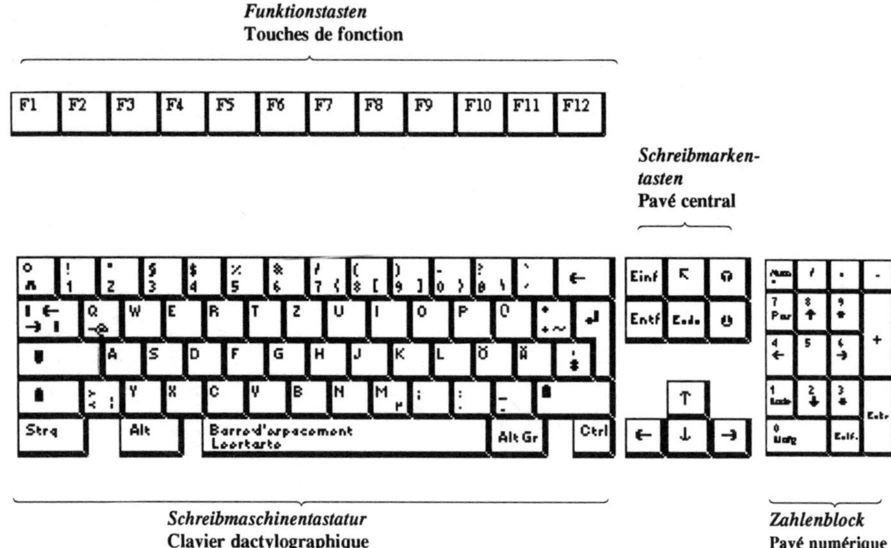

A chaque pression d'une touche du clavier, celui-ci génère un code de balayage correspondant à l'emplacement de cette touche. Ce code est ensuite analysé par le processeur et éventuellement transformé dans le code ASCII correspondant avant affichage.
Pour les codes de balayage et les codes ASCII des différentes touches, veuillez consulter le volume 1 de ce dictionnaire, pages 229 et 230.

Les touches de fonction / *die Funktionstasten*

F1 F2 F3 F4 F5 F6 F7 F8 F9 F10 F11 F12

Le rôle des touches de fonction placées à la partie supérieure du clavier varie selon le programme utilisé. Pour le connaître, on devra donc consulter la notice du logiciel en question.

Le clavier dactylographique / *die Schreibmaschinentastatur*

Le clavier dactylographique est utilisé pour l'introduction de caractères alphanumériques.

Ce clavier comporte en outre des touches qui au lieu de produire des caractères servent à déclencher des fonctions spécifiques.

La touche "Return" ou "Enter"
Die Return- oder Eingabetaste

Cette touche est comparable à la touche de retour de chariot d'une machine à écrire. Dès qu'elle est actionnée, le curseur est renvoyé au début de la ligne suivante.

La touche de rappel arrière ou "Backspace"
Die Rücktaste oder Backspace-Taste

Lorsque cette touche est actionnée, le curseur se déplace d'une position vers la gauche. Dans certains programmes et dans certaines configurations, le signe se trouvant à cet emplacement se trouve alors effacé.

La touche de tabulation
Die Tabulatortaste

La touche de tabulation déplace le curseur de 8 caractères vers vers la droite ou jusqu'à l'emplacement du prochain arrêt de tabulateur.

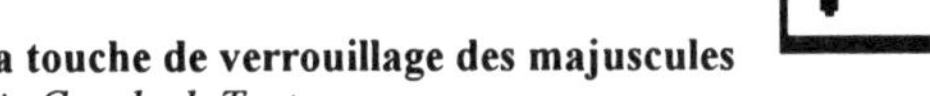

La touche de verrouillage des majuscules
Die Capslock-Taste
Cette touche sert à passer de l'écriture minuscule à l'écriture.majuscule.

La touche "shift" ou touche des majuscules
Die Shift- oder Umschalttaste

Dès que la touche "shift" est actionnée en même temps qu'une touche de caractère ou de symbole, le signe en question est représenté en mode majuscule. Actionnée seule, la touche "shift" a pour effet de désactiver le mode majuscule.

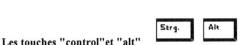

Les touches "control"et "alt"
Die Controlltaste und die Alt-Taste

Ces touches ont des fonctions spéciales qui varient selon le logiciel utilisé. En particulier la touche "alt" est utilisée en liaison avec le pavé numérique pour la frappe de caractères en utilisant le code ASCII correspondant.

Le pavé numérique

Der Ziffern- oder Zehnerblock

Les touches du pavé numérique peuvent être utilisées soit en tant que touches numériques soit en tant que touches du curseur.
En mode standard, elles sont utilisées pour le déplacement du curseur. Si la touche "Num lock" est actionnée (en haut à gauche), les touches sont affectées à la frappe de chiffres et numéros.

La touche d'insertion ou "INSERT"

Die Insert- oder Einfügetaste

La touche d'insertion s'utilise pour insérer des caractères sur une ligne. Lors d'une insertion, tous les caractères à droite du curseur sont décalés d'une position vers la droite. Lorsque le mode d'insertion est validé par action sur cette touche, le curseur change éventuellement de forme pour signaler le mode d'insertion à l'opérateur. Pour repasser en mode de substitution, il suffit d'actionner la touche d'insertion à nouveau. Le mode de fonctionnement de cette touche peut varier selon le logiciel de traitement de texte utilisé.

La touche d'effacement ou "DELETE" 

Die Delete- oder Löschtaste

Cette touche sert à effacer le caractère se trouvant à l'emplacement du curseur. Après l'effacement, tous les signes auparavant à droite du caractère effacé sont déplacés d'une position vers la gauche.

Les touches du curseur (pavé central)

Die Schreibmarken- oder Cursortasten

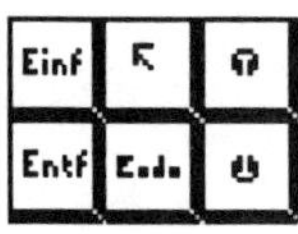

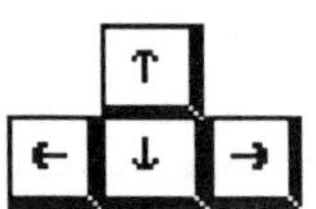

Contrairement aux touches du pavé numérique, les touches du curseur, encore appelées touches directionnelles, ne peuvent être employées que pour le déplacement du curseur. Néanmoins, elles peuvent être utilisées à tout moment, indépendamment du mode réglé.

③L'interface utilisateur / *Die Bedieneroberfläche*

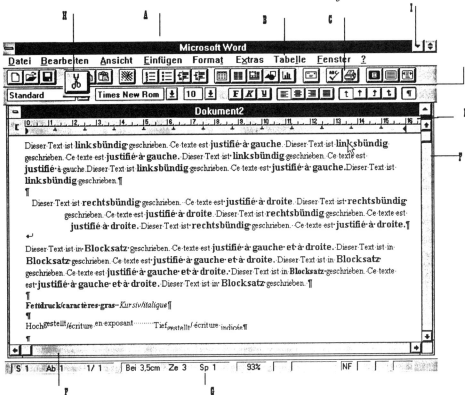

A	**barre de titre**	***Titelleiste***
B	**barre de menu**	***Menüleiste***
C	**barre d'icônes**	***Symbolleiste***
D	**barre de fonctions**	***Funktionsleiste***
E	**règle**	***Lineal***
F	**barre de défilement (ascenseur)**	***Bildlaufleiste***
G	**barre d'état**	***Statuszeile***
H	**bouton-icône**	***Schaltfläche***
I	**bouton**	***Schaltfläche***

④ Bibliographie / Literaturverzeichnis

1. Ouvrages de référence / Nachschlagewerke

Dictionnaire Larousse de l'informatique, Références Larousse, 1988
Duden Informatik, ein Sachlexikon für Studium und Praxis, Duden Verlag, 1988
CCITT, Livre Rouge Tome X - fascicule X.1, termes et définitions, 1984

GINGUAY M., A.Lauret
Lexique d'informatique, Masson et Cie, 1993
MACCHI, J.F. GUILBERT,
Téléinformatique, Dunod, 1987
MACHE W.,
Lexikon der Text-und Datenkommunikation, Oldenburg, 1980
MESSERLI P.A.,
Lexique de la télématique, SCM, 1979
SCHNEIDER C.,
Datenverarbeitungslexikon, Gabler Verlag, 1976
SCHULZE H.H.,
Computer Enzyklopädie,rororo,1990

2. Livres techniques / Fachbücher

CLAVIER Jacques,
Windows 3.1, L'essentiel, Eyrolles 1992
COHEN René,
Programmer en dBase III et III Plus, Editions P.S.I, 1987
ELIE Jean-Philippe;
Autoformation, MS-DOS 5.0, Editions Micro Application, 1991
DAX Philippe,
Langage C, Eyrolles, 1990
HEROLD H., W.UNGER,
"C" Gesamtwerk, te-wi Verlag, 1988
HICKERSBERGER, Arnold,
Mit C zum Ziel, Hüthig, 1988
HUBERMAN A., J.C. MENEAU,
Le traitement de texte, Eyrolles, 1983
KARL PETER (Hrsg.),
ISDN, das neue Fernmeldenetz der Deutschen Bundespost, Telekom, 1992
LEBLANC G.,
Programmes résidents en Turbo C, Eyrolles, 1991
MERMET F. et G.,
Mise en page avec Ventura, cedic / nathan, 1988
NIEGEMANN H. Dr.,SCHÄFER T.,
C-Schulung für Selbststudium und Gruppenunterricht, Markt und Technik, 1990
PLUM Thomas,
Das C-Lernbuch, Carl Hanser, 1985
ROSE Frank,
Clipper für Insider, Markt und Technik, 1989
SCHELS I,ZECHMEISTER J.,
Ventura Publisher Praxis, Markt und Technik, 1988
SCHIEB Jörg,
Das DOS 5.0 Buch, Sybex, 1991

3. Normes / Normen

AFNOR	=	Association Française de Normalisation, Paris-la-Défense
CCITT	=	Comité Consultatif International Télégraphique et Téléphonique
CEI/IEC	=	Commission Electrotechnique Internationale, Genève
DIN	=	Deutsches Institut für Normung e.V., Berlin
ISO	=	International Organization for Standardization, Genève 20
MS	=	Microsoft Corporation, D-8044 Unterschleißheim
UIT	=	Union Internationale des Télécommunications, Genève

AFNOR NF Z 61-000	Traitement de l'information, vocabulaire international de l'informatique (1980, 372 pages)
ISO 7498	Norme internationale - systèmes de traitement de l'information - interconnexion de systèmes ouverts - modèle de référence de base
DIN 44300 - Teil 1	Informationsverarbeitung - allgemeine Begriffe
DIN 44300 - Teil 2	Informationsverarbeitung - Begriffe Informationsdarstellung
DIN 44300 - Teil 3	Informationsverarbeitung - Begriffe Datenstrukturen
DIN 44300 - Teil 4	Informationsverarbeitung - Begriffe Programmierung
DIN 44300 - Teil 5	Informationsverarbeitung - Begriffe Aufbau digitaler Rechensysteme
DIN 44300 - Teil 6	Informationsverarbeitung - Begriffe Speicherung
DIN 44300 - Teil 7	Informationsverarbeitung - Begriffe Zeiten
DIN 44300 - Teil 8	Informationsverarbeitung - Begriffe Verarbeitungsfunktionen
DIN 44300 - Teil 9	Informationsverarbeitung - Begriffe Verarbeitungsabläufe
DIN 44302	Informationsverarbeitung - Datenübertragung, Datenübermittlung, Begriffe
DIN 44476 - Teil 1	Integrierte Speicherschaltungen - Speicherarten
DIN 44476 - Teil 2	Integrierte Speicherschaltungen - Allgemeine Begriffe
DIN 44476 - Teil 3	Integrierte Speicherschaltungen - Begriffe für statische Schreib-/Lesespeicher
DIN 66010	Flexible magnetische Datenträger zur Speicherung und zum Austausch digitaler Daten - Begriffe
DIN 66218	Lochstreifentechnik für Informationsverarbeitung - Begriffe
DIN 66257	Numerisch gesteuerte Arbeitsmaschinen - Begriffe

Du même auteur
Lieferumfang des TOULOUSE-VERLAGES
(Etat janvier 1994/Stand Januar 1994)

DICTIONNAIRES/ WÖRTERBÜCHER	**Nombre de termes Anzahl der Begriffe**
① **AGRICULTURE**, volume I Allemand/Français **LANDWIRTSCHAFT**, Band I Deutsch/Französisch	env./ca. 12 000
② **AGRICULTURE**, volume II Français/Allemand **LANDWIRTSCHAFT**, Band II Französisch/Deutsch	env./ca. 12 000
③ **INFORMATIQUE**, volume I Allemand/Français **EDV**, Band I Deutsch/Französisch	env./ca. 7 800
④ **INFORMATIQUE**, volume II Français/Allemand **EDV**, Band II Französisch/Deutsch	env./ca. 7 800
⑤ **BÉTON**, Allemand ⇔Français **BETON**, Deutsch ⇔Französisch	env./ca. 2 000
⑥ **ECONOMIE, CONTRATS** Allemand ⇔Français **WIRTSCHAFT, VERTRÄGE** Deutsch ⇔Französisch	env./ca 8 000

Thèmes en préparation:
In Vorbereitung sind die Themen:

⑦ **CONSTRUCTIONS MÉCANIQUES/MASCHINENBAU**
⑧ **ÉLECTROTECHNIQUE/ELEKTROTECHNIK**

LOGICIELS DE TERMINOLOGIE
VERLAGSEIGENE DATENVERWALTUNGS-PROGRAMME:

Voraussetzung ist das DOS-Betriebssystem/ Programmes tournant sous DOS

❶ **WORDBOX** (gestion de terminologie/Terminologieverwaltung)
Logiciel très performant et très convivial. Conçu pour répondre aux besoins des traducteurs et terminologues. (Voir brève description page suivante.)
Ein sehr komfortables und leistungsfähiges Programm, welches praxisgerecht konzipiert wurde, vor allem für die Belange von Übersetzern und Terminologen. (Kurzbeschreibung auf der nächsten Seite.)

❷ **TOPTERM** (gestion de terminologie/Terminologieverwaltung)
Version simplifiée de WORDBOX pour débutants en terminologie.
Vereinfachte Version von WORDBOX.

❸ **WORDLIST** (traduction de listes, conversion /Listenübersetzung, Umwandlung)
Pour récupérer les termes de listes existantes et les charger dans WORDBOX de même que pour la traduction et la mise en forme automatique de listes.
Um Begriffe aus bestehenden Listen in WORDBOX zu recyclen sowie Listen automatisch zu übersetzen und zu formatieren.

Pour informations détaillées, disquette démo et pages-échantillons, s'adresser à:
Detaillierte Information, Demodiskette und Musterseiten erhalten Sie beim:

TOULOUSE-VERLAG, BERLINER STR. 9. D-71101 SCHÖNAICH
Tel. 07031/65 19 53, Fax 07031/65 08 29

BON DE COMMANDE/BESTELLSCHEIN

Veuillez envoyer votre commande à l'adresse ci-dessous
Bitte an untenstehende Adresse einsenden

Je commande / Hiermit bestelle ich:

☐ Programme de gestion de terminologie **WORDBOX**
(y compris fichiers de base commerce + technique comprenant chacun env. 2000 termes)
WORDBOX-Terminologieverwaltungsprogramm
(einschließlich Basisdateien Commerz + Technik mit je ca. 2000 Begriffen)
au prix de / zum Preis von DM 320,-- / FF 1 000,-- / SF 270,--

☐ Programme de gestion de terminologie **TOPTERM**
TOPTERM-Terminologieverwaltungsprogramm
au prix de / zum Preis von DM 100,-- / FF 330,-- / SF 85,--

☐ Programme de traduction de listes **WORDLIST**
WORDLIST-Übersetzungsprogramm für Listen
au prix de / zum Preis von DM 100,-- / FF 330,-- / SF 85,--

☐ disquette/Diskette 3 1/2"

☐ disquette/Diskette 5 1/4"
(veuillez cocher la case correspondante / bitte gewünschte Größe ankreuzen)

Adresse:

Nom, prénom
....
Name, Vorname

Rue, n°
....
Straße, Hausnummer

Code postal, ville
....
PLZ, Ort

Téléphone /Telefon
....

Date: ....
Datum

Signature: ....
Unterschrift

TOULOUSE-VERLAG, BERLINER STR. 9. D-71101 SCHÖNAICH
Tel. 07031/65 19 53, Fax 07031/65 08 29

Achevé d'imprimer le 18 mai 1994
dans les ateliers de Normandie Roto Impression s.a.
61250 Lonrai
N° d'imprimeur : I4-0971
Dépôt légal : mai 1994